All rights reserved. No part of this publication may be reproduced, stored in a retrieval system, or transmitted in any form or
by any means, electronic, mechanical, photocopying or otherwise, without the prior permission of the copyright owner.

© Copyright 2006 – BN Publishing

www.bnpublishing.com

info@bnpublishing.com

ALL RIGHTS RESERVED

Psalms

תְּהִלִּים

Chapter 1

א אַשְׁרֵי הָאִישׁ— אֲשֶׁר לֹא הָלַךְ, בַּעֲצַת רְשָׁעִים;
וּבְדֶרֶךְ חַטָּאִים, לֹא עָמָד, וּבְמוֹשַׁב לֵצִים, לֹא יָשָׁב.

1 Happy is the man that hath not walked in the counsel of the wicked, {N}
nor stood in the way of sinners, nor sat in the seat of the scornful.

ב כִּי אִם בְּתוֹרַת יהוה, חֶפְצוֹ; וּבְתוֹרָתוֹ יֶהְגֶּה, יוֹמָם וָלָיְלָה.

2 But his delight is in the law of the LORD; and in His law doth he meditate day and night.

ג וְהָיָה— כְּעֵץ, שָׁתוּל עַל-פַּלְגֵי-מָיִם:
אֲשֶׁר פִּרְיוֹ, יִתֵּן בְּעִתּוֹ—וְעָלֵהוּ לֹא-יִבּוֹל; וְכֹל אֲשֶׁר-יַעֲשֶׂה יַצְלִיחַ.

3 And he shall be like a tree planted by streams of water, {N}
that bringeth forth its fruit in its season, and whose leaf doth not wither; and in whatsoever he doeth he shall prosper.

ד לֹא-כֵן הָרְשָׁעִים: כִּי אִם-כַּמֹּץ, אֲשֶׁר-תִּדְּפֶנּוּ רוּחַ.

4 Not so the wicked; but they are like the chaff which the wind driveth away.

ה עַל-כֵּן, לֹא-יָקֻמוּ רְשָׁעִים—בַּמִּשְׁפָּט; וְחַטָּאִים, בַּעֲדַת צַדִּיקִים.

5 Therefore the wicked shall not stand in the judgment, nor sinners in the congregation of the righteous.

ו כִּי-יוֹדֵעַ יהוה, דֶּרֶךְ צַדִּיקִים; וְדֶרֶךְ רְשָׁעִים תֹּאבֵד.

6 For the LORD regardeth the way of the righteous; but the way of the wicked shall perish. {P}

Chapter 2

א לָמָּה, רָגְשׁוּ גוֹיִם; וּלְאֻמִּים, יֶהְגּוּ-רִיק.	1 Why are the nations in an uproar? And why do the peoples mutter in vain?
ב יִתְיַצְּבוּ, מַלְכֵי-אֶרֶץ– וְרוֹזְנִים נוֹסְדוּ-יָחַד: עַל-יְהוָה, וְעַל-מְשִׁיחוֹ.	2 The kings of the earth stand up, and the rulers take counsel together, {N} against the LORD, and against His anointed:
ג נְנַתְּקָה, אֶת-מוֹסְרוֹתֵימוֹ; וְנַשְׁלִיכָה מִמֶּנּוּ עֲבֹתֵימוֹ.	3 'Let us break their bands asunder, and cast away their cords from us.'
ד יוֹשֵׁב בַּשָּׁמַיִם יִשְׂחָק: אֲדֹנָי, יִלְעַג-לָמוֹ.	4 He that sitteth in heavens laugheth, the Lord hath them in derision.
ה אָז יְדַבֵּר אֵלֵימוֹ בְאַפּוֹ; וּבַחֲרוֹנוֹ יְבַהֲלֵמוֹ.	5 Then will He speak unto them in His wrath, and affright them in His sore displeasure:
ו וַאֲנִי, נָסַכְתִּי מַלְכִּי: עַל-צִיּוֹן, הַר-קָדְשִׁי.	6 'Truly it is I that have established My king upon Zion, My holy mountain.'
ז אֲסַפְּרָה, אֶל-חֹק: יְהוָה, אָמַר אֵלַי בְּנִי אַתָּה–אֲנִי, הַיּוֹם יְלִדְתִּיךָ.	7 I will tell of the decree: the LORD said unto me: 'Thou art My son, this day have I begotten thee.
ח שְׁאַל מִמֶּנִּי–וְאֶתְּנָה גוֹיִם, נַחֲלָתֶךָ; וַאֲחֻזָּתְךָ, אַפְסֵי-אָרֶץ.	8 Ask of Me, and I will give the nations for thine inheritance, and the ends of the earth for thy possession.
ט תְּרֹעֵם, בְּשֵׁבֶט בַּרְזֶל: כִּכְלִי יוֹצֵר תְּנַפְּצֵם.	9 Thou shalt break them with a rod of iron; thou shalt dash them in pieces like a potter's vessel.'
י וְעַתָּה, מְלָכִים הַשְׂכִּילוּ; הִוָּסְרוּ, שֹׁפְטֵי אָרֶץ.	10 Now therefore, O ye kings, be wise; be admonished, ye judges of the earth.
יא עִבְדוּ אֶת-יְהוָה בְּיִרְאָה; וְגִילוּ, בִּרְעָדָה.	11 Serve the LORD with fear, and rejoice with trembling.
יב נַשְּׁקוּ-בַר, פֶּן-יֶאֱנַף וְתֹאבְדוּ דֶרֶךְ– כִּי-יִבְעַר כִּמְעַט אַפּוֹ: אַשְׁרֵי, כָּל-חוֹסֵי בוֹ.	12 Do homage in purity, lest He be angry, and ye perish in the way, when suddenly His wrath is kindled. {N}

Happy are all they that take refuge in Him. {P}

Chapter 3

א מִזְמוֹר לְדָוִד: בְּבָרְחוֹ, מִפְּנֵי אַבְשָׁלוֹם בְּנוֹ.

1 A Psalm of David, when he fled from Absalom his son.

ב יהוה, מָה-רַבּוּ צָרָי; רַבִּים, קָמִים עָלָי.

2 LORD, how many are mine adversaries become! Many are they that rise up against me.

ג רַבִּים, אֹמְרִים לְנַפְשִׁי: אֵין יְשׁוּעָתָה לּוֹ בֵאלֹהִים סֶלָה.

3 Many there are that say of my soul: 'There is no salvation for him in God.' Selah

ד וְאַתָּה יהוה, מָגֵן בַּעֲדִי; כְּבוֹדִי, וּמֵרִים רֹאשִׁי.

4 But thou, O LORD, art a shield about me; my glory, and the lifter up of my head.

ה קוֹלִי, אֶל-יהוה אֶקְרָא; וַיַּעֲנֵנִי מֵהַר קָדְשׁוֹ סֶלָה.

5 With my voice I call unto the LORD, and He answereth me out of His holy mountain. Selah

ו אֲנִי שָׁכַבְתִּי, וָאִישָׁנָה; הֱקִיצוֹתִי-- כִּי יהוה יִסְמְכֵנִי.

6 I lay me down, and I sleep; I awake, for the LORD sustaineth me.

ז לֹא-אִירָא, מֵרִבְבוֹת עָם-- אֲשֶׁר סָבִיב, שָׁתוּ עָלָי.

7 I am not afraid of ten thousands of people, that have set themselves against me round about.

ח קוּמָה יהוה, הוֹשִׁיעֵנִי אֱלֹהַי-- כִּי-הִכִּיתָ אֶת-כָּל-אֹיְבַי לֶחִי; שִׁנֵּי רְשָׁעִים שִׁבַּרְתָּ.

8 Arise, O LORD; save me, O my God; for Thou hast smitten all mine enemies upon the cheek, {N}
Thou hast broken the teeth of the wicked.

ט לַיהוה הַיְשׁוּעָה; עַל-עַמְּךָ בִרְכָתֶךָ סֶּלָה.

9 Salvation belongeth unto the LORD; Thy blessing be upon Thy people. Selah {P}

Chapter 4

א לַמְנַצֵּחַ בִּנְגִינוֹת, מִזְמוֹר לְדָוִד.

1 For the Leader; with string-music. A

Psalm of David.

ב בְּקָרְאִי, עֲנֵנִי אֱלֹהֵי צִדְקִי–בַּצָּר, הִרְחַבְתָּ לִּי;   חָנֵּנִי, וּשְׁמַע תְּפִלָּתִי.

2 Answer me when I call, O God of my righteousness, Thou who didst set me free when I was in distress; be gracious unto me, and hear my prayer.

ג בְּנֵי אִישׁ, עַד-מֶה כְבוֹדִי לִכְלִמָּה–תֶּאֱהָבוּן רִיק;   תְּבַקְשׁוּ כָזָב סֶלָה.

3 O ye sons of men, how long shall my glory be put to shame, in that ye love vanity, and seek after falsehood? Selah

ד וּדְעוּ–כִּי-הִפְלָה יְהוָה, חָסִיד לוֹ;   יְהוָה יִשְׁמַע, בְּקָרְאִי אֵלָיו.

4 But know that the LORD hath set apart the godly man as His own; the LORD will hear when I call unto Him.

ה רִגְזוּ, וְאַל-תֶּחֱטָאוּ:   אִמְרוּ בִלְבַבְכֶם, עַל-מִשְׁכַּבְכֶם; וְדֹמּוּ סֶלָה.

5 Tremble, and sin not; commune with your own heart upon your bed, and be still. Selah

ו זִבְחוּ זִבְחֵי-צֶדֶק;   וּבִטְחוּ, אֶל-יְהוָה.

6 Offer the sacrifices of righteousness, and put your trust in the LORD.

ז רַבִּים אֹמְרִים, מִי-יַרְאֵנוּ-טוֹב: נְסָה עָלֵינוּ, אוֹר פָּנֶיךָ יְהוָה.

7 Many there are that say: 'Oh that we could see some good!' LORD, lift Thou up the light of Thy countenance upon us.

ח נָתַתָּה שִׂמְחָה בְלִבִּי;   מֵעֵת דְּגָנָם וְתִירוֹשָׁם רָבּוּ.

8 Thou hast put gladness in my heart, more than when their corn and their wine increase.

ט בְּשָׁלוֹם יַחְדָּו, אֶשְׁכְּבָה וְאִישָׁן: כִּי-אַתָּה יְהוָה לְבָדָד; לָבֶטַח, תּוֹשִׁיבֵנִי.

9 In peace will I both lay me down and sleep; for Thou, LORD, makest me dwell alone in safety. {P}

Chapter 5

א לַמְנַצֵּחַ אֶל-הַנְּחִילוֹת,   מִזְמוֹר לְדָוִד.

1 For the Leader; upon the Nehiloth. A Psalm of David.

ב אֲמָרַי הַאֲזִינָה יְהוָה;   בִּינָה הֲגִיגִי.

2 Give ear to my words, O LORD, consider my meditation.

ג הַקְשִׁיבָה, לְקוֹל שַׁוְעִי–מַלְכִּי

3 Hearken unto the voice of my cry, my King, and my God; for unto Thee do I pray.

וֵאלֹהָי: כִּי־אֵלֶיךָ, אֶתְפַּלָּל.

ד יהוה–בֹּקֶר, תִּשְׁמַע קוֹלִי; בֹּקֶר אֶעֱרָךְ־לְךָ, וַאֲצַפֶּה.

4 O LORD, in the morning shalt Thou hear my voice; in the morning will I order my prayer unto Thee, and will look forward.

ה כִּי, לֹא אֵל חָפֵץ רֶשַׁע אָתָּה: לֹא יְגֻרְךָ רָע.

5 For Thou art not a God that hath pleasure in wickedness; evil shall not sojourn with Thee.

ו לֹא־יִתְיַצְּבוּ הוֹלְלִים, לְנֶגֶד עֵינֶיךָ; שָׂנֵאתָ, כָּל־פֹּעֲלֵי אָוֶן.

6 The boasters shall not stand in Thy sight; Thou hatest all workers of iniquity.

ז תְּאַבֵּד, דֹּבְרֵי כָזָב: אִישׁ־דָּמִים וּמִרְמָה, יְתָעֵב יהוה.

7 Thou destroyest them that speak falsehood; the LORD abhorreth the man of blood and of deceit.

ח וַאֲנִי–בְּרֹב חַסְדְּךָ, אָבוֹא בֵיתֶךָ; אֶשְׁתַּחֲוֶה אֶל־הֵיכַל־קָדְשְׁךָ, בְּיִרְאָתֶךָ.

8 But as for me, in the abundance of Thy lovingkindness will I come into Thy house; I will bow down toward Thy holy temple in the fear of Thee.

ט יהוה, נְחֵנִי בְצִדְקָתֶךָ–לְמַעַן שׁוֹרְרָי; הושר (הַיְשַׁר) לְפָנַי דַּרְכֶּךָ.

9 O LORD, lead me in Thy righteousness because of them that lie in wait for me; make Thy way straight before my face.

י כִּי אֵין בְּפִיהוּ, נְכוֹנָה–קִרְבָּם הַוּוֹת: קֶבֶר־פָּתוּחַ גְּרֹנָם; לְשׁוֹנָם, יַחֲלִיקוּן.

10 For there is no sincerity in their mouth; their inward part is a yawning gulf, their throat is an open sepulchre; they make smooth their tongue.

יא הַאֲשִׁימֵם, אֱלֹהִים– יִפְּלוּ, מִמֹּעֲצוֹתֵיהֶם: בְּרֹב פִּשְׁעֵיהֶם, הַדִּיחֵמוֹ– כִּי־מָרוּ בָךְ.

11 Hold them guilty, O God, let them fall by their own counsels; {N}
cast them down in the multitude of their transgressions; for they have rebelled against Thee.

יב וְיִשְׂמְחוּ כָל־חוֹסֵי בָךְ, לְעוֹלָם יְרַנֵּנוּ– וְתָסֵךְ עָלֵימוֹ; וְיַעְלְצוּ בְךָ, אֹהֲבֵי שְׁמֶךָ.

12 So shall all those that take refuge in Thee rejoice, they shall ever shout for joy, and Thou shalt shelter them; {N}
let them also that love Thy name exult in Thee.

יג כִּי-אַתָּה, תְּבָרֵךְ צַדִּיק: יהוה— כַּצִּנָּה, רָצוֹן תַּעְטְרֶנּוּ.

13 For Thou dost bless the righteous; O LORD, Thou dost encompass him with favour as with a shield. {P}

Chapter 6

1 For the Leader; with string-music; on the Sheminith. A Psalm of David.

ב יהוה, אַל-בְּאַפְּךָ תוֹכִיחֵנִי; וְאַל-בַּחֲמָתְךָ תְיַסְּרֵנִי.

2 O LORD, rebuke me not in Thine anger, neither chasten me in Thy wrath.

ג חָנֵּנִי יהוה, כִּי אֻמְלַל-אָנִי: רְפָאֵנִי יהוה—כִּי נִבְהֲלוּ עֲצָמָי.

3 Be gracious unto me, O LORD, for I languish away; heal me, O LORD, for my bones are affrighted.

ד וְנַפְשִׁי, נִבְהֲלָה מְאֹד; ואת (וְאַתָּה) יהוה, עַד-מָתָי.

4 My soul also is sore affrighted; and Thou, O LORD, how long?

ה שׁוּבָה יהוה, חַלְּצָה נַפְשִׁי; הוֹשִׁיעֵנִי, לְמַעַן חַסְדֶּךָ.

5 Return, O LORD, deliver my soul; save me for Thy mercy's sake.

ו כִּי אֵין בַּמָּוֶת זִכְרֶךָ; בִּשְׁאוֹל, מִי יוֹדֶה-לָּךְ.

6 For in death there is no remembrance of Thee; in the nether-world who will give Thee thanks?

ז יָגַעְתִּי, בְּאַנְחָתִי—אַשְׂחֶה בְכָל-לַיְלָה, מִטָּתִי; בְּדִמְעָתִי, עַרְשִׂי אַמְסֶה.

7 I am weary with my groaning; every night make I my bed to swim; I melt away my couch with my tears.

ח עָשְׁשָׁה מִכַּעַס עֵינִי; עָתְקָה, בְּכָל-צוֹרְרָי.

8 Mine eye is dimmed because of vexation; it waxeth old because of all mine adversaries.

ט סוּרוּ מִמֶּנִּי, כָּל-פֹּעֲלֵי אָוֶן: כִּי-שָׁמַע יהוה, קוֹל בִּכְיִי.

9 Depart from me, all ye workers of iniquity; for the LORD hath heard the voice of my weeping.

י שָׁמַע יהוה, תְּחִנָּתִי; יהוה, תְּפִלָּתִי יִקָּח.

10 The LORD hath heard my supplication; the LORD receiveth my prayer.

יא יֵבֹשׁוּ, וְיִבָּהֲלוּ מְאֹד—כָּל-

11 All mine enemies shall be ashamed and sore affrighted; they shall turn back, they shall be ashamed suddenly. {P} אֹיְבָי; יָשֻׁבוּ, יֵבֹשׁוּ רָגַע.

Chapter 7

1 Shiggaion of David, which he sang unto the LORD, concerning Cush a Benjamite.
א שִׁגָּיוֹן, לְדָוִד: אֲשֶׁר־שָׁר לַיהוה־ עַל־דִּבְרֵי־כוּשׁ, בֶּן־יְמִינִי.

2 O LORD my God, in Thee have I taken refuge; save me from all them that pursue me, and deliver me;
ב יהוה אֱלֹהַי, בְּךָ חָסִיתִי; הוֹשִׁיעֵנִי מִכָּל־רֹדְפַי, וְהַצִּילֵנִי.

3 Lest he tear my soul like a lion, rending it in pieces, while there is none to deliver.
ג פֶּן־יִטְרֹף כְּאַרְיֵה נַפְשִׁי; פֹּרֵק, וְאֵין מַצִּיל.

4 O LORD my God, if I have done this; if there be iniquity in my hands;
ד יהוה אֱלֹהַי, אִם־עָשִׂיתִי זֹאת; אִם־יֶשׁ־עָוֶל בְּכַפָּי.

5 If I have requited him that did evil unto me, or spoiled mine adversary unto emptiness;
ה אִם־גָּמַלְתִּי, שׁוֹלְמִי רָע; וָאֲחַלְּצָה צוֹרְרִי רֵיקָם.

6 Let the enemy pursue my soul, and overtake it, and tread my life down to the earth; yea, let him lay my glory in the dust. Selah
ו יִרַדֹּף אוֹיֵב נַפְשִׁי, וְיַשֵּׂג־וְיִרְמֹס לָאָרֶץ חַיָּי; וּכְבוֹדִי, לֶעָפָר יַשְׁכֵּן סֶלָה.

7 Arise, O LORD, in Thine anger, lift up Thyself in indignation against mine adversaries; yea, awake for me at the judgment which Thou hast commanded.
ז קוּמָה יהוה, בְּאַפֶּךָ־הִנָּשֵׂא, בְּעַבְרוֹת צוֹרְרָי; וְעוּרָה אֵלַי, מִשְׁפָּט צִוִּיתָ.

8 And let the congregation of the peoples compass Thee about, and over them return Thou on high.
ח וַעֲדַת לְאֻמִּים, תְּסוֹבְבֶךָּ; וְעָלֶיהָ, לַמָּרוֹם שׁוּבָה.

9 O LORD, who ministerest judgment to the peoples, judge me, O LORD, according to my righteousness, and according to mine integrity that is in me.
ט יהוה, יָדִין עַמִּים: שָׁפְטֵנִי יהוה; כְּצִדְקִי וּכְתֻמִּי עָלָי.

10 Oh that a full measure of evil might come upon the wicked, and that Thou
י יִגְמָר נָא רַע, רְשָׁעִים— וּתְכוֹנֵן צַדִּיק;

וּבֹחֵן לִבּוֹת, וּכְלָיוֹת— אֱלֹהִים צַדִּיק.	wouldest establish the righteous; {N} for the righteous God trieth the heart and reins.
יא מָגִנִּי עַל-אֱלֹהִים; מוֹשִׁיעַ, יִשְׁרֵי-לֵב.	11 My shield is with God, who saveth the upright in heart.
יב אֱלֹהִים, שׁוֹפֵט צַדִּיק; וְאֵל, זֹעֵם בְּכָל-יוֹם.	12 God is a righteous judge, yea, a God that hath indignation every day:
יג אִם-לֹא יָשׁוּב, חַרְבּוֹ יִלְטוֹשׁ; קַשְׁתּוֹ דָרַךְ, וַיְכוֹנְנֶהָ.	13 If a man turn not, He will whet His sword, He hath bent His bow, and made it ready;
יד וְלוֹ, הֵכִין כְּלֵי מָוֶת; חִצָּיו, לְדֹלְקִים יִפְעָל.	14 He hath also prepared for him the weapons of death, yea, His arrows which He made sharp.
טו הִנֵּה יְחַבֶּל-אָוֶן; וְהָרָה עָמָל, וְיָלַד שָׁקֶר.	15 Behold, he travaileth with iniquity; yea, he conceiveth mischief, and bringeth forth falsehood.
טז בּוֹר כָּרָה, וַיַּחְפְּרֵהוּ; וַיִּפֹּל, בְּשַׁחַת יִפְעָל.	16 He hath digged a pit, and hollowed it, and is fallen into the ditch which he made.
יז יָשׁוּב עֲמָלוֹ בְרֹאשׁוֹ; וְעַל קָדְקֳדוֹ, חֲמָסוֹ יֵרֵד.	17 His mischief shall return upon his own head, and his violence shall come down upon his own pate.
יח אוֹדֶה יְהוָה כְּצִדְקוֹ; וַאֲזַמְּרָה, שֵׁם-יְהוָה עֶלְיוֹן.	18 I will give thanks unto the LORD according to His righteousness; and will sing praise to the name of the LORD Most High. {P}

Chapter 8

א לַמְנַצֵּחַ עַל-הַגִּתִּית, מִזְמוֹר לְדָוִד.	1 For the Leader; upon the Gittith. A Psalm of David.
ב יְהוָה אֲדֹנֵינוּ— מָה-אַדִּיר שִׁמְךָ, בְּכָל-הָאָרֶץ; אֲשֶׁר תְּנָה הוֹדְךָ, עַל-הַשָּׁמָיִם.	2 O LORD, our Lord, how glorious is Thy name in all the earth! {N} whose majesty is rehearsed above the heavens.

ג מִפִּי עוֹלְלִים, וְיֹנְקִים— יִסַּדְתָּ-עֹז: לְמַעַן צוֹרְרֶיךָ; לְהַשְׁבִּית אוֹיֵב, וּמִתְנַקֵּם.	3 Out of the mouth of babes and sucklings hast Thou founded strength, {N} because of Thine adversaries; that Thou mightest still the enemy and the avenger.
ד כִּי-אֶרְאֶה שָׁמֶיךָ, מַעֲשֵׂה אֶצְבְּעֹתֶיךָ— יָרֵחַ וְכוֹכָבִים, אֲשֶׁר כּוֹנָנְתָּה.	4 When I behold Thy heavens, the work of Thy fingers, {N} the moon and the stars, which Thou hast established;
ה מָה-אֱנוֹשׁ כִּי-תִזְכְּרֶנּוּ; וּבֶן-אָדָם, כִּי תִפְקְדֶנּוּ.	5 What is man, that Thou art mindful of him? and the son of man, that Thou thinkest of him?
ו וַתְּחַסְּרֵהוּ מְּעַט, מֵאֱלֹהִים; וְכָבוֹד וְהָדָר תְּעַטְּרֵהוּ.	6 Yet Thou hast made him but little lower than the angels, and hast crowned him with glory and honour.
ז תַּמְשִׁילֵהוּ, בְּמַעֲשֵׂי יָדֶיךָ; כֹּל, שַׁתָּה תַחַת-רַגְלָיו.	7 Thou hast made him to have dominion over the works of Thy hands; Thou hast put all things under his feet:
ח צֹנֶה וַאֲלָפִים כֻּלָּם; וְגַם, בַּהֲמוֹת שָׂדָי.	8 Sheep and oxen, all of them, yea, and the beasts of the field;
ט צִפּוֹר שָׁמַיִם, וּדְגֵי הַיָּם; עֹבֵר, אָרְחוֹת יַמִּים.	9 The fowl of the air, and the fish of the sea; whatsoever passeth through the paths of the seas.
י יְהוָה אֲדֹנֵינוּ: מָה-אַדִּיר שִׁמְךָ, בְּכָל-הָאָרֶץ.	10 O LORD, our Lord, how glorious is Thy name in all the earth! {P}

Chapter 9

א לַמְנַצֵּחַ, עַל-מוּת לַבֵּן; מִזְמוֹר לְדָוִד.	1 For the Leader; upon Muthlabben. A Psalm of David.
ב אוֹדֶה יְהוָה, בְּכָל-לִבִּי; אֲסַפְּרָה, כָּל-נִפְלְאוֹתֶיךָ.	2 I will give thanks unto the LORD with my whole heart; I will tell of all Thy marvellous works.
ג אֶשְׂמְחָה וְאֶעֶלְצָה בָךְ; אֲזַמְּרָה	3 I will be glad and exult in Thee; I will sing praise to Thy name, O Most High:

שִׁמְךָ עֶלְיוֹן.

ד בְּשׁוּב-אוֹיְבַי אָחוֹר;   יִכָּשְׁלוּ וְיֹאבְדוּ, מִפָּנֶיךָ.

ה כִּי-עָשִׂיתָ, מִשְׁפָּטִי וְדִינִי;   יָשַׁבְתָּ לְכִסֵּא, שׁוֹפֵט צֶדֶק.

ו גָּעַרְתָּ גוֹיִם, אִבַּדְתָּ רָשָׁע;   שְׁמָם מָחִיתָ, לְעוֹלָם וָעֶד.

ז הָאוֹיֵב, תַּמּוּ חֳרָבוֹת—לָנֶצַח;   וְעָרִים נָתַשְׁתָּ—אָבַד זִכְרָם הֵמָּה.

ח וַיהוָה, לְעוֹלָם יֵשֵׁב;   כּוֹנֵן לַמִּשְׁפָּט כִּסְאוֹ.

ט וְהוּא, יִשְׁפֹּט-תֵּבֵל בְּצֶדֶק;   יָדִין לְאֻמִּים, בְּמֵישָׁרִים.

י וִיהִי יְהוָה מִשְׂגָּב לַדָּךְ;   מִשְׂגָּב, לְעִתּוֹת בַּצָּרָה.

יא וְיִבְטְחוּ בְךָ, יוֹדְעֵי שְׁמֶךָ:   כִּי לֹא-עָזַבְתָּ דֹרְשֶׁיךָ יְהוָה.

יב זַמְּרוּ—לַיהוָה, יֹשֵׁב צִיּוֹן;   הַגִּידוּ בָעַמִּים, עֲלִילוֹתָיו.

יג כִּי-דֹרֵשׁ דָּמִים, אוֹתָם זָכָר;   לֹא-שָׁכַח, צַעֲקַת עניים (עֲנָוִים).

יד חָנְנֵנִי יְהוָה—רְאֵה עָנְיִי, מִשֹּׂנְאָי;   מְרוֹמְמִי, מִשַּׁעֲרֵי מָוֶת.

4 When mine enemies are turned back, they stumble and perish at Thy presence;

5 For Thou hast maintained my right and my cause; Thou sattest upon the throne as the righteous Judge.

6 Thou hast rebuked the nations, Thou hast destroyed the wicked, Thou hast blotted out their name for ever and ever.

7 O thou enemy, the waste places are come to an end for ever; and the cities which thou didst uproot, their very memorial is perished.

8 But the LORD is enthroned for ever; He hath established His throne for judgment.

9 And He will judge the world in righteousness, He will minister judgment to the peoples with equity.

10 The LORD also will be a high tower for the oppressed, a high tower in times of trouble;

11 And they that know Thy name will put their trust in Thee; for thou, LORD, hast not forsaken them that seek Thee.

12 Sing praises to the LORD, who dwelleth in Zion; declare among the peoples His doings.

13 For He that avengeth blood hath remembered them; He hath not forgotten the cry of the humble.

14 Be gracious unto me, O LORD, behold mine affliction at the hands of them that hate me; Thou that liftest me up from the gates of death;

15 That I may tell of all Thy praise in the gates of the daughter of Zion, that I may rejoice in Thy salvation.

טו לְמַעַן אֲסַפְּרָה, כָּל־תְּהִלָּתֶיךָ: בְּשַׁעֲרֵי בַת־צִיּוֹן־אָגִילָה, בִּישׁוּעָתֶךָ.

16 The nations are sunk down in the pit that they made; in the net which they hid is their own foot taken.

טז טָבְעוּ גוֹיִם, בְּשַׁחַת עָשׂוּ; בְּרֶשֶׁת־זוּ טָמָנוּ, נִלְכְּדָה רַגְלָם.

17 The LORD hath made Himself known, He hath executed judgment, the wicked is snared in the work of his own hands. Higgaion. Selah

יז נוֹדַע, יְהוָה–מִשְׁפָּט עָשָׂה: בְּפֹעַל כַּפָּיו, נוֹקֵשׁ רָשָׁע; הִגָּיוֹן סֶלָה.

18 The wicked shall return to the nether-world, even all the nations that forget God.

יח יָשׁוּבוּ רְשָׁעִים לִשְׁאוֹלָה: כָּל־גּוֹיִם, שְׁכֵחֵי אֱלֹהִים.

19 For the needy shall not alway be forgotten, nor the expectation of the poor perish for ever.

יט כִּי לֹא לָנֶצַח, יִשָּׁכַח אֶבְיוֹן; תִּקְוַת עֲנָוִים (עֲנִיִּים), תֹּאבַד לָעַד.

20 Arise, O LORD, let not man prevail; let the nations be judged in Thy sight.

כ קוּמָה יְהוָה, אַל־יָעֹז אֱנוֹשׁ; יִשָּׁפְטוּ גוֹיִם, עַל־פָּנֶיךָ.

21 Set terror over them, O LORD; let the nations know they are but men. Selah {P}

כא שִׁיתָה יְהוָה, מוֹרָה–לָהֶם: יֵדְעוּ גוֹיִם–אֱנוֹשׁ הֵמָּה סֶּלָה.

Chapter 10

1 Why standest Thou afar off, O LORD? Why hidest Thou Thyself in times of trouble?

א לָמָה יְהוָה, תַּעֲמֹד בְּרָחוֹק; תַּעְלִים, לְעִתּוֹת בַּצָּרָה.

2 Through the pride of the wicked the poor is hotly pursued, they are taken in the devices that they have imagined.

ב בְּגַאֲוַת רָשָׁע, יִדְלַק עָנִי; יִתָּפְשׂוּ, בִּמְזִמּוֹת זוּ חָשָׁבוּ.

3 For the wicked boasteth of his heart's desire, and the covetous vaunteth himself, though he contemn the LORD.

ג כִּי־הִלֵּל רָשָׁע, עַל־תַּאֲוַת נַפְשׁוֹ; וּבֹצֵעַ בֵּרֵךְ, נִאֵץ יְהוָה.

4 The wicked, in the pride of his

ד רָשָׁע, כְּגֹבַהּ אַפּוֹ, בַּל־יִדְרֹשׁ; אֵין

אֱלֹהִים, כָּל-מְזִמּוֹתָיו.	countenance [, saith]: 'He will not require'; all his thoughts are: 'There is no God.'
ה יָחִילוּ דְרָכָו, בְּכָל-עֵת–מָרוֹם מִשְׁפָּטֶיךָ, מִנֶּגְדּוֹ; כָּל-צוֹרְרָיו, יָפִיחַ בָּהֶם.	5 His ways prosper at all times; Thy judgments are far above out of his sight; as for all his adversaries, he puffeth at them.
ו אָמַר בְּלִבּוֹ, בַּל-אֶמּוֹט; לְדֹר וָדֹר, אֲשֶׁר לֹא-בְרָע.	6 He saith in his heart: 'I shall not be moved, I who to all generations shall not be in adversity.'
ז אָלָה, פִּיהוּ מָלֵא–וּמִרְמוֹת וָתֹךְ; תַּחַת לְשׁוֹנוֹ, עָמָל וָאָוֶן.	7 His mouth is full of cursing and deceit and oppression; under his tongue is mischief and iniquity.
ח יֵשֵׁב, בְּמַאְרַב חֲצֵרִים–בַּמִּסְתָּרִים, יַהֲרֹג נָקִי; עֵינָיו, לְחֵלְכָה יִצְפֹּנוּ.	8 He sitteth in the lurking-places of the villages; in secret places doth he slay the innocent; his eyes are on the watch for the helpless.
ט יֶאֱרֹב בַּמִּסְתָּר, כְּאַרְיֵה בְסֻכֹּה– יֶאֱרֹב, לַחֲטוֹף עָנִי; יַחְטֹף עָנִי, בְּמָשְׁכוֹ בְרִשְׁתּוֹ.	9 He lieth in wait in a secret place as a lion in his lair, he lieth in wait to catch the poor; {N} he doth catch the poor, when he draweth him up in his net.
י וְדֹכֶה (יִדְכֶּה) יָשֹׁחַ; וְנָפַל בַּעֲצוּמָיו, חֵלְכָאִים (חֵיל כָּאִים).	10 He croucheth, he boweth down, and the helpless fall into his mighty claws.
יא אָמַר בְּלִבּוֹ, שָׁכַח אֵל; הִסְתִּיר פָּנָיו, בַּל-רָאָה לָנֶצַח.	11 He hath said in his heart: 'God hath forgotten; He hideth His face; He will never see.'
יב קוּמָה יְהוָה–אֵל, נְשָׂא יָדֶךָ; אַל-תִּשְׁכַּח עניים (עֲנָוִים).	12 Arise, O LORD; O God, lift up Thy hand; forget not the humble.
יג עַל-מֶה, נִאֵץ רָשָׁע אֱלֹהִים; אָמַר בְּלִבּוֹ, לֹא תִּדְרֹשׁ.	13 Wherefore doth the wicked contemn God, and say in his heart: 'Thou wilt not require'?
יד רָאִתָה, כִּי-אַתָּה עָמָל וָכַעַס תַּבִּיט–לָתֵת בְּיָדֶךָ: עָלֶיךָ, יַעֲזֹב חֵלֵכָה; יָתוֹם, אַתָּה	14 Thou hast seen; for Thou beholdest trouble and vexation, to requite them with Thy hand; {N} unto Thee the helpless committeth himself;

הָיִיתָ עוֹזֵר.	Thou hast been the helper of the fatherless.
טו שְׁבֹר, זְרוֹעַ רָשָׁע; וָרָע, תִּדְרוֹשׁ-רִשְׁעוֹ בַל-תִּמְצָא.	15 Break Thou the arm of the wicked; and as for the evil man, search out his wickedness, till none be found.
טז יְהוָה מֶלֶךְ, עוֹלָם וָעֶד; אָבְדוּ גוֹיִם, מֵאַרְצוֹ.	16 The LORD is King for ever and ever; the nations are perished out of His land.
יז תַּאֲוַת עֲנָוִים שָׁמַעְתָּ יְהוָה; תָּכִין לִבָּם, תַּקְשִׁיב אָזְנֶךָ.	17 LORD, Thou hast heard the desire of the humble: Thou wilt direct their heart, Thou wilt cause Thine ear to attend;
יח לִשְׁפֹּט יָתוֹם, וָדָךְ: בַּל-יוֹסִיף עוֹד-לַעֲרֹץ אֱנוֹשׁ, מִן-הָאָרֶץ.	18 To right the fatherless and the oppressed, that man who is of the earth may be terrible no more. {P}

Chapter 11

א לַמְנַצֵּחַ, לְדָוִד: בַּיהוָה, חָסִיתִי–אֵיךְ, תֹּאמְרוּ לְנַפְשִׁי; נוּדוּ (נוּדִי), הַרְכֶם צִפּוֹר.	1 For the Leader. [A Psalm] of David. {N} In the LORD have I taken refuge; how say ye to my soul: 'Flee thou! to your mountain, ye birds'?
ב כִּי הִנֵּה הָרְשָׁעִים, יִדְרְכוּן קֶשֶׁת, כּוֹנְנוּ חִצָּם עַל-יֶתֶר–לִירוֹת בְּמוֹ-אֹפֶל, לְיִשְׁרֵי-לֵב.	2 For, lo, the wicked bend the bow, they have made ready their arrow upon the string, {N} that they may shoot in darkness at the upright in heart.
ג כִּי הַשָּׁתוֹת, יֵהָרֵסוּן– צַדִּיק, מַה-פָּעָל.	3 When the foundations are destroyed, what hath the righteous wrought?
ד יְהוָה, בְּהֵיכַל קָדְשׁוֹ– יְהוָה, בַּשָּׁמַיִם כִּסְאוֹ: עֵינָיו יֶחֱזוּ– עַפְעַפָּיו יִבְחֲנוּ, בְּנֵי אָדָם.	4 The LORD is in His holy temple, the LORD, His throne is in heavens; {N} His eyes behold, His eyelids try, the children of men.
ה יְהוָה, צַדִּיק יִבְחָן: וְרָשָׁע, וְאֹהֵב חָמָס–שָׂנְאָה נַפְשׁוֹ.	5 The LORD trieth the righteous; but the wicked and him that loveth violence His soul hateth.

ו יַמְטֵר עַל־רְשָׁעִים, פַּחִים: אֵשׁ וְגָפְרִית, וְרוּחַ זִלְעָפוֹת—מְנָת כּוֹסָם.

6 Upon the wicked He will cause to rain coals; fire and brimstone and burning wind shall be the portion of their cup.

ז כִּי־צַדִּיק יְהוָה, צְדָקוֹת אָהֵב; יָשָׁר, יֶחֱזוּ פָנֵימוֹ.

7 For the LORD is righteous, He loveth righteousness; the upright shall behold His face. {P}

Chapter 12

א לַמְנַצֵּחַ עַל־הַשְּׁמִינִית, מִזְמוֹר לְדָוִד.

1 For the Leader; on the Sheminith. A Psalm of David.

ב הוֹשִׁיעָה יְהוָה, כִּי־גָמַר חָסִיד: כִּי־פַסּוּ אֱמוּנִים, מִבְּנֵי אָדָם.

2 Help, LORD; for the godly man ceaseth; for the faithful fail from among the children of men.

ג שָׁוְא, יְדַבְּרוּ—אִישׁ אֶת־רֵעֵהוּ: שְׂפַת חֲלָקוֹת—בְּלֵב וָלֵב יְדַבֵּרוּ.

3 They speak falsehood every one with his neighbour; with flattering lip, and with a double heart, do they speak.

ד יַכְרֵת יְהוָה, כָּל־שִׂפְתֵי חֲלָקוֹת—לָשׁוֹן, מְדַבֶּרֶת גְּדֹלוֹת.

4 May the LORD cut off all flattering lips, the tongue that speaketh proud things!

ה אֲשֶׁר אָמְרוּ, לִלְשֹׁנֵנוּ נַגְבִּיר—שְׂפָתֵינוּ אִתָּנוּ: מִי אָדוֹן לָנוּ.

5 Who have said: 'Our tongue will we make mighty; our lips are with us: who is lord over us?'

ו מִשֹּׁד עֲנִיִּים, מֵאַנְקַת אֶבְיוֹנִים: עַתָּה אָקוּם, יֹאמַר יְהוָה; אָשִׁית בְּיֵשַׁע, יָפִיחַ לוֹ.

6 'For the oppression of the poor, for the sighing of the needy, {N}
now will I arise', saith the LORD; 'I will set him in safety at whom they puff.'

ז אִמְרוֹת יְהוָה, אֲמָרוֹת טְהֹרוֹת: כֶּסֶף צָרוּף, בַּעֲלִיל לָאָרֶץ; מְזֻקָּק, שִׁבְעָתָיִם.

7 The words of the LORD are pure words, {N}
as silver tried in a crucible on the earth, refined seven times.

ח אַתָּה־יְהוָה תִּשְׁמְרֵם; תִּצְּרֶנּוּ, מִן־הַדּוֹר זוּ לְעוֹלָם.

8 Thou wilt keep them, O LORD; Thou wilt preserve us from this generation for ever.

| ט סָבִיב, רְשָׁעִים יִתְהַלָּכוּן; כְּרֻם זֻלּוּת, לִבְנֵי אָדָם. | 9 The wicked walk on every side, when vileness is exalted among the sons of men. {P} |

Chapter 13

א לַמְנַצֵּחַ, מִזְמוֹר לְדָוִד.	1 For the Leader. A Psalm of David.
ב עַד-אָנָה יְהוָה, תִּשְׁכָּחֵנִי נֶצַח; עַד-אָנָה, תַּסְתִּיר אֶת-פָּנֶיךָ מִמֶּנִּי.	2 How long, O LORD, wilt Thou forget me for ever? How long wilt Thou hide Thy face from me?
ג עַד-אָנָה אָשִׁית עֵצוֹת, בְּנַפְשִׁי— יָגוֹן בִּלְבָבִי יוֹמָם; עַד-אָנָה, יָרוּם אֹיְבִי עָלָי.	3 How long shall I take counsel in my soul, having sorrow in my heart by day? {N} How long shall mine enemy be exalted over me?
ד הַבִּיטָה עֲנֵנִי, יְהוָה אֱלֹהָי; הָאִירָה עֵינַי, פֶּן-אִישַׁן הַמָּוֶת.	4 Behold Thou, and answer me, O LORD my God; lighten mine eyes, lest I sleep the sleep of death;
ה פֶּן-יֹאמַר אֹיְבִי יְכָלְתִּיו; צָרַי יָגִילוּ, כִּי אֶמּוֹט.	5 Lest mine enemy say: 'I have prevailed against him'; lest mine adversaries rejoice when I am moved.
ו וַאֲנִי, בְּחַסְדְּךָ בָטַחְתִּי— יָגֵל לִבִּי, בִּישׁוּעָתֶךָ: אָשִׁירָה לַיהוָה, כִּי גָמַל עָלָי.	6 But as for me, in Thy mercy do I trust; my heart shall rejoice in Thy salvation. {N} I will sing unto the LORD, because He hath dealt bountifully with me. {P}

Chapter 14

| א לַמְנַצֵּחַ, לְדָוִד: אָמַר נָבָל בְּלִבּוֹ, אֵין אֱלֹהִים; הִשְׁחִיתוּ, הִתְעִיבוּ עֲלִילָה— אֵין עֹשֵׂה-טוֹב. | 1 For the Leader. [A Psalm] of David. {N} The fool hath said in his heart: 'There is no God'; {N} they have dealt corruptly, they have done abominably; there is none that doeth good. |
| ב יְהוָה— מִשָּׁמַיִם, הִשְׁקִיף עַל-בְּנֵי-אָדָם: | 2 The LORD looked forth from heavens upon the children of men, {N} to see if there were any man of |

understanding, that did seek after God.

ג הַכֹּל סָר, יַחְדָּו נֶאֱלָחוּ: אֵין עֹשֵׂה-טוֹב—אֵין, גַּם-אֶחָד.

3 They are all corrupt, they are together become impure; there is none that doeth good, no, not one.

ד הֲלֹא יָדְעוּ, כָּל-פֹּעֲלֵי-אָוֶן: אֹכְלֵי עַמִּי, אָכְלוּ לֶחֶם; יְהוָה, לֹא קָרָאוּ.

4 'shall not all the workers of iniquity know it, who eat up My people as they eat bread, and call not upon the LORD?'

ה שָׁם, פָּחֲדוּ פָחַד: כִּי-אֱלֹהִים, בְּדוֹר צַדִּיק.

5 There are they in great fear; for God is with the righteous generation.

ו עֲצַת-עָנִי תָבִישׁוּ: כִּי יְהוָה מַחְסֵהוּ.

6 Ye would put to shame the counsel of the poor, but the LORD is his refuge.

ז מִי יִתֵּן מִצִּיּוֹן, יְשׁוּעַת יִשְׂרָאֵל: בְּשׁוּב יְהוָה, שְׁבוּת עַמּוֹ; יָגֵל יַעֲקֹב, יִשְׂמַח יִשְׂרָאֵל.

7 Oh that the salvation of Israel {N} were come out of Zion! When the LORD turneth the captivity of His people, let Jacob rejoice, let Israel be glad. {P}

Chapter 15

א מִזְמוֹר, לְדָוִד: יְהוָה, מִי-יָגוּר בְּאָהֳלֶךָ; מִי-יִשְׁכֹּן, בְּהַר קָדְשֶׁךָ.

1 A Psalm of David. LORD, who shall sojourn in Thy tabernacle? Who shall dwell upon Thy holy mountain?

ב הוֹלֵךְ תָּמִים, וּפֹעֵל צֶדֶק; וְדֹבֵר אֱמֶת, בִּלְבָבוֹ.

2 He that walketh uprightly, and worketh righteousness, and speaketh truth in his heart;

ג לֹא-רָגַל, עַל-לְשֹׁנוֹ—לֹא-עָשָׂה לְרֵעֵהוּ רָעָה; וְחֶרְפָּה, לֹא-נָשָׂא עַל-קְרֹבוֹ.

3 That hath no slander upon his tongue, nor doeth evil to his fellow, nor taketh up a reproach against his neighbour;

ד נִבְזֶה, בְּעֵינָיו נִמְאָס— וְאֶת-יִרְאֵי יְהוָה יְכַבֵּד; נִשְׁבַּע לְהָרַע, וְלֹא יָמִר.

4 In whose eyes a vile person is despised, but he honoureth them that fear the LORD; {N}
he that sweareth to his own hurt, and changeth not;

5 He that putteth not out his money on interest, nor taketh a bribe against the innocent. {N}
He that doeth these things shall never be moved. {P}

ה כַּסְפּוֹ, לֹא-נָתַן בְּנֶשֶׁךְ— וְשֹׁחַד עַל-נָקִי, לֹא לָקָח:
עֹשֵׂה-אֵלֶּה— לֹא יִמּוֹט לְעוֹלָם.

Chapter 16

1 Michtam of David. Keep me, O God; for I have taken refuge in Thee.

א מִכְתָּם לְדָוִד: שָׁמְרֵנִי אֵל, כִּי-חָסִיתִי בָךְ.

2 I have said unto the LORD: 'Thou art my Lord; I have no good but in Thee';

ב אָמַרְתְּ לַיהוָה, אֲדֹנָי אָתָּה; טוֹבָתִי, בַּל-עָלֶיךָ.

3 As for the holy that are in the earth, they are the excellent in whom is all my delight.

ג לִקְדוֹשִׁים, אֲשֶׁר-בָּאָרֶץ הֵמָּה; וְאַדִּירֵי, כָּל-חֶפְצִי-בָם.

4 Let the idols of them be multiplied that make suit unto another; {N}
their drink-offerings of blood will I not offer, nor take their names upon my lips.

ד יִרְבּוּ עַצְּבוֹתָם, אַחֵר מָהָרוּ:
בַּל-אַסִּיךְ נִסְכֵּיהֶם מִדָּם; וּבַל-אֶשָּׂא אֶת-שְׁמוֹתָם, עַל-שְׂפָתָי.

5 O LORD, the portion of mine inheritance and of my cup, Thou maintainest my lot.

ה יְהוָה, מְנָת-חֶלְקִי וְכוֹסִי— אַתָּה, תּוֹמִיךְ גּוֹרָלִי.

6 The lines are fallen unto me in pleasant places; yea, I have a goodly heritage.

ו חֲבָלִים נָפְלוּ-לִי, בַּנְּעִמִים; אַף-נַחֲלָת, שָׁפְרָה עָלָי.

7 I will bless the LORD, who hath given me counsel; yea, in the night seasons my reins instruct me.

ז אֲבָרֵךְ—אֶת-יְהוָה, אֲשֶׁר יְעָצָנִי; אַף-לֵילוֹת, יִסְּרוּנִי כִלְיוֹתָי.

8 I have set the LORD always before me; surely He is at my right hand, I shall not be moved.

ח שִׁוִּיתִי יְהוָה לְנֶגְדִּי תָמִיד: כִּי מִימִינִי, בַּל-אֶמּוֹט.

9 Therefore my heart is glad, and my glory rejoiceth; my flesh also dwelleth in safety;

ט לָכֵן, שָׂמַח לִבִּי—וַיָּגֶל כְּבוֹדִי; אַף-בְּשָׂרִי, יִשְׁכֹּן לָבֶטַח.

10 For Thou wilt not abandon my soul to the nether-world; neither wilt Thou suffer

י כִּי, לֹא-תַעֲזֹב נַפְשִׁי לִשְׁאוֹל; לֹא-

תִּתֵּן חֲסִידְךָ, לִרְאוֹת שָׁחַת. Thy godly one to see the pit.

יא תּוֹדִיעֵנִי,   אֹרַח חַיִּים: 11 Thou makest me to know the path of life; {N}
שֹׂבַע שְׂמָחוֹת, אֶת-פָּנֶיךָ;   נְעִמוֹת בִּימִינְךָ נֶצַח. in Thy presence is fulness of joy, in Thy right hand bliss for evermore. {P}

Chapter 17

א תְּפִלָּה, לְדָוִד: 1 A Prayer of David. {N}
שִׁמְעָה יהוה, צֶדֶק—   הַקְשִׁיבָה רִנָּתִי, Hear the right, O LORD, attend unto my cry; give ear unto my prayer {N}
הַאֲזִינָה תְפִלָּתִי; בְּלֹא,   שִׂפְתֵי מִרְמָה. from lips without deceit.

ב מִלְּפָנֶיךָ, מִשְׁפָּטִי יֵצֵא;   עֵינֶיךָ, תֶּחֱזֶינָה מֵישָׁרִים. 2 Let my judgment come forth from Thy presence; let Thine eyes behold equity.

ג בָּחַנְתָּ לִבִּי, פָּקַדְתָּ לַּיְלָה—   צְרַפְתַּנִי בַל-תִּמְצָא; זַמֹּתִי,   בַּל-יַעֲבָר-פִּי. 3 Thou hast tried my heart, Thou hast visited it in the night; Thou hast tested me, and Thou findest not {N}
that I had a thought which should not pass my mouth.

ד לִפְעֻלּוֹת אָדָם, בִּדְבַר שְׂפָתֶיךָ—   אֲנִי שָׁמַרְתִּי, אָרְחוֹת פָּרִיץ. 4 As for the doings of men, by the word of Thy lips I have kept me from the ways of the violent.

ה תָּמֹךְ אֲשֻׁרַי, בְּמַעְגְּלוֹתֶיךָ;   בַּל-נָמוֹטּוּ פְעָמָי. 5 My steps have held fast to Thy paths, my feet have not slipped.

ו אֲנִי-קְרָאתִיךָ כִי-תַעֲנֵנִי אֵל;   הַט-אָזְנְךָ לִי, שְׁמַע אִמְרָתִי. 6 As for me, I call upon Thee, for Thou wilt answer me, O God; incline Thine ear unto me, hear my speech.

ז הַפְלֵה חֲסָדֶיךָ, מוֹשִׁיעַ חוֹסִים—   מִמִּתְקוֹמְמִים, בִּימִינֶךָ. 7 Make passing great Thy mercies, O Thou that savest by Thy right hand from assailants them that take refuge in Thee.

ח שָׁמְרֵנִי, כְּאִישׁוֹן בַּת-עָיִן;   בְּצֵל כְּנָפֶיךָ, תַּסְתִּירֵנִי. 8 Keep me as the apple of the eye, hide me in the shadow of Thy wings,

9 From the wicked that oppress, my deadly enemies, that compass me about.

ט מִפְּנֵי רְשָׁעִים, זוּ שַׁדּוּנִי; אֹיְבַי בְּנֶפֶשׁ, יַקִּיפוּ עָלָי.

10 Their gross heart they have shut tight, with their mouth they speak proudly.

י חֶלְבָּמוֹ סָגְרוּ; פִּימוֹ, דִּבְּרוּ בְגֵאוּת.

11 At our every step they have now encompassed us; they set their eyes to cast us down to the earth.

יא אַשֻּׁרֵינוּ, עַתָּה סבבוני (סְבָבוּנוּ); עֵינֵיהֶם יָשִׁיתוּ, לִנְטוֹת בָּאָרֶץ.

12 He is like a lion that is eager to tear in pieces, and like a young lion lurking in secret places.

יב דִּמְיֹנוֹ—כְּאַרְיֵה, יִכְסוֹף לִטְרֹף; וְכִכְפִיר, יֹשֵׁב בְּמִסְתָּרִים.

13 Arise, O LORD, confront him, cast him down; {N}
deliver my soul from the wicked, by Thy sword;

יג קוּמָה יְהוָה—קַדְּמָה פָנָיו, הַכְרִיעֵהוּ; פַּלְּטָה נַפְשִׁי, מֵרָשָׁע חַרְבֶּךָ.

14 From men, by Thy hand, O LORD, from men of the world, {N}
whose portion is in this life, and whose belly Thou fillest with Thy treasure; {N}
who have children in plenty, and leave their abundance to their babes.

יד מִמְתִים יָדְךָ יְהוָה, מִמְתִים מֵחֶלֶד—
חֶלְקָם בַּחַיִּים, וצפינך (וּצְפוּנְךָ) תְּמַלֵּא בִטְנָם:
יִשְׂבְּעוּ בָנִים— וְהִנִּיחוּ יִתְרָם, לְעוֹלְלֵיהֶם.

15 As for me, I shall behold Thy face in righteousness; I shall be satisfied, when I awake, with Thy likeness. {P}

טו אֲנִי—בְּצֶדֶק, אֶחֱזֶה פָנֶיךָ; אֶשְׂבְּעָה בְהָקִיץ, תְּמוּנָתֶךָ.

Chapter 18

1 For the Leader. [A Psalm] of David the servant of the LORD, {N}
who spoke unto the LORD the words of this song {N}
in the day that the LORD delivered him from the hand of all his enemies, and from the hand of Saul;

א לַמְנַצֵּחַ, לְעֶבֶד יְהוָה—לְדָוִד:
אֲשֶׁר דִּבֶּר, לַיהוָה, אֶת-דִּבְרֵי, הַשִּׁירָה הַזֹּאת—
בְּיוֹם הִצִּיל-יְהוָה אוֹתוֹ מִכַּף כָּל-אֹיְבָיו, וּמִיַּד שָׁאוּל.

ב וַיֹּאמַר— אֶרְחָמְךָ יְהוָה חִזְקִי.	2 And he said: I love thee, O LORD, my strength.
ג יְהוָה, סַלְעִי וּמְצוּדָתִי— וּמְפַלְטִי: אֵלִי צוּרִי, אֶחֱסֶה-בּוֹ; מָגִנִּי וְקֶרֶן-יִשְׁעִי, מִשְׂגַּבִּי.	3 The LORD is my rock, and my fortress, and my deliverer; {N} my God, my rock, in Him I take refuge; my shield, and my horn of salvation, my high tower.
ד מְהֻלָּל, אֶקְרָא יְהוָה; וּמִן-אֹיְבַי, אִוָּשֵׁעַ.	4 Praised, I cry, is the LORD, and I am saved from mine enemies.
ה אֲפָפוּנִי חֶבְלֵי-מָוֶת; וְנַחֲלֵי בְלִיַּעַל יְבַעֲתוּנִי.	5 The cords of Death compassed me, and the floods of Belial assailed me.
ו חֶבְלֵי שְׁאוֹל סְבָבוּנִי; קִדְּמוּנִי, מוֹקְשֵׁי מָוֶת.	6 The cords of Sheol surrounded me; the snares of Death confronted me.
ז בַּצַּר-לִי, אֶקְרָא יְהוָה— וְאֶל-אֱלֹהַי אֲשַׁוֵּעַ: יִשְׁמַע מֵהֵיכָלוֹ קוֹלִי; וְשַׁוְעָתִי, לְפָנָיו תָּבוֹא בְאָזְנָיו.	7 In my distress I called upon the LORD, and cried unto my God; {N} out of His temple He heard my voice, and my cry came before Him unto His ears.
ח וַתִּגְעַשׁ וַתִּרְעַשׁ, הָאָרֶץ— וּמוֹסְדֵי הָרִים יִרְגָּזוּ; וַיִּתְגָּעֲשׁוּ, כִּי-חָרָה לוֹ.	8 Then the earth did shake and quake, the foundations also of the mountains did tremble; {N} they were shaken, because He was wroth.
ט עָלָה עָשָׁן, בְּאַפּוֹ— וְאֵשׁ-מִפִּיו תֹּאכֵל; גֶּחָלִים, בָּעֲרוּ מִמֶּנּוּ.	9 Smoke arose up in His nostrils, and fire out of His mouth did devour; {N} coals flamed forth from Him.
י וַיֵּט שָׁמַיִם, וַיֵּרַד; וַעֲרָפֶל, תַּחַת רַגְלָיו.	10 He bowed the heavens also, and came down; and thick darkness was under His feet.
יא וַיִּרְכַּב עַל-כְּרוּב, וַיָּעֹף; וַיֵּדֶא, עַל-כַּנְפֵי-רוּחַ.	11 And He rode upon a cherub, and did fly; yea, He did swoop down upon the wings of the wind.
יב יָשֶׁת חֹשֶׁךְ, סִתְרוֹ— סְבִיבוֹתָיו סֻכָּתוֹ;	12 He made darkness His hiding-place, His pavilion round about Him; {N} darkness of waters, thick clouds of the

skies.	חֶשְׁכַת-מַיִם, עָבֵי שְׁחָקִים.
13 At the brightness before Him, there passed through His thick clouds hailstones and coals of fire.	יג מִנֹּגַהּ, נֶגְדּוֹ: עָבָיו עָבְרוּ--בָּרָד, וְגַחֲלֵי-אֵשׁ.
14 The LORD also thundered in the heavens, and the Most High gave forth His voice; hailstones and coals of fire.	יד וַיַּרְעֵם בַּשָּׁמַיִם, יְהוָה--וְעֶלְיוֹן, יִתֵּן קֹלוֹ; בָּרָד, וְגַחֲלֵי-אֵשׁ.
15 And He sent out His arrows, and scattered them; and He shot forth lightnings, and discomfited them.	טו וַיִּשְׁלַח חִצָּיו, וַיְפִיצֵם; וּבְרָקִים רָב, וַיְהֻמֵּם.
16 And the channels of waters appeared, and the foundations of the world were laid bare, {N} at Thy rebuke, O LORD, at the blast of the breath of Thy nostrils.	טז וַיֵּרָאוּ, אֲפִיקֵי מַיִם, וַיִּגָּלוּ, מוֹסְדוֹת תֵּבֵל: מִגַּעֲרָתְךָ יְהוָה-- מִנִּשְׁמַת, רוּחַ אַפֶּךָ.
17 He sent from on high, He took me; He drew me out of many waters.	יז יִשְׁלַח מִמָּרוֹם, יִקָּחֵנִי; יַמְשֵׁנִי, מִמַּיִם רַבִּים.
18 He delivered me from mine enemy most strong, and from them that hated me, for they were too mighty for me.	יח יַצִּילֵנִי, מֵאֹיְבִי עָז; וּמִשֹּׂנְאַי, כִּי-אָמְצוּ מִמֶּנִּי.
19 They confronted me in the day of my calamity; but the LORD was a stay unto me.	יט יְקַדְּמוּנִי בְיוֹם-אֵידִי; וַיְהִי-יְהוָה לְמִשְׁעָן לִי.
20 He brought me forth also into a large place; He delivered me, because He delighted in me.	כ וַיּוֹצִיאֵנִי לַמֶּרְחָב; יְחַלְּצֵנִי, כִּי חָפֵץ בִּי.
21 The LORD rewarded me according to my righteousness; according to the cleanness of my hands hath He recompensed me.	כא יִגְמְלֵנִי יְהוָה כְּצִדְקִי; כְּבֹר יָדַי, יָשִׁיב לִי.
22 For I have kept the ways of the LORD, and have not wickedly departed from my God.	כב כִּי-שָׁמַרְתִּי, דַּרְכֵי יְהוָה; וְלֹא-רָשַׁעְתִּי, מֵאֱלֹהָי.
23 For all His ordinances were before me, and I put not away His statutes from me.	כג כִּי כָל-מִשְׁפָּטָיו לְנֶגְדִּי; וְחֻקֹּתָיו,

לֹא-אָסִיר מֶנִּי.

כד וָאֱהִי תָמִים עִמּוֹ;   וָאֶשְׁתַּמֵּר, מֵעֲוֹנִי.
24 And I was single-hearted with Him, and I kept myself from mine iniquity.

כה וַיָּשֶׁב-יְהוָה לִי כְצִדְקִי;   כְּבֹר יָדַי, לְנֶגֶד עֵינָיו.
25 Therefore hath the LORD recompensed me according to my righteousness, according to the cleanness of my hands in His eyes.

כו עִם-חָסִיד תִּתְחַסָּד;   עִם-גְּבַר תָּמִים, תִּתַּמָּם.
26 With the merciful Thou dost show Thyself merciful, with the upright man Thou dost show Thyself upright;

כז עִם-נָבָר תִּתְבָּרָר;   וְעִם-עִקֵּשׁ, תִּתְפַּתָּל.
27 With the pure Thou dost show Thyself pure; and with the crooked Thou dost show Thyself subtle.

כח כִּי-אַתָּה, עַם-עָנִי תוֹשִׁיעַ;   וְעֵינַיִם רָמוֹת תַּשְׁפִּיל.
28 For Thou dost save the afflicted people; but the haughty eyes Thou dost humble.

כט כִּי-אַתָּה, תָּאִיר נֵרִי;   יְהוָה אֱלֹהַי, יַגִּיהַּ חָשְׁכִּי.
29 For Thou dost light my lamp; the LORD my God doth lighten my darkness.

ל כִּי-בְךָ, אָרֻץ גְּדוּד;   וּבֵאלֹהַי, אֲדַלֶּג-שׁוּר.
30 For by Thee I run upon a troop; and by my God do I scale a wall.

לא הָאֵל,   תָּמִים דַּרְכּוֹ: אִמְרַת-יְהוָה צְרוּפָה;   מָגֵן הוּא, לְכֹל הַחֹסִים בּוֹ.
31 As for God, His way is perfect; {N} the word of the LORD is tried; He is a shield unto all them that take refuge in Him.

לב כִּי מִי אֱלוֹהַּ, מִבַּלְעֲדֵי יְהוָה;   וּמִי צוּר, זוּלָתִי אֱלֹהֵינוּ.
32 For who is God, save the LORD? And who is a Rock, except our God?

לג הָאֵל, הַמְאַזְּרֵנִי חָיִל;   וַיִּתֵּן תָּמִים דַּרְכִּי.
33 The God that girdeth me with strength, and maketh my way straight;

לד מְשַׁוֶּה רַגְלַי, כָּאַיָּלוֹת;   וְעַל בָּמֹתַי, יַעֲמִידֵנִי.
34 Who maketh my feet like hinds', and setteth me upon my high places;

לה מְלַמֵּד יָדַי, לַמִּלְחָמָה;   וְנִחֲתָה קֶשֶׁת-נְחוּשָׁה, זְרוֹעֹתָי.
35 Who traineth my hands for war, so that mine arms do bend a bow of brass.

לו נָתַתִּ-לִי, מָגֵן יִשְׁעֶךָ: וִימִינְךָ תִסְעָדֵנִי; וְעַנְוַתְךָ תַרְבֵּנִי.	36 Thou hast also given me Thy shield of salvation, and Thy right hand hath holden me up; and Thy condescension hath made me great.
לז תַּרְחִיב צַעֲדִי תַחְתָּי; וְלֹא מָעֲדוּ, קַרְסֻלָּי.	37 Thou hast enlarged my steps under me, and my feet have not slipped.
לח אֶרְדּוֹף אוֹיְבַי, וְאַשִּׂיגֵם; וְלֹא-אָשׁוּב, עַד-כַּלּוֹתָם.	38 I have pursued mine enemies, and overtaken them; neither did I turn back till they were consumed.
לט אֶמְחָצֵם, וְלֹא-יֻכְלוּ קוּם; יִפְּלוּ, תַּחַת רַגְלָי.	39 I have smitten them through, so that they are not able to rise; they are fallen under my feet.
מ וַתְּאַזְּרֵנִי חַיִל, לַמִּלְחָמָה; תַּכְרִיעַ קָמַי תַּחְתָּי.	40 For Thou hast girded me with strength unto the battle; Thou hast subdued under me those that rose up against me.
מא וְאֹיְבַי, נָתַתָּה לִּי עֹרֶף; וּמְשַׂנְאַי, אַצְמִיתֵם.	41 Thou hast also made mine enemies turn their backs unto me, and I did cut off them that hate me.
מב יְשַׁוְּעוּ וְאֵין-מוֹשִׁיעַ; עַל-יְהוָה, וְלֹא עָנָם.	42 They cried, but there was none to save; even unto the LORD, but He answered them not.
מג וְאֶשְׁחָקֵם, כְּעָפָר עַל-פְּנֵי-רוּחַ; כְּטִיט חוּצוֹת אֲרִיקֵם.	43 Then did I beat them small as the dust before the wind; I did cast them out as the mire of the streets.
מד תְּפַלְּטֵנִי, מֵרִיבֵי-עָם: תְּשִׂימֵנִי, לְרֹאשׁ גּוֹיִם; עַם לֹא-יָדַעְתִּי יַעַבְדוּנִי.	44 Thou hast delivered me from the contentions of the people; Thou hast made me the head of the nations; a people whom I have not known serve me.
מה לְשֵׁמַע אֹזֶן, יִשָּׁמְעוּ לִי; בְּנֵי-נֵכָר, יְכַחֲשׁוּ-לִי.	45 As soon as they hear of me, they obey me; the sons of the stranger dwindle away before me.
מו בְּנֵי-נֵכָר יִבֹּלוּ; וְיַחְרְגוּ, מִמִּסְגְּרוֹתֵיהֶם.	46 The sons of the stranger fade away, and come trembling out of their close places.
מז חַי-יְהוָה, וּבָרוּךְ צוּרִי; וְיָרוּם,	47 The LORD liveth, and blessed be my

Rock; and exalted be the God of my salvation; אֱלוֹהֵי יִשְׁעִי.

48 Even the God that executeth vengeance for me, and subdueth peoples under me. מח הָאֵל־הַנּוֹתֵן נְקָמוֹת לִי; וַיַּדְבֵּר עַמִּים תַּחְתָּי.

49 He delivereth me from mine enemies; yea, Thou liftest me up above them that rise up against me; Thou deliverest me from the violent man. מט מְפַלְּטִי, מֵאֹיְבָי: אַף מִן־קָמַי, תְּרוֹמְמֵנִי; מֵאִישׁ חָמָס, תַּצִּילֵנִי.

50 Therefore I will give thanks unto Thee, O LORD, among the nations, and will sing praises unto Thy name. נ עַל־כֵּן, אוֹדְךָ בַגּוֹיִם יְהוָה; וּלְשִׁמְךָ אֲזַמֵּרָה.

51 Great salvation giveth He to His king; {N}
and showeth mercy to His anointed, to David and to his seed, for evermore. {P} נא מַגְדִּל, יְשׁוּעוֹת מַלְכּוֹ: וְעֹשֶׂה חֶסֶד, לִמְשִׁיחוֹ־לְדָוִד וּלְזַרְעוֹ; עַד־עוֹלָם.

Chapter 19

1 For the Leader. A Psalm of David. א לַמְנַצֵּחַ, מִזְמוֹר לְדָוִד.

2 The heavens declare the glory of God, and the firmament showeth His handiwork; ב הַשָּׁמַיִם, מְסַפְּרִים כְּבוֹד־אֵל; וּמַעֲשֵׂה יָדָיו, מַגִּיד הָרָקִיעַ.

3 Day unto day uttereth speech, and night unto night revealeth knowledge; ג יוֹם לְיוֹם, יַבִּיעַ אֹמֶר; וְלַיְלָה לְּלַיְלָה, יְחַוֶּה־דָּעַת.

4 There is no speech, there are no words, neither is their voice heard. ד אֵין־אֹמֶר, וְאֵין דְּבָרִים: בְּלִי, נִשְׁמָע קוֹלָם.

5 Their line is gone out through all the earth, and their words to the end of the world. {N}
In them hath He set a tent for the sun, ה בְּכָל־הָאָרֶץ, יָצָא קַוָּם, וּבִקְצֵה תֵבֵל, מִלֵּיהֶם; לַשֶּׁמֶשׁ, שָׂם־אֹהֶל בָּהֶם.

6 Which is as a bridegroom coming out of his chamber, and rejoiceth as a strong man to run his course. ו וְהוּא־כְּחָתָן, יֹצֵא מֵחֻפָּתוֹ; יָשִׂישׂ כְּגִבּוֹר, לָרוּץ אֹרַח.

7 His going forth is from the end of the ז מִקְצֵה הַשָּׁמַיִם, מוֹצָאוֹ־וּתְקוּפָתוֹ

heavens, and his circuit unto the ends of it; and there is nothing hid from the heat thereof.

8 The law of the LORD is perfect, restoring the soul; the testimony of the LORD is sure, making wise the simple.

9 The precepts of the LORD are right, rejoicing the heart; the commandment of the LORD is pure, enlightening the eyes.

10 The fear of the LORD is clean, enduring for ever; the ordinances of the LORD are true, they are righteous altogether;

11 More to be desired are they than gold, yea, than much fine gold; sweeter also than honey and the honeycomb.

12 Moreover by them is Thy servant warned; in keeping of them there is great reward.

13 Who can discern his errors? Clear Thou me from hidden faults.

14 Keep back Thy servant also from presumptuous sins, that they may not have dominion over me; {N}
then shall I be faultless, and I shall be clear from great transgression.

15 Let the words of my mouth and the meditation of my heart be acceptable before Thee, {N}
O LORD, my Rock, and my Redeemer. {P}

Chapter 20

1 For the Leader. A Psalm of David.

ב יַעַנְךָ יְהוָה, בְּיוֹם צָרָה; יְשַׂגֶּבְךָ, שֵׁם אֱלֹהֵי יַעֲקֹב.	2 The LORD answer thee in the day of trouble; the name of the God of Jacob set thee up on high;
ג יִשְׁלַח-עֶזְרְךָ מִקֹּדֶשׁ; וּמִצִּיּוֹן, יִסְעָדֶךָּ.	3 Send forth thy help from the sanctuary, and support thee out of Zion;
ד יִזְכֹּר כָּל-מִנְחֹתֶךָ; וְעוֹלָתְךָ יְדַשְּׁנֶה סֶלָה.	4 Receive the memorial of all thy meal-offerings, and accept the fat of thy burnt-sacrifice; Selah
ה יִתֶּן-לְךָ כִלְבָבֶךָ; וְכָל-עֲצָתְךָ יְמַלֵּא.	5 Grant thee according to thine own heart, and fulfil all thy counsel.
ו נְרַנְּנָה, בִּישׁוּעָתֶךָ– וּבְשֵׁם-אֱלֹהֵינוּ נִדְגֹּל; יְמַלֵּא יְהוָה, כָּל-מִשְׁאֲלוֹתֶיךָ.	6 We will shout for joy in thy victory, and in the name of our God we will set up our standards; {N} the LORD fulfil all thy petitions.
ז עַתָּה יָדַעְתִּי– כִּי הוֹשִׁיעַ יְהוָה, מְשִׁיחוֹ: יַעֲנֵהוּ, מִשְּׁמֵי קָדְשׁוֹ– בִּגְבֻרוֹת, יֵשַׁע יְמִינוֹ.	7 Now know I that the LORD saveth His anointed; {N} He will answer him from His holy heavens with the mighty acts of His saving right hand.
ח אֵלֶּה בָרֶכֶב, וְאֵלֶּה בַסּוּסִים; וַאֲנַחְנוּ, בְּשֵׁם-יְהוָה אֱלֹהֵינוּ נַזְכִּיר.	8 Some trust in chariots, and some in horses; {N} but we will make mention of the name of the LORD our God.
ט הֵמָּה, כָּרְעוּ וְנָפָלוּ; וַאֲנַחְנוּ קַּמְנוּ, וַנִּתְעוֹדָד.	9 They are bowed down and fallen; but we are risen, and stand upright.
י יְהוָה הוֹשִׁיעָה: הַמֶּלֶךְ, יַעֲנֵנוּ בְיוֹם-קָרְאֵנוּ.	10 Save, LORD; let the King answer us in the day that we call. {P}

Chapter 21

א לַמְנַצֵּחַ, מִזְמוֹר לְדָוִד.	1 For the Leader. A Psalm of David.
ב יְהוָה, בְּעָזְּךָ יִשְׂמַח-	2 O LORD, in Thy strength the king rejoiceth; and in Thy salvation how greatly

doth he exult!

מֶלֶךְ; וּבִישׁוּעָתְךָ, מַה-יָּגִיל (יָגֶל) מְאֹד.

ג תַּאֲוַת לִבּוֹ, נָתַתָּה לּוֹ; וַאֲרֶשֶׁת שְׂפָתָיו, בַּל-מָנַעְתָּ סֶּלָה.

3 Thou hast given him his heart's desire, and the request of his lips Thou hast not withholden. Selah

ד כִּי-תְקַדְּמֶנּוּ, בִּרְכוֹת טוֹב; תָּשִׁית לְרֹאשׁוֹ, עֲטֶרֶת פָּז.

4 For Thou meetest him with choicest blessings; Thou settest a crown of fine gold on his head.

ה חַיִּים, שָׁאַל מִמְּךָ—נָתַתָּה לּוֹ; אֹרֶךְ יָמִים, עוֹלָם וָעֶד.

5 He asked life of Thee, Thou gavest it him; even length of days for ever and ever.

ו גָּדוֹל כְּבוֹדוֹ, בִּישׁוּעָתֶךָ; הוֹד וְהָדָר, תְּשַׁוֶּה עָלָיו.

6 His glory is great through Thy salvation; honour and majesty dost Thou lay upon him.

ז כִּי-תְשִׁיתֵהוּ בְרָכוֹת לָעַד; תְּחַדֵּהוּ בְשִׂמְחָה, אֶת-פָּנֶיךָ.

7 For Thou makest him most blessed for ever; Thou makest him glad with joy in Thy presence.

ח כִּי-הַמֶּלֶךְ, בֹּטֵחַ בַּיהוָה; וּבְחֶסֶד עֶלְיוֹן, בַּל-יִמּוֹט.

8 For the king trusteth in the LORD, yea, in the mercy of the Most High; he shall not be moved.

ט תִּמְצָא יָדְךָ, לְכָל-אֹיְבֶיךָ; יְמִינְךָ, תִּמְצָא שֹׂנְאֶיךָ.

9 Thy hand shall be equal to all thine enemies; thy right hand shall overtake those that hate thee.

י תְּשִׁיתֵמוֹ, כְּתַנּוּר אֵשׁ— לְעֵת פָּנֶיךָ: יְהוָה, בְּאַפּוֹ יְבַלְּעֵם; וְתֹאכְלֵם אֵשׁ.

10 Thou shalt make them as a fiery furnace in the time of thine anger; {N}
the LORD shall swallow them up in His wrath, and the fire shall devour them.

יא פִּרְיָמוֹ, מֵאֶרֶץ תְּאַבֵּד; וְזַרְעָם, מִבְּנֵי אָדָם.

11 Their fruit shalt thou destroy from the earth, and their seed from among the children of men.

יב כִּי-נָטוּ עָלֶיךָ רָעָה; חָשְׁבוּ מְזִמָּה, בַּל-יוּכָלוּ.

12 For they intended evil against thee, they imagined a device, wherewith they shall not prevail.

יג כִּי, תְּשִׁיתֵמוֹ שֶׁכֶם; בְּמֵיתָרֶיךָ,

13 For thou shalt make them turn their back, thou shalt make ready with thy

bowstrings against the face of them.

14 Be Thou exalted, O LORD, in Thy strength; so will we sing and praise Thy power. {P}

תְּכוֹנֵן עַל-פְּנֵיהֶם.

יד רוֹמָה יהוה בְעֻזֶּךָ; נָשִׁירָה וּנְזַמְּרָה, גְּבוּרָתֶךָ.

Chapter 22

1 For the Leader; upon Aijeleth ha-Shahar. A Psalm of David.

א לַמְנַצֵּחַ, עַל-אַיֶּלֶת הַשַּׁחַר; מִזְמוֹר לְדָוִד.

2 My God, my God, why hast Thou forsaken me, and art far from my help at the words of my cry?

ב אֵלִי אֵלִי, לָמָה עֲזַבְתָּנִי; רָחוֹק מִישׁוּעָתִי, דִּבְרֵי שַׁאֲגָתִי.

3 O my God, I call by day, but Thou answerest not; and at night, and there is no surcease for me.

ג אֱלֹהַי–אֶקְרָא יוֹמָם, וְלֹא תַעֲנֶה; וְלַיְלָה, וְלֹא-דֻמִיָּה לִי.

4 Yet Thou art holy, O Thou that art enthroned upon the praises of Israel.

ד וְאַתָּה קָדוֹשׁ– יוֹשֵׁב, תְּהִלּוֹת יִשְׂרָאֵל.

5 In Thee did our fathers trust; they trusted, and Thou didst deliver them.

ה בְּךָ, בָּטְחוּ אֲבֹתֵינוּ; בָּטְחוּ, וַתְּפַלְּטֵמוֹ.

6 Unto Thee they cried, and escaped; in Thee did they trust, and were not ashamed.

ו אֵלֶיךָ זָעֲקוּ וְנִמְלָטוּ; בְּךָ בָטְחוּ וְלֹא-בוֹשׁוּ.

7 But I am a worm, and no man; a reproach of men, and despised of the people.

ז וְאָנֹכִי תוֹלַעַת וְלֹא-אִישׁ; חֶרְפַּת אָדָם, וּבְזוּי עָם.

8 All they that see me laugh me to scorn; they shoot out the lip, they shake the head:

ח כָּל-רֹאַי, יַלְעִגוּ לִי; יַפְטִירוּ בְשָׂפָה, יָנִיעוּ רֹאשׁ.

9 'Let him commit himself unto the LORD! let Him rescue him; let Him deliver him, seeing He delighteth in him.'

ט גֹּל אֶל-יהוה יְפַלְּטֵהוּ; יַצִּילֵהוּ, כִּי חָפֵץ בּוֹ.

10 For Thou art He that took me out of the womb; Thou madest me trust when I was upon my mother's breasts.

י כִּי-אַתָּה גֹחִי מִבָּטֶן; מַבְטִיחִי, עַל-שְׁדֵי אִמִּי.

יא עָלֶיךָ, הָשְׁלַכְתִּי מֵרָחֶם; מִבֶּטֶן אִמִּי, אֵלִי אָתָּה.	11 Upon Thee I have been cast from my birth; Thou art my God from my mother's womb.
יב אַל-תִּרְחַק מִמֶּנִּי, כִּי-צָרָה קְרוֹבָה: כִּי-אֵין עוֹזֵר.	12 Be not far from me; for trouble is near; for there is none to help.
יג סְבָבוּנִי, פָּרִים רַבִּים; אַבִּירֵי בָשָׁן כִּתְּרוּנִי.	13 Many bulls have encompassed me; strong bulls of Bashan have beset me round.
יד פָּצוּ עָלַי פִּיהֶם; אַרְיֵה, טֹרֵף וְשֹׁאֵג.	14 They open wide their mouth against me, as a ravening and a roaring lion.
טו כַּמַּיִם נִשְׁפַּכְתִּי— וְהִתְפָּרְדוּ, כָּל-עַצְמוֹתָי: הָיָה לִבִּי, כַּדּוֹנָג; נָמֵס, בְּתוֹךְ מֵעָי.	15 I am poured out like water, and all my bones are out of joint; {N} my heart is become like wax; it is melted in mine inmost parts.
טז יָבֵשׁ כַּחֶרֶשׂ, כֹּחִי, וּלְשׁוֹנִי, מֻדְבָּק מַלְקוֹחָי; וְלַעֲפַר-מָוֶת תִּשְׁפְּתֵנִי.	16 My strength is dried up like a potsherd; and my tongue cleaveth to my throat; and Thou layest me in the dust of death.
יז כִּי סְבָבוּנִי, כְּלָבִים: עֲדַת מְרֵעִים, הִקִּיפוּנִי; כָּאֲרִי, יָדַי וְרַגְלָי.	17 For dogs have encompassed me; a company of evil-doers have inclosed me; like a lion, they are at my hands and my feet.
יח אֲסַפֵּר כָּל-עַצְמוֹתָי; הֵמָּה יַבִּיטוּ, יִרְאוּ-בִי.	18 I may count all my bones; they look and gloat over me.
יט יְחַלְּקוּ בְגָדַי לָהֶם; וְעַל-לְבוּשִׁי, יַפִּילוּ גוֹרָל.	19 They part my garments among them, and for my vesture do they cast lots.
כ וְאַתָּה יְהוָה, אַל-תִּרְחָק; אֱיָלוּתִי, לְעֶזְרָתִי חוּשָׁה.	20 But Thou, O LORD, be not far off; O Thou my strength, hasten to help me.
כא הַצִּילָה מֵחֶרֶב נַפְשִׁי; מִיַּד-כֶּלֶב, יְחִידָתִי.	21 Deliver my soul from the sword; mine only one from the power of the dog.
כב הוֹשִׁיעֵנִי, מִפִּי אַרְיֵה; וּמִקַּרְנֵי רֵמִים עֲנִיתָנִי.	22 Save me from the lion's mouth; yea, from the horns of the wild-oxen do Thou answer me.

23 I will declare Thy name unto my brethren; in the midst of the congregation will I praise Thee.

כג אֲסַפְּרָה שִׁמְךָ לְאֶחָי;   בְּתוֹךְ קָהָל אֲהַלְלֶךָּ.

24 'Ye that fear the LORD, praise Him; all ye the seed of Jacob, glorify Him; {N}
and stand in awe of Him, all ye the seed of Israel.

כד יִרְאֵי יְהוָה, הַלְלוּהוּ—   כָּל-זֶרַע יַעֲקֹב כַּבְּדוּהוּ;
וְגוּרוּ מִמֶּנּוּ,   כָּל-זֶרַע יִשְׂרָאֵל.

25 For He hath not despised nor abhorred the lowliness of the poor; neither hath He hid His face from him; {N}
but when he cried unto Him, He heard.'

כה כִּי לֹא-בָזָה וְלֹא שִׁקַּץ, עֱנוּת עָנִי—
וְלֹא-הִסְתִּיר פָּנָיו מִמֶּנּוּ;   וּבְשַׁוְּעוֹ אֵלָיו   שָׁמֵעַ.

26 From Thee cometh my praise in the great congregation; I will pay my vows before them that fear Him.

כו מֵאִתְּךָ, תְּהִלָּתִי: בְּקָהָל רָב—
נְדָרַי אֲשַׁלֵּם, נֶגֶד יְרֵאָיו.

27 Let the humble eat and be satisfied; let them praise the LORD that seek after Him; {N}
may your heart be quickened for ever!

כז יֹאכְלוּ עֲנָוִים, וְיִשְׂבָּעוּ—   יְהַלְלוּ יְהוָה, דֹּרְשָׁיו;
יְחִי לְבַבְכֶם   לָעַד.

28 All the ends of the earth shall remember and turn unto the LORD; {N}
and all the kindreds of the nations shall worship before Thee.

כח יִזְכְּרוּ, וְיָשֻׁבוּ אֶל-יְהוָה—   כָּל-אַפְסֵי-אָרֶץ;
וְיִשְׁתַּחֲווּ לְפָנֶיךָ,   כָּל-מִשְׁפְּחוֹת גּוֹיִם.

29 For the kingdom is the LORD'S; and He is the ruler over the nations.

כט כִּי לַיהוָה, הַמְּלוּכָה;   וּמֹשֵׁל, בַּגּוֹיִם.

30 All the fat ones of the earth shall eat and worship; all they that go down to the dust shall kneel before Him, {N}
even he that cannot keep his soul alive.

ל אָכְלוּ וַיִּשְׁתַּחֲווּ, כָּל-דִּשְׁנֵי-אֶרֶץ—
לְפָנָיו יִכְרְעוּ, כָּל-יוֹרְדֵי עָפָר;   וְנַפְשׁוֹ,   לֹא חִיָּה.

31 A seed shall serve him; it shall be told of the Lord unto the next generation.

לא זֶרַע יַעַבְדֶנּוּ;   יְסֻפַּר לַאדֹנָי לַדּוֹר.

32 They shall come and shall declare His righteousness unto a people that shall be born, that He hath done it. {P}

לב יָבֹאוּ, וְיַגִּידוּ צִדְקָתוֹ:   לְעַם נוֹלָד, כִּי עָשָׂה.

Chapter 23

א מִזְמוֹר לְדָוִד: יְהוָה רֹעִי, לֹא אֶחְסָר.

1 A Psalm of David. The LORD is my shepherd; I shall not want.

ב בִּנְאוֹת דֶּשֶׁא, יַרְבִּיצֵנִי; עַל-מֵי מְנֻחוֹת יְנַהֲלֵנִי.

2 He maketh me to lie down in green pastures; He leadeth me beside the still waters.

ג נַפְשִׁי יְשׁוֹבֵב; יַנְחֵנִי בְמַעְגְּלֵי-צֶדֶק, לְמַעַן שְׁמוֹ.

3 He restoreth my soul; He guideth me in straight paths for His name's sake.

ד גַּם כִּי-אֵלֵךְ בְּגֵיא צַלְמָוֶת, לֹא-אִירָא רָע— כִּי-אַתָּה עִמָּדִי; שִׁבְטְךָ וּמִשְׁעַנְתֶּךָ, הֵמָּה יְנַחֲמֻנִי.

4 Yea, though I walk through the valley of the shadow of death, I will fear no evil, for Thou art with me; {N}
Thy rod and Thy staff, they comfort me.

ה תַּעֲרֹךְ לְפָנַי, שֻׁלְחָן— נֶגֶד צֹרְרָי; דִּשַּׁנְתָּ בַשֶּׁמֶן רֹאשִׁי, כּוֹסִי רְוָיָה.

5 Thou preparest a table before me in the presence of mine enemies; {N}
Thou hast anointed my head with oil; my cup runneth over.

ו אַךְ, טוֹב וָחֶסֶד יִרְדְּפוּנִי— כָּל-יְמֵי חַיָּי; וְשַׁבְתִּי בְּבֵית-יְהוָה, לְאֹרֶךְ יָמִים.

6 Surely goodness and mercy shall follow me all the days of my life; {N}
and I shall dwell in the house of the LORD for ever. {P}

Chapter 24

א לְדָוִד, מִזְמוֹר: לַיהוָה, הָאָרֶץ וּמְלוֹאָהּ; תֵּבֵל, וְיֹשְׁבֵי בָהּ.

1 A Psalm of David. {N}
The earth is the LORD'S, and the fulness thereof; the world, and they that dwell therein.

ב כִּי-הוּא, עַל-יַמִּים יְסָדָהּ; וְעַל-נְהָרוֹת, יְכוֹנְנֶהָ.

2 For He hath founded it upon the seas, and established it upon the floods.

ג מִי-יַעֲלֶה בְהַר-יְהוָה; וּמִי-יָקוּם, בִּמְקוֹם קָדְשׁוֹ.

3 Who shall ascend into the mountain of the LORD? and who shall stand in His holy place?

ד נְקִי כַפַּיִם, וּבַר-לֵבָב: אֲשֶׁר לֹא-נָשָׂא לַשָּׁוְא נַפְשִׁי; וְלֹא נִשְׁבַּע לְמִרְמָה.

4 He that hath clean hands, and a pure heart; {N}
who hath not taken My name in vain, and hath not sworn deceitfully.

ה יִשָּׂא בְרָכָה, מֵאֵת יְהוָה; וּצְדָקָה, מֵאֱלֹהֵי יִשְׁעוֹ.	5 He shall receive a blessing from the LORD, and righteousness from the God of his salvation.
ו זֶה, דּוֹר דֹּרְשָׁו; מְבַקְשֵׁי פָנֶיךָ יַעֲקֹב סֶלָה.	6 Such is the generation of them that seek after Him, that seek Thy face, even Jacob. Selah
ז שְׂאוּ שְׁעָרִים, רָאשֵׁיכֶם, וְהִנָּשְׂאוּ, פִּתְחֵי עוֹלָם; וְיָבוֹא, מֶלֶךְ הַכָּבוֹד.	7 Lift up your heads, O ye gates, and be ye lifted up, ye everlasting doors; {N} that the King of glory may come in.
ח מִי זֶה, מֶלֶךְ הַכָּבוֹד: יְהוָה, עִזּוּז וְגִבּוֹר; יְהוָה, גִּבּוֹר מִלְחָמָה.	8 'Who is the King of glory?' {N} 'The LORD strong and mighty, the LORD mighty in battle.'
ט שְׂאוּ שְׁעָרִים, רָאשֵׁיכֶם, וּשְׂאוּ, פִּתְחֵי עוֹלָם; וְיָבֹא, מֶלֶךְ הַכָּבוֹד.	9 Lift up your heads, O ye gates, yea, lift them up, ye everlasting doors; {N} that the King of glory may come in.
י מִי הוּא זֶה, מֶלֶךְ הַכָּבוֹד: יְהוָה צְבָאוֹת-- הוּא מֶלֶךְ הַכָּבוֹד סֶלָה.	10 'Who then is the King of glory?' {N} 'The LORD of hosts; He is the King of glory.' Selah {P}

Chapter 25

א לְדָוִד: אֵלֶיךָ יְהוָה, נַפְשִׁי אֶשָּׂא.	1 [A Psalm] of David. Unto Thee, O LORD, do I lift up my soul.
ב אֱלֹהַי-בְּךָ בָטַחְתִּי, אַל-אֵבוֹשָׁה; אַל-יַעַלְצוּ אוֹיְבַי לִי.	2 O my God, in Thee have I trusted, let me not be ashamed; let not mine enemies triumph over me.
ג גַּם כָּל-קֹוֶיךָ, לֹא יֵבֹשׁוּ; יֵבֹשׁוּ, הַבּוֹגְדִים רֵיקָם.	3 Yea, none that wait for Thee shall be ashamed; they shall be ashamed that deal treacherously without cause.
ד דְּרָכֶיךָ יְהוָה, הוֹדִיעֵנִי; אֹרְחוֹתֶיךָ לַמְּדֵנִי.	4 Show me Thy ways, O LORD; teach me Thy paths.

5 Guide me in Thy truth, and teach me; for Thou art the God of my salvation; {N}
for Thee do I wait all the day.

ה הַדְרִיכֵנִי בַאֲמִתֶּךָ, וְלַמְּדֵנִי— כִּי-אַתָּה, אֱלֹהֵי יִשְׁעִי;
אוֹתְךָ קִוִּיתִי, כָּל-הַיּוֹם.

6 Remember, O LORD, Thy compassions and Thy mercies; for they have been from of old.

ו זְכֹר-רַחֲמֶיךָ יְהוָה, וַחֲסָדֶיךָ: כִּי מֵעוֹלָם הֵמָּה.

7 Remember not the sins of my youth, nor my transgressions; {N}
according to Thy mercy remember Thou me, for Thy goodness' sake, O LORD.

ז חַטֹּאות נְעוּרַי, וּפְשָׁעַי— אַל-תִּזְכֹּר:
כְּחַסְדְּךָ זְכָר-לִי-אַתָּה— לְמַעַן טוּבְךָ יְהוָה.

8 Good and upright is the LORD; therefore doth He instruct sinners in the way.

ח טוֹב-וְיָשָׁר יְהוָה; עַל-כֵּן יוֹרֶה חַטָּאִים בַּדָּרֶךְ.

9 He guideth The humble in justice; and He teacheth the humble His way.

ט יַדְרֵךְ עֲנָוִים, בַּמִּשְׁפָּט; וִילַמֵּד עֲנָוִים דַּרְכּוֹ.

10 All the paths of the LORD are mercy and truth unto such as keep His covenant and His testimonies.

י כָּל-אָרְחוֹת יְהוָה, חֶסֶד וֶאֱמֶת— לְנֹצְרֵי בְרִיתוֹ, וְעֵדֹתָיו.

11 For Thy name's sake, O LORD, pardon mine iniquity, for it is great.

יא לְמַעַן-שִׁמְךָ יְהוָה; וְסָלַחְתָּ לַעֲוֹנִי, כִּי רַב-הוּא.

12 What man is he that feareth the LORD? him will He instruct in the way that He should choose.

יב מִי-זֶה הָאִישׁ, יְרֵא יְהוָה— יוֹרֶנּוּ, בְּדֶרֶךְ יִבְחָר.

13 His soul shall abide in prosperity; and his seed shall inherit the land.

יג נַפְשׁוֹ, בְּטוֹב תָּלִין; וְזַרְעוֹ, יִירַשׁ אָרֶץ.

14 The counsel of the LORD is with them that fear Him; and His covenant, to make them know it.

יד סוֹד יְהוָה, לִירֵאָיו; וּבְרִיתוֹ, לְהוֹדִיעָם.

15 Mine eyes are ever toward the LORD; for He will bring forth my feet out of the net.

טו עֵינַי תָּמִיד, אֶל-יְהוָה: כִּי הוּא-יוֹצִיא מֵרֶשֶׁת רַגְלָי.

טז פְּנֵה-אֵלַי וְחָנֵּנִי: כִּי-יָחִיד וְעָנִי אָנִי.	16 Turn Thee unto me, and be gracious unto me; for I am solitary and afflicted.
יז צָרוֹת לְבָבִי הִרְחִיבוּ; מִמְּצוּקוֹתַי, הוֹצִיאֵנִי.	17 The troubles of my heart are enlarged; O bring Thou me out of my distresses.
יח רְאֵה עָנְיִי, וַעֲמָלִי; וְשָׂא, לְכָל-חַטֹּאותָי.	18 See mine affliction and my travail; and forgive all my sins.
יט רְאֵה-אוֹיְבַי כִּי-רָבּוּ; וְשִׂנְאַת חָמָס שְׂנֵאוּנִי.	19 Consider how many are mine enemies, and the cruel hatred wherewith they hate me.
כ שָׁמְרָה נַפְשִׁי, וְהַצִּילֵנִי; אַל-אֵבוֹשׁ, כִּי-חָסִיתִי בָךְ.	20 O keep my soul, and deliver me; let me not be ashamed, for I have taken refuge in Thee.
כא תֹּם-וָיֹשֶׁר יִצְּרוּנִי: כִּי, קִוִּיתִיךָ.	21 Let integrity and uprightness preserve me, because I wait for Thee.
כב פְּדֵה אֱלֹהִים, אֶת-יִשְׂרָאֵל-- מִכֹּל, צָרוֹתָיו.	22 Redeem Israel, O God, out of all his troubles. {P}

Chapter 26

א לְדָוִד: שָׁפְטֵנִי יְהוָה-- כִּי-אֲנִי, בְּתֻמִּי הָלַכְתִּי; וּבַיהוָה בָּטַחְתִּי, לֹא אֶמְעָד.	1 [A Psalm] of David. Judge me, O LORD, for I have walked in mine integrity, {N} and I have trusted in the LORD without wavering.
ב בְּחָנֵנִי יְהוָה וְנַסֵּנִי; צרופה (צָרְפָה) כִלְיוֹתַי וְלִבִּי.	2 Examine me, O LORD, and try me; test my reins and my heart.
ג כִּי-חַסְדְּךָ, לְנֶגֶד עֵינָי; וְהִתְהַלַּכְתִּי, בַּאֲמִתֶּךָ.	3 For Thy mercy is before mine eyes; and I have walked in Thy truth.
ד לֹא-יָשַׁבְתִּי, עִם-מְתֵי-שָׁוְא; וְעִם נַעֲלָמִים, לֹא אָבוֹא.	4 I have not sat with men of falsehood; neither will I go in with dissemblers.
ה שָׂנֵאתִי, קְהַל מְרֵעִים; וְעִם-רְשָׁעִים, לֹא אֵשֵׁב.	5 I hate the gathering of evil doers, and will not sit with the wicked.

ו אֶרְחַץ בְּנִקָּיוֹן כַּפָּי; וַאֲסֹבְבָה אֶת־מִזְבַּחֲךָ יהוה.	6 I will wash my hands in innocency; so will I compass Thine altar, O LORD,
ז לַשְׁמִעַ, בְּקוֹל תּוֹדָה; וּלְסַפֵּר, כָּל־נִפְלְאוֹתֶיךָ.	7 That I may make the voice of thanksgiving to be heard, and tell of all Thy wondrous works.
ח יהוה–אָהַבְתִּי, מְעוֹן בֵּיתֶךָ; וּמְקוֹם, מִשְׁכַּן כְּבוֹדֶךָ.	8 LORD, I love the habitation of Thy house, and the place where Thy glory dwelleth.
ט אַל־תֶּאֱסֹף עִם־חַטָּאִים נַפְשִׁי; וְעִם־אַנְשֵׁי דָמִים חַיָּי.	9 Gather not my soul with sinners, nor my life with men of blood;
י אֲשֶׁר־בִּידֵיהֶם זִמָּה; וִימִינָם, מָלְאָה שֹּׁחַד.	10 In whose hands is craftiness, and their right hand is full of bribes.
יא וַאֲנִי, בְּתֻמִּי אֵלֵךְ; פְּדֵנִי וְחָנֵּנִי.	11 But as for me, I will walk in mine integrity; redeem me, and be gracious unto me.
יב רַגְלִי, עָמְדָה בְמִישׁוֹר; בְּמַקְהֵלִים, אֲבָרֵךְ יהוה.	12 My foot standeth in an even place; in the congregations will I bless the LORD. {P}

Chapter 27

א לְדָוִד: יהוה, אוֹרִי וְיִשְׁעִי–מִמִּי אִירָא; יהוה מָעוֹז־חַיַּי, מִמִּי אֶפְחָד.	1 [A Psalm] of David. The LORD is my light and my salvation; whom shall I fear? {N} The LORD is the stronghold of my life; of whom shall I be afraid?
ב בִּקְרֹב עָלַי, מְרֵעִים– לֶאֱכֹל אֶת־בְּשָׂרִי: צָרַי וְאֹיְבַי לִי; הֵמָּה כָשְׁלוּ וְנָפָלוּ.	2 When evil-doers came upon me to eat up my flesh, {N} even mine adversaries and my foes, they stumbled and fell.
ג אִם־תַּחֲנֶה עָלַי, מַחֲנֶה– לֹא־יִירָא לִבִּי: אִם־תָּקוּם עָלַי, מִלְחָמָה– בְּזֹאת, אֲנִי בוֹטֵחַ.	3 Though a host should encamp against me, my heart shall not fear; {N} though war should rise up against me, even then will I be confident.

ד אַחַת, שָׁאַלְתִּי מֵאֵת-יְהוָה-- אוֹתָהּ אֲבַקֵּשׁ: שִׁבְתִּי בְּבֵית-יְהוָה, כָּל-יְמֵי חַיַּי; לַחֲזוֹת בְּנֹעַם-יְהוָה, וּלְבַקֵּר בְּהֵיכָלוֹ.	4 One thing have I asked of the LORD, that will I seek after: {N} that I may dwell in the house of the LORD all the days of my life, {N} to behold the graciousness of the LORD, and to visit early in His temple.
ה כִּי יִצְפְּנֵנִי, בְּסֻכֹּה-- בְּיוֹם רָעָה: יַסְתִּרֵנִי, בְּסֵתֶר אָהֳלוֹ; בְּצוּר, יְרוֹמְמֵנִי.	5 For He concealeth me in His pavilion in the day of evil; {N} He hideth me in the covert of His tent; He lifteth me up upon a rock.
ו וְעַתָּה יָרוּם רֹאשִׁי, עַל אֹיְבַי סְבִיבוֹתַי, וְאֶזְבְּחָה בְאָהֳלוֹ, זִבְחֵי תְרוּעָה; אָשִׁירָה וַאֲזַמְּרָה, לַיהוָה.	6 And now shall my head be lifted up above mine enemies round about me; and I will offer in His tabernacle sacrifices with trumpet-sound; {N} I will sing, yea, I will sing praises unto the LORD.
ז שְׁמַע-יְהוָה קוֹלִי אֶקְרָא; וְחָנֵּנִי וַעֲנֵנִי.	7 Hear, O LORD, when I call with my voice, and be gracious unto me, and answer me.
ח לְךָ, אָמַר לִבִּי--בַּקְּשׁוּ פָנָי; אֶת-פָּנֶיךָ יְהוָה אֲבַקֵּשׁ.	8 In Thy behalf my heart hath said: 'seek ye My face'; Thy face, LORD, will I seek.
ט אַל-תַּסְתֵּר פָּנֶיךָ, מִמֶּנִּי-- אַל תַּט-בְּאַף, עַבְדֶּךָ: עֶזְרָתִי הָיִיתָ; אַל-תִּטְּשֵׁנִי וְאַל-תַּעַזְבֵנִי, אֱלֹהֵי יִשְׁעִי.	9 Hide not Thy face from me; put not Thy servant away in anger; {N} Thou hast been my help; cast me not off, neither forsake me, O God of my salvation.
י כִּי-אָבִי וְאִמִּי עֲזָבוּנִי; וַיהוָה יַאַסְפֵנִי.	10 For though my father and my mother have forsaken me, the LORD will take me up.
יא הוֹרֵנִי יְהוָה, דַּרְכֶּךָ: וּנְחֵנִי, בְּאֹרַח מִישׁוֹר--לְמַעַן, שׁוֹרְרָי.	11 Teach me Thy way, O LORD; and lead me in an even path, because of them that lie in wait for me.
יב אַל-תִּתְּנֵנִי, בְּנֶפֶשׁ צָרָי: כִּי קָמוּ-בִי עֵדֵי-שֶׁקֶר, וִיפֵחַ חָמָס.	12 Deliver me not over unto the will of mine adversaries; for false witnesses are risen up against me, and such as breathe out violence.

13 If I had not believed to look upon the goodness of the LORD in the land of the living!–

יג לוּלֵא–הֶאֱמַנְתִּי, לִרְאוֹת בְּטוּב-יְהוָה: בְּאֶרֶץ חַיִּים.

14 Wait on the LORD; be strong, and let thy heart take courage; yea, wait thou for the LORD. {P}

יד קַוֵּה, אֶל-יְהוָה: חֲזַק, וְיַאֲמֵץ לִבֶּךָ; וְקַוֵּה, אֶל-יְהוָה.

Chapter 28

1 [A Psalm] of David. Unto thee, O LORD, do I call; my Rock, be not Thou deaf unto me; {N}
lest, if Thou be silent unto me, I become like them that go down into the pit.

א לְדָוִד, אֵלֶיךָ יְהוָה אֶקְרָא– צוּרִי, אַל-תֶּחֱרַשׁ מִמֶּנִּי:
פֶּן-תֶּחֱשֶׁה מִמֶּנִּי; וְנִמְשַׁלְתִּי, עִם-יוֹרְדֵי בוֹר.

2 Hear the voice of my supplications, when I cry unto Thee, {N}
when I lift up my hands toward Thy holy Sanctuary.

ב שְׁמַע קוֹל תַּחֲנוּנַי, בְּשַׁוְּעִי אֵלֶיךָ; בְּנָשְׂאִי יָדַי, אֶל-דְּבִיר קָדְשֶׁךָ.

3 Draw me not away with the wicked, and with the workers of iniquity; {N}
who speak peace with their neighbours, but evil is in their hearts.

ג אַל-תִּמְשְׁכֵנִי עִם-רְשָׁעִים, וְעִם-פֹּעֲלֵי אָוֶן:
דֹּבְרֵי שָׁלוֹם, עִם-רֵעֵיהֶם; וְרָעָה, בִּלְבָבָם.

4 Give them according to their deeds, and according to the evil of their endeavours; {N}
give them after the work of their hands; render to them their desert.

ד תֶּן-לָהֶם כְּפָעֳלָם, וּכְרֹעַ מַעַלְלֵיהֶם:
כְּמַעֲשֵׂה יְדֵיהֶם, תֵּן לָהֶם; הָשֵׁב גְּמוּלָם לָהֶם.

5 Because they give no heed to the works of the LORD, nor to the operation of His hands; {N}
He will break them down and not build them up.

ה כִּי לֹא יָבִינוּ, אֶל-פְּעֻלֹּת יְהוָה– וְאֶל-מַעֲשֵׂה יָדָיו;
יֶהֶרְסֵם, וְלֹא יִבְנֵם.

6 Blessed be the LORD, because He hath heard the voice of my supplications.

ו בָּרוּךְ יְהוָה: כִּי-שָׁמַע, קוֹל תַּחֲנוּנָי.

7 The LORD is my strength and my shield,

ז יְהוָה, עֻזִּי וּמָגִנִּי– בּוֹ בָטַח לִבִּי,

in Him hath my heart trusted, and I am helped; {N}
therefore my heart greatly rejoiceth, and with my song will I praise Him.

וְנֶעֱזָ֥רְתִּי׃
וַֽיַּעֲלֹ֥ז לִבִּ֑י וּֽמִשִּׁירִ֥י אֲהוֹדֶֽנּוּ׃

8 The LORD is a strength unto them; and He is a stronghold of salvation to His anointed.

ח יְהוָ֥ה עֹֽז־לָ֑מוֹ וּמָ֘ע֤וֹז יְשׁוּע֖וֹת מְשִׁיח֣וֹ הֽוּא׃

9 Save Thy people, and bless Thine inheritance; {N}
and tend them, and carry them for ever. {P}

ט הוֹשִׁ֤יעָה ׀ אֶת־עַמֶּ֗ךָ וּבָרֵ֥ךְ אֶת־נַחֲלָתֶ֑ךָ
וּֽרְעֵ֥ם וְֽנַשְּׂאֵ֗ם עַד־הָעוֹלָֽם׃

Chapter 29

1 A Psalm of David. Ascribe unto the LORD, O ye sons of might, ascribe unto the LORD glory and strength.

א מִזְמ֗וֹר לְדָ֫וִ֥ד הָב֣וּ לַֽ֭יהוָה בְּנֵ֣י אֵלִ֑ים הָב֥וּ לַ֝יהוָ֗ה כָּב֥וֹד וָעֹֽז׃

2 Ascribe unto the LORD the glory due unto His name; worship the LORD in the beauty of holiness.

ב הָב֣וּ לַֽ֭יהוָה כְּב֣וֹד שְׁמ֑וֹ הִשְׁתַּחֲו֥וּ לַ֝יהוָ֗ה בְּהַדְרַת־קֹֽדֶשׁ׃

3 The voice of the LORD is upon the waters; {N}
the God of glory thundereth, even the LORD upon many waters.

ג ק֥וֹל יְהוָ֗ה עַל־הַ֫מָּ֥יִם
אֵֽל־הַכָּב֥וֹד הִרְעִ֑ים יְ֝הוָ֗ה עַל־מַ֥יִם רַבִּֽים׃

4 The voice of the LORD is powerful; the voice of the LORD is full of majesty.

ד קוֹל־יְהוָ֥ה בַּכֹּ֑חַ ק֥וֹל יְ֝הוָ֗ה בֶּהָדָֽר׃

5 The voice of the LORD breaketh the cedars; yea, the LORD breaketh in pieces the cedars of Lebanon.

ה ק֣וֹל יְ֭הוָה שֹׁבֵ֣ר אֲרָזִ֑ים וַיְשַׁבֵּ֥ר יְ֝הוָ֗ה אֶת־אַרְזֵ֥י הַלְּבָנֽוֹן׃

6 He maketh them also to skip like a calf; Lebanon and Sirion like a young wild-ox.

ו וַיַּרְקִידֵ֥ם כְּמוֹ־עֵ֑גֶל לְבָנ֥וֹן וְ֝שִׂרְיֹ֗ן כְּמ֣וֹ בֶן־רְאֵמִֽים׃

7 The voice of the LORD heweth out flames of fire.

ז קוֹל־יְהוָ֥ה חֹצֵ֗ב לַהֲב֥וֹת אֵֽשׁ׃

8 The voice of the LORD shaketh the wilderness; the LORD shaketh the

ח ק֣וֹל יְ֭הוָה יָחִ֣יל מִדְבָּ֑ר יָחִ֥יל

wilderness of Kadesh.

9 The voice of the LORD maketh the hinds to calve, and strippeth the forests bare; {N}
and in His temple all say: 'Glory.'

ט קוֹל יְהוָה, יְחוֹלֵל אַיָּלוֹת— וַיֶּחֱשֹׂף יְעָרוֹת:
וּבְהֵיכָלוֹ—   כֻּלּוֹ, אֹמֵר כָּבוֹד.

10 The LORD sat enthroned at the flood; yea, the LORD sitteth as King for ever.

י יְהוָה, לַמַּבּוּל יָשָׁב;   וַיֵּשֶׁב יְהוָה, מֶלֶךְ לְעוֹלָם.

11 The LORD will give strength unto His people; the LORD will bless his people with peace. {P}

יא יְהוָה—עֹז, לְעַמּוֹ יִתֵּן;   יְהוָה, יְבָרֵךְ אֶת-עַמּוֹ בַשָּׁלוֹם.

Chapter 30

1 A Psalm; a Song at the Dedication of the House; of David.

א מִזְמוֹר: שִׁיר-חֲנֻכַּת הַבַּיִת לְדָוִד.

2 I will extol thee, O LORD, for Thou hast raised me up, and hast not suffered mine enemies to rejoice over me.

ב אֲרוֹמִמְךָ יְהוָה, כִּי דִלִּיתָנִי;   וְלֹא-שִׂמַּחְתָּ אֹיְבַי לִי.

3 O LORD my God, I cried unto Thee, and Thou didst heal me;

ג יְהוָה אֱלֹהָי—   שִׁוַּעְתִּי אֵלֶיךָ, וַתִּרְפָּאֵנִי.

4 O LORD, Thou broughtest up my soul from the nether-world; Thou didst keep me alive, that I should not go down to the pit.

ד יְהוָה—הֶעֱלִיתָ מִן-שְׁאוֹל נַפְשִׁי;   חִיִּיתַנִי, מיורדי- (מִיָּרְדִי-) בוֹר.

5 Sing praise unto the LORD, O ye His godly ones, and give thanks to His holy name.

ה זַמְּרוּ לַיהוָה חֲסִידָיו;   וְהוֹדוּ, לְזֵכֶר קָדְשׁוֹ.

6 For His anger is but for a moment, His favour is for a life-time; {N}
weeping may tarry for the night, but joy cometh in the morning.

ו כִּי רֶגַע, בְּאַפּוֹ—   חַיִּים בִּרְצוֹנוֹ:
בָּעֶרֶב, יָלִין בֶּכִי;   וְלַבֹּקֶר רִנָּה.

7 Now I had said in my security: 'I shall never be moved.'

ז וַאֲנִי, אָמַרְתִּי בְשַׁלְוִי—   בַּל-אֶמּוֹט לְעוֹלָם.

ח יְהוָה– בִּרְצוֹנְךָ, הֶעֱמַדְתָּה לְהַרְרִי-עֹז:
הִסְתַּרְתָּ פָנֶיךָ; הָיִיתִי נִבְהָל.

8 Thou hadst established, O LORD, in Thy favour my mountain as a stronghold– {N}
Thou didst hide Thy face; I was affrighted.

ט אֵלֶיךָ יְהוָה אֶקְרָא; וְאֶל-אֲדֹנָי, אֶתְחַנָּן.

9 Unto Thee, O LORD, did I call, and unto the LORD I made supplication:

י מַה-בֶּצַע בְּדָמִי, בְּרִדְתִּי אֶל-שָׁחַת:
הֲיוֹדְךָ עָפָר; הֲיַגִּיד אֲמִתֶּךָ.

10 'What profit is there in my blood, when I go down to the pit? {N}
Shall the dust praise Thee? shall it declare Thy truth?

יא שְׁמַע-יְהוָה וְחָנֵּנִי; יְהוָה, הֱיֵה-עֹזֵר לִי.

11 Hear, O LORD, and be gracious unto me; LORD, be Thou my helper.'

יב הָפַכְתָּ מִסְפְּדִי, לְמָחוֹל לִי: פִּתַּחְתָּ שַׂקִּי; וַתְּאַזְּרֵנִי שִׂמְחָה.

12 Thou didst turn for me my mourning into dancing; Thou didst loose my sackcloth, and gird me with gladness;

יג לְמַעַן, יְזַמֶּרְךָ כָבוֹד– וְלֹא יִדֹּם:
יְהוָה אֱלֹהַי, לְעוֹלָם אוֹדֶךָּ.

13 So that my glory may sing praise to Thee, and not be silent; {N}
O LORD my God, I will give thanks unto Thee for ever. {P}

Chapter 31

א לַמְנַצֵּחַ, מִזְמוֹר לְדָוִד.

1 For the Leader. A Psalm of David.

ב בְּךָ-יְהוָה חָסִיתִי, אַל-אֵבוֹשָׁה לְעוֹלָם; בְּצִדְקָתְךָ פַלְּטֵנִי.

2 In thee, O LORD, have I taken refuge; let me never be ashamed; deliver me in Thy righteousness.

ג הַטֵּה אֵלַי, אָזְנְךָ– מְהֵרָה הַצִּילֵנִי:
הֱיֵה לִי, לְצוּר-מָעוֹז–לְבֵית מְצוּדוֹת; לְהוֹשִׁיעֵנִי.

3 Incline Thine ear unto me, deliver me speedily; {N}
be Thou to me a rock of refuge, even a fortress of defence, to save me.

ד כִּי-סַלְעִי וּמְצוּדָתִי אָתָּה; וּלְמַעַן שִׁמְךָ, תַּנְחֵנִי וּתְנַהֲלֵנִי.

4 For Thou art my rock and my fortress; therefore for Thy name's sake lead me and guide me.

ה תּוֹצִיאֵנִי–מֵרֶשֶׁת זוּ, טָמְנוּ

5 Bring me forth out of the net that they

כִּי־אַתָּה, מָעוּזִּי. לִי:	have hidden for me; for Thou art my stronghold.
ו בְּיָדְךָ, אַפְקִיד רוּחִי: פָּדִיתָ אוֹתִי יְהוָה—אֵל אֱמֶת.	6 Into Thy hand I commit my spirit; Thou hast redeemed me, O LORD, Thou God of truth.
ז שָׂנֵאתִי, הַשֹּׁמְרִים הַבְלֵי־שָׁוְא; וַאֲנִי, אֶל־יְהוָה בָּטָחְתִּי.	7 I hate them that regard lying vanities; but I trust in the LORD.
ח אָגִילָה וְאֶשְׂמְחָה, בְּחַסְדֶּךָ: אֲשֶׁר רָאִיתָ, אֶת־עָנְיִי; יָדַעְתָּ, בְּצָרוֹת נַפְשִׁי.	8 I will be glad and rejoice in Thy lovingkindness; {N} for Thou hast seen mine affliction, Thou hast taken cognizance of the troubles of my soul,
ט וְלֹא הִסְגַּרְתַּנִי, בְּיַד־אוֹיֵב; הֶעֱמַדְתָּ בַמֶּרְחָב רַגְלָי.	9 And Thou hast not given me over into the hand of the enemy; Thou hast set my feet in a broad place.
י חָנֵּנִי יְהוָה, כִּי צַר־לִי: עָשְׁשָׁה בְכַעַס עֵינִי; נַפְשִׁי וּבִטְנִי.	10 Be gracious unto me, O LORD, for I am in distress; {N} mine eye wasteth away with vexation, yea, my soul and my body.
יא כִּי כָלוּ בְיָגוֹן, חַיַּי—וּשְׁנוֹתַי בַּאֲנָחָה: כָּשַׁל בַּעֲוֺנִי כֹחִי; וַעֲצָמַי עָשֵׁשׁוּ.	11 For my life is spent in sorrow, and my years in sighing; {N} my strength faileth because of mine iniquity, and my bones are wasted away.
יב מִכָּל־צֹרְרַי הָיִיתִי חֶרְפָּה, וְלִשְׁכֵנַי מְאֹד—וּפַחַד לִמְיֻדָּעָי: רֹאַי בַּחוּץ—נָדְדוּ מִמֶּנִּי.	12 Because of all mine adversaries I am become a reproach, yea, unto my neighbours exceedingly, and a dread to mine acquaintance; {N} they that see me without flee from me.
יג נִשְׁכַּחְתִּי, כְּמֵת מִלֵּב; הָיִיתִי, כִּכְלִי אֹבֵד.	13 I am forgotten as a dead man out of mind; I am like a useless vessel.
יד כִּי שָׁמַעְתִּי, דִּבַּת רַבִּים—מָגוֹר מִסָּבִיב: בְּהִוָּסְדָם יַחַד עָלַי; לָקַחַת נַפְשִׁי זָמָמוּ.	14 For I have heard the whispering of many, terror on every side; {N} while they took counsel together against me, they devised to take away my life.

טו וַאֲנִי, עָלֶיךָ בָטַחְתִּי יְהוָה; אָמַרְתִּי, אֱלֹהַי אָתָּה.	15 But as for me, I have trusted in Thee, O LORD; I have said: 'Thou art my God.'
טז בְּיָדְךָ עִתֹּתָי; הַצִּילֵנִי מִיַּד-אוֹיְבַי, וּמֵרֹדְפָי.	16 My times are in Thy hand; deliver me from the hand of mine enemies, and from them that persecute me.
יז הָאִירָה פָנֶיךָ, עַל-עַבְדֶּךָ; הוֹשִׁיעֵנִי בְחַסְדֶּךָ.	17 Make Thy face to shine upon Thy servant; save me in Thy lovingkindness.
יח יְהוָה--אַל-אֵבוֹשָׁה, כִּי קְרָאתִיךָ; יֵבֹשׁוּ רְשָׁעִים, יִדְּמוּ לִשְׁאוֹל.	18 O LORD, let me not be ashamed, for I have called upon Thee; let the wicked be ashamed, let them be put to silence in the nether-world.
יט תֵּאָלַמְנָה, שִׂפְתֵי-שָׁקֶר: הַדֹּבְרוֹת עַל-צַדִּיק עָתָק--בְּגַאֲוָה וָבוּז.	19 Let the lying lips be dumb, which speak arrogantly against the righteous, with pride and contempt.
כ מָה רַב-טוּבְךָ, אֲשֶׁר-צָפַנְתָּ לִּירֵאֶיךָ: פָּעַלְתָּ, לַחֹסִים בָּךְ; נֶגֶד, בְּנֵי אָדָם.	20 Oh how abundant is Thy goodness, which Thou hast laid up for them that fear Thee; {N} which Thou hast wrought for them that take their refuge in Thee, in the sight of the sons of men!
כא תַּסְתִּירֵם, בְּסֵתֶר פָּנֶיךָ--מֵרֻכְסֵי-אִישׁ: תִּצְפְּנֵם בְּסֻכָּה; מֵרִיב לְשֹׁנוֹת.	21 Thou hidest them in the covert of Thy presence from the plottings of man; {N} Thou concealest them in a pavilion from the strife of tongues.
כב בָּרוּךְ יְהוָה: כִּי הִפְלִיא חַסְדּוֹ לִי, בְּעִיר מָצוֹר.	22 Blessed be the LORD; for He hath shown me His wondrous lovingkindness in an entrenched city.
כג וַאֲנִי, אָמַרְתִּי בְחָפְזִי-- נִגְרַזְתִּי, מִנֶּגֶד עֵינֶיךָ: אָכֵן--שָׁמַעְתָּ, קוֹל תַּחֲנוּנַי; בְּשַׁוְּעִי אֵלֶיךָ.	23 As for me, I said in my haste: 'I am cut off from before Thine eyes'; {N} nevertheless Thou heardest the voice of my supplications when I cried unto Thee.
כד אֶהֱבוּ אֶת-יְהוָה, כָּל-חֲסִידָיו:	24 O love the LORD, all ye His godly ones;

אֱמוּנִים, נֹצֵר יְהוָה;   וּמְשַׁלֵּם עַל-יֶתֶר, עֹשֵׂה גַאֲוָה. {N}
the LORD preserveth the faithful, and plentifully repayeth him that acteth haughtily.

כה חִזְקוּ, וְיַאֲמֵץ לְבַבְכֶם—   כָּל-הַמְיַחֲלִים, לַיהוָה.
25 Be strong, and let your heart take courage, all ye that wait for the LORD. {P}

Chapter 32

א לְדָוִד, מַשְׂכִּיל: אַשְׁרֵי נְשׂוּי-פֶּשַׁע; כְּסוּי חֲטָאָה.
1 [A Psalm] of David. Maschil. Happy is he whose transgression is forgiven, whose sin is pardoned.

ב אַשְׁרֵי אָדָם—לֹא יַחְשֹׁב יְהוָה לוֹ עָוֹן;   וְאֵין בְּרוּחוֹ רְמִיָּה.
2 Happy is the man unto whom the LORD counteth not iniquity, and in whose spirit there is no guile.

ג כִּי-הֶחֱרַשְׁתִּי, בָּלוּ עֲצָמָי—   בְּשַׁאֲגָתִי, כָּל-הַיּוֹם.
3 When I kept silence, my bones wore away through my groaning all the day long.

ד כִּי, יוֹמָם וָלַיְלָה—   תִּכְבַּד עָלַי, יָדֶךָ:
נֶהְפַּךְ לְשַׁדִּי—   בְּחַרְבֹנֵי קַיִץ סֶלָה.
4 For day and night Thy hand was heavy upon me; {N}
my sap was turned as in the droughts of summer. Selah

ה חַטָּאתִי אוֹדִיעֲךָ,   וַעֲוֹנִי לֹא-כִסִּיתִי—
אָמַרְתִּי,   אוֹדֶה עֲלֵי פְשָׁעַי לַיהוָה;
וְאַתָּה נָשָׂאתָ עֲוֹן חַטָּאתִי   סֶלָה.
5 I acknowledged my sin unto Thee, and mine iniquity have I not hid; {N}
I said: 'I will make confession concerning my transgressions unto the LORD'– {N}
and Thou, Thou forgavest the iniquity of my sin. Selah

ו עַל-זֹאת, יִתְפַּלֵּל כָּל-חָסִיד אֵלֶיךָ—   לְעֵת מְצֹא:
רַק, לְשֵׁטֶף מַיִם רַבִּים—   אֵלָיו, לֹא יַגִּיעוּ.
6 For this let every one that is godly pray unto Thee in a time when Thou mayest be found; {N}
surely, when the great waters overflow, they will not reach unto him.

ז אַתָּה, סֵתֶר לִי—   מִצַּר תִּצְּרֵנִי:
רָנֵּי פַלֵּט;   תְּסוֹבְבֵנִי סֶלָה.
7 Thou art my hiding-place; Thou wilt preserve me from the adversary; {N}
with songs of deliverance Thou wilt

compass me about. Selah

8 'I will instruct thee and teach thee in the way which thou shalt go; I will give counsel, Mine eye being upon thee.'

ח אַשְׂכִּילְךָ, וְאוֹרְךָ–בְּדֶרֶךְ-זוּ תֵלֵךְ; אִיעֲצָה עָלֶיךָ עֵינִי.

9 Be ye not as the horse, or as the mule, which have no understanding; {N}
whose mouth must be held in with bit and bridle, that they come not near unto thee.

ט אַל-תִּהְיוּ, כְּסוּס כְּפֶרֶד– אֵין הָבִין: בְּמֶתֶג-וָרֶסֶן עֶדְיוֹ לִבְלוֹם; בַּל, קְרֹב אֵלֶיךָ.

10 Many are the sorrows of the wicked; but he that trusteth in the LORD, mercy compasseth him about.

י רַבִּים מַכְאוֹבִים, לָרָשָׁע: וְהַבּוֹטֵחַ בַּיהוָה–חֶסֶד, יְסוֹבְבֶנּוּ.

11 Be glad in the LORD, and rejoice, ye righteous; and shout for joy, all ye that are upright in heart. {P}

יא שִׂמְחוּ בַיהוָה וְגִילוּ, צַדִּיקִים; וְהַרְנִינוּ, כָּל-יִשְׁרֵי-לֵב.

Chapter 33

1 Rejoice in the LORD, O ye righteous, praise is comely for the upright.

א רַנְּנוּ צַדִּיקִים, בַּיהוָה; לַיְשָׁרִים, נָאוָה תְהִלָּה.

2 Give thanks unto the LORD with harp, sing praises unto Him with the psaltery of ten strings.

ב הוֹדוּ לַיהוָה בְּכִנּוֹר; בְּנֵבֶל עָשׂוֹר, זַמְּרוּ-לוֹ.

3 Sing unto Him a new song; play skilfully amid shouts of joy.

ג שִׁירוּ-לוֹ, שִׁיר חָדָשׁ; הֵיטִיבוּ נַגֵּן, בִּתְרוּעָה.

4 For the word of the LORD is upright; and all His work is done in faithfulness.

ד כִּי-יָשָׁר דְּבַר-יְהוָה; וְכָל-מַעֲשֵׂהוּ, בֶּאֱמוּנָה.

5 He loveth righteousness and justice; the earth is full of the lovingkindness of the LORD.

ה אֹהֵב, צְדָקָה וּמִשְׁפָּט; חֶסֶד יְהוָה, מָלְאָה הָאָרֶץ.

6 By the word of the LORD were the heavens made; and all the host of them by the breath of His mouth.

ו בִּדְבַר יְהוָה, שָׁמַיִם נַעֲשׂוּ; וּבְרוּחַ פִּיו, כָּל-צְבָאָם.

ז כֹּנֵס כַּנֵּד, מֵי הַיָּם; נֹתֵן בְּאוֹצָרוֹת תְּהוֹמוֹת.	7 He gathereth the waters of the sea together as a heap; He layeth up the deeps in storehouses.
ח יִירְאוּ מֵיהוָה, כָּל-הָאָרֶץ; מִמֶּנּוּ יָגוּרוּ, כָּל-יֹשְׁבֵי תֵבֵל.	8 Let all the earth fear the LORD; let all the inhabitants of the world stand in awe of Him.
ט כִּי הוּא אָמַר וַיֶּהִי; הוּא-צִוָּה, וַיַּעֲמֹד.	9 For He spoke, and it was; He commanded, and it stood.
י יְהוָה, הֵפִיר עֲצַת-גּוֹיִם; הֵנִיא, מַחְשְׁבוֹת עַמִּים.	10 The LORD bringeth the counsel of the nations to nought; He maketh the thoughts of the peoples to be of no effect.
יא עֲצַת יְהוָה, לְעוֹלָם תַּעֲמֹד; מַחְשְׁבוֹת לִבּוֹ, לְדֹר וָדֹר.	11 The counsel of the LORD standeth for ever, the thoughts of His heart to all generations.
יב אַשְׁרֵי הַגּוֹי, אֲשֶׁר-יְהוָה אֱלֹהָיו; הָעָם, בָּחַר לְנַחֲלָה לוֹ.	12 Happy is the nation whose God is the LORD; the people whom He hath chosen for His own inheritance.
יג מִשָּׁמַיִם, הִבִּיט יְהוָה; רָאָה, אֶת-כָּל-בְּנֵי הָאָדָם.	13 The LORD looketh from heavens; He beholdeth all the sons of men;
יד מִמְּכוֹן-שִׁבְתּוֹ הִשְׁגִּיחַ-- אֶל כָּל-יֹשְׁבֵי הָאָרֶץ.	14 From the place of His habitation He looketh intently upon all the inhabitants of the earth;
טו הַיֹּצֵר יַחַד לִבָּם; הַמֵּבִין, אֶל-כָּל-מַעֲשֵׂיהֶם.	15 He that fashioneth the hearts of them all, that considereth all their doings.
טז אֵין-הַמֶּלֶךְ, נוֹשָׁע בְּרָב-חָיִל; גִּבּוֹר, לֹא-יִנָּצֵל בְּרָב-כֹּחַ.	16 A king is not saved by the multitude of a host; a mighty man is not delivered by great strength.
יז שֶׁקֶר הַסּוּס, לִתְשׁוּעָה; וּבְרֹב חֵילוֹ, לֹא יְמַלֵּט.	17 A horse is a vain thing for safety; neither doth it afford escape by its great strength.
יח הִנֵּה עֵין יְהוָה, אֶל-יְרֵאָיו; לַמְיַחֲלִים לְחַסְדּוֹ.	18 Behold, the eye of the LORD is toward them that fear Him, toward them that wait for His mercy;
יט לְהַצִּיל מִמָּוֶת נַפְשָׁם; וּלְחַיּוֹתָם,	19 To deliver their soul from death, and to

keep them alive in famine.	בָּרָעָב.
20 Our soul hath waited for the LORD; He is our help and our shield.	כ נַפְשֵׁנוּ, חִכְּתָה לַיהוָה; עֶזְרֵנוּ וּמָגִנֵּנוּ הוּא.
21 For in Him doth our heart rejoice, because we have trusted in His holy name.	כא כִּי-בוֹ, יִשְׂמַח לִבֵּנוּ: כִּי בְשֵׁם קָדְשׁוֹ בָטָחְנוּ.
22 Let Thy mercy, O LORD, be upon us, according as we have waited for Thee. {P}	כב יְהִי-חַסְדְּךָ יְהוָה עָלֵינוּ: כַּאֲשֶׁר, יִחַלְנוּ לָךְ.

Chapter 34

1 [A Psalm] of David; when he changed his demeanour before Abimelech, who drove him away, and he departed.	א לְדָוִד– בְּשַׁנּוֹתוֹ אֶת-טַעְמוֹ, לִפְנֵי אֲבִימֶלֶךְ; וַיְגָרְשֵׁהוּ, וַיֵּלַךְ.
2 I will bless the LORD at all times; His praise shall continually be in my mouth.	ב אֲבָרְכָה אֶת-יְהוָה בְּכָל-עֵת; תָּמִיד, תְּהִלָּתוֹ בְּפִי.
3 My soul shall glory in the LORD; the humble shall hear thereof, and be glad.	ג בַּיהוָה, תִּתְהַלֵּל נַפְשִׁי; יִשְׁמְעוּ עֲנָוִים וְיִשְׂמָחוּ.
4 O magnify the LORD with me, and let us exalt His name together.	ד גַּדְּלוּ לַיהוָה אִתִּי; וּנְרוֹמְמָה שְׁמוֹ יַחְדָּו.
5 I sought the LORD, and He answered me, and delivered me from all my fears.	ה דָּרַשְׁתִּי אֶת-יְהוָה וְעָנָנִי; וּמִכָּל-מְגוּרוֹתַי הִצִּילָנִי.
6 They looked unto Him, and were radiant; and their faces shall never be abashed.	ו הִבִּיטוּ אֵלָיו וְנָהָרוּ; וּפְנֵיהֶם, אַל-יֶחְפָּרוּ.
7 This poor man cried, and the LORD heard, and saved him out of all his troubles.	ז זֶה עָנִי קָרָא, וַיהוָה שָׁמֵעַ; וּמִכָּל-צָרוֹתָיו, הוֹשִׁיעוֹ.
8 The angel of the LORD encampeth round about them that fear Him, and delivereth them.	ח חֹנֶה מַלְאַךְ-יְהוָה סָבִיב לִירֵאָיו; וַיְחַלְּצֵם.
9 O consider and see that the LORD is good; happy is the man that taketh refuge in	ט טַעֲמוּ וּרְאוּ, כִּי-טוֹב יְהוָה; אַשְׁרֵי הַגֶּבֶר, יֶחֱסֶה-בּוֹ.

Him.

10 O fear the LORD, ye His holy ones; for there is no want to them that fear Him.

11 The young lions do lack, and suffer hunger; but they that seek the LORD want not any good thing.

12 Come, ye children, hearken unto me; I will teach you the fear of the LORD.

13 Who is the man that desireth life, and loveth days, that he may see good therein?

14 Keep thy tongue from evil, and thy lips from speaking guile.

15 Depart from evil, and do good; seek peace, and pursue it.

16 The eyes of the LORD are toward the righteous, and His ears are open unto their cry.

17 The face of the LORD is against them that do evil, to cut off the remembrance of them from the earth.

18 They cried, and the LORD heard, and delivered them out of all their troubles.

19 The LORD is nigh unto them that are of a broken heart, and saveth such as are of a contrite spirit.

20 Many are the ills of the righteous, but the LORD delivereth him out of them all.

21 He keepeth all his bones; not one of them is broken.

22 Evil shall kill the wicked; and they that hate the righteous shall be held guilty.

צַדִּיק יֶאְשָׁמוּ.

כג פֹּדֶה יהוה, נֶפֶשׁ עֲבָדָיו;   וְלֹא יֶאְשְׁמוּ, כָּל־הַחֹסִים בּוֹ. 23 The LORD redeemeth the soul of His servants; and none of them that take refuge in Him shall be desolate. {P}

Chapter 35

א לְדָוִד: רִיבָה יהוה, אֶת־יְרִיבַי;   לְחַם, אֶת־לֹחֲמָי. 1 A Psalm of David. Strive, O LORD, with them that strive with me; fight against them that fight against me.

ב הַחֲזֵק מָגֵן וְצִנָּה;   וְקוּמָה, בְּעֶזְרָתִי. 2 Take hold of shield and buckler, and rise up to my help.

ג וְהָרֵק חֲנִית וּסְגֹר, לִקְרַאת רֹדְפָי;   אֱמֹר לְנַפְשִׁי, יְשֻׁעָתֵךְ אָנִי. 3 Draw out also the spear, and the battle-axe, against them that pursue me; say unto my soul: 'I am Thy salvation.'

ד יֵבֹשׁוּ וְיִכָּלְמוּ, מְבַקְשֵׁי נַפְשִׁי: יִסֹּגוּ אָחוֹר וְיַחְפְּרוּ—חֹשְׁבֵי, רָעָתִי. 4 Let them be ashamed and brought to confusion that seek after my soul; let them be turned back and be abashed that devise my hurt.

ה יִהְיוּ, כְּמֹץ לִפְנֵי־רוּחַ;   וּמַלְאַךְ יהוה דּוֹחֶה. 5 Let them be as chaff before the wind, the angel of the LORD thrusting them.

ו יְהִי־דַרְכָּם, חֹשֶׁךְ וַחֲלַקְלַקֹּת;   וּמַלְאַךְ יהוה, רֹדְפָם. 6 Let their way be dark and slippery, the angel of the LORD pursuing them.

ז כִּי־חִנָּם טָמְנוּ־לִי, שַׁחַת רִשְׁתָּם;   חִנָּם, חָפְרוּ לְנַפְשִׁי. 7 For without cause have they hid for me the pit, even their net, without cause have they digged for my soul.

ח תְּבוֹאֵהוּ שׁוֹאָה,   לֹא־יֵדָע: וְרִשְׁתּוֹ אֲשֶׁר־טָמַן תִּלְכְּדוֹ;   בְּשׁוֹאָה, יִפָּל־בָּהּ. 8 Let destruction come upon him unawares; {N}
and let his net that he hath hid catch himself; with destruction let him fall therein.

ט וְנַפְשִׁי, תָּגִיל בַּיהוה;   תָּשִׂישׂ, בִּישׁוּעָתוֹ. 9 And my soul shall be joyful in the LORD; it shall rejoice in His salvation.

י כָּל עַצְמוֹתַי, תֹּאמַרְנָה— יהוה, מִי כָמוֹךָ: מַצִּיל עָנִי, מֵחָזָק מִמֶּנּוּ; וְעָנִי וְאֶבְיוֹן, מִגֹּזְלוֹ.	10 All my bones shall say: 'LORD, who is like unto Thee, {N} who deliverest the poor from him that is too strong for him, yea, the poor and the needy from him that spoileth him?'
יא יְקוּמוּן, עֵדֵי חָמָס: אֲשֶׁר לֹא-יָדַעְתִּי, יִשְׁאָלוּנִי.	11 Unrighteous witnesses rise up; they ask me of things that I know not.
יב יְשַׁלְּמוּנִי רָעָה, תַּחַת טוֹבָה: שְׁכוֹל לְנַפְשִׁי.	12 They repay me evil for good; bereavement is come to my soul.
יג וַאֲנִי, בַּחֲלוֹתָם לְבוּשִׁי שָׂק— עִנֵּיתִי בַצּוֹם נַפְשִׁי; וּתְפִלָּתִי, עַל-חֵיקִי תָשׁוּב.	13 But as for me, when they were sick, my clothing was sackcloth, I afflicted my soul with fasting; {N} and my prayer, may it return into mine own bosom.
יד כְּרֵעַ-כְּאָח לִי, הִתְהַלָּכְתִּי; כַּאֲבֶל-אֵם, קֹדֵר שַׁחוֹתִי.	14 I went about as though it had been my friend or my brother; I bowed down mournful, as one that mourneth for his mother.
טו וּבְצַלְעִי, שָׂמְחוּ וְנֶאֱסָפוּ: נֶאֶסְפוּ עָלַי נֵכִים, וְלֹא יָדַעְתִּי; קָרְעוּ וְלֹא-דָמּוּ.	15 But when I halt they rejoice, and gather themselves together; {N} the abjects gather themselves together against me, and those whom I know not; {N} they tear me, and cease not;
טז בְּחַנְפֵי, לַעֲגֵי מָעוֹג— חָרֹק עָלַי שִׁנֵּימוֹ.	16 With the profanest mockeries of backbiting they gnash at me with their teeth.
יז אֲדֹנָי, כַּמָּה תִּרְאֶה: הָשִׁיבָה נַפְשִׁי, מִשֹּׁאֵיהֶם; מִכְּפִירִים, יְחִידָתִי.	17 Lord, how long wilt Thou look on? {N} Rescue my soul from their destructions, mine only one from the lions.
יח אוֹדְךָ, בְּקָהָל רָב; בְּעַם עָצוּם אֲהַלְלֶךָּ.	18 I will give Thee thanks in the great congregation; I will praise Thee among a numerous people.
יט אַל-יִשְׂמְחוּ-לִי אֹיְבַי	19 Let not them that are wrongfully mine enemies rejoice over me; neither let them

wink with the eye that hate me without a cause.

כ כִּי לֹא שָׁלוֹם, יְדַבֵּרוּ: וְעַל רִגְעֵי-אֶרֶץ—דִּבְרֵי מִרְמוֹת, יַחֲשֹׁבוּן.

20 For they speak not peace; but they devise deceitful matters against them that are quiet in the land.

כא וַיַּרְחִיבוּ עָלַי, פִּיהֶם: אָמְרוּ, הֶאָח הֶאָח; רָאֲתָה עֵינֵנוּ.

21 Yea, they open their mouth wide against me; they say: 'Aha, aha, our eye hath seen it.'

כב רָאִיתָה יְהוָה, אַל-תֶּחֱרַשׁ; אֲדֹנָי, אַל-תִּרְחַק מִמֶּנִּי.

22 Thou hast seen, O LORD; keep not silence; O Lord, be not far from me.

כג הָעִירָה וְהָקִיצָה, לְמִשְׁפָּטִי; אֱלֹהַי וַאדֹנָי לְרִיבִי.

23 Rouse Thee, and awake to my judgment, even unto my cause, my God and my Lord.

כד שָׁפְטֵנִי כְצִדְקְךָ, יְהוָה אֱלֹהָי; וְאַל-יִשְׂמְחוּ-לִי.

24 Judge me, O LORD my God, according to Thy righteousness; and let them not rejoice over me.

כה אַל-יֹאמְרוּ בְלִבָּם, הֶאָח נַפְשֵׁנוּ; אַל-יֹאמְרוּ, בִּלַּעֲנוּהוּ.

25 Let them not say in their heart: 'Aha, we have our desire'; let them not say: 'We have swallowed him up.'

כו יֵבֹשׁוּ וְיַחְפְּרוּ, יַחְדָּו—שְׂמֵחֵי רָעָתִי: יִלְבְּשׁוּ-בֹשֶׁת וּכְלִמָּה—הַמַּגְדִּילִים עָלָי.

26 Let them be ashamed and abashed together that rejoice at my hurt; {N}
let them be clothed with shame and confusion that magnify themselves against me.

כז יָרֹנּוּ וְיִשְׂמְחוּ, חֲפֵצֵי צִדְקִי: וְיֹאמְרוּ תָמִיד, יִגְדַּל יְהוָה; הֶחָפֵץ, שְׁלוֹם עַבְדּוֹ.

27 Let them shout for joy, and be glad, that delight in my righteousness; {N}
yea, let them say continually: 'Magnified be the LORD, who delighteth in the peace of His servant.'

כח וּלְשׁוֹנִי, תֶּהְגֶּה צִדְקֶךָ; כָּל-הַיּוֹם, תְּהִלָּתֶךָ.

28 And my tongue shall speak of Thy righteousness, and of Thy praise all the day. {P}

Chapter 36

א לַמְנַצֵּחַ לְעֶבֶד־יְהוָה לְדָוִד.	1 For the Leader. [A Psalm] of David the servant of the LORD.
ב נְאֻם־פֶּשַׁע לָרָשָׁע, בְּקֶרֶב לִבִּי; אֵין־פַּחַד אֱלֹהִים, לְנֶגֶד עֵינָיו.	2 Transgression speaketh to the wicked, methinks–there is no fear of God before his eyes.
ג כִּי־הֶחֱלִיק אֵלָיו בְּעֵינָיו; לִמְצֹא עֲוֺנוֹ לִשְׂנֹא.	3 For it flattereth him in his eyes, until his iniquity be found, and he be hated.
ד דִּבְרֵי־פִיו, אָוֶן וּמִרְמָה; חָדַל לְהַשְׂכִּיל לְהֵיטִיב.	4 The words of his mouth are iniquity and deceit; he hath left off to be wise, to do good.
ה אָוֶן, יַחְשֹׁב־עַל־מִשְׁכָּבוֹ: יִתְיַצֵּב, עַל־דֶּרֶךְ לֹא־טוֹב; רָע, לֹא יִמְאָס.	5 He deviseth iniquity upon his bed; he setteth himself in a way that is not good; he abhorreth not evil.
ו יְהוָה, בְּהַשָּׁמַיִם חַסְדֶּךָ; אֱמוּנָתְךָ, עַד־שְׁחָקִים.	6 Thy lovingkindness, O LORD, is in the heavens; Thy faithfulness reacheth unto the skies.
ז צִדְקָתְךָ, כְּהַרְרֵי־אֵל־מִשְׁפָּטֶיךָ, תְּהוֹם רַבָּה; אָדָם וּבְהֵמָה תוֹשִׁיעַ יְהוָה.	7 Thy righteousness is like the mighty mountains; Thy judgments are like the great deep; man and beast Thou preservest, O LORD.
ח מַה־יָּקָר חַסְדְּךָ, אֱלֹהִים: וּבְנֵי אָדָם־בְּצֵל כְּנָפֶיךָ, יֶחֱסָיוּן.	8 How precious is Thy lovingkindness, O God! and the children of men take refuge in the shadow of Thy wings.
ט יִרְוְיֻן, מִדֶּשֶׁן בֵּיתֶךָ; וְנַחַל עֲדָנֶיךָ תַשְׁקֵם.	9 They are abundantly satisfied with the fatness of Thy house; and Thou makest them drink of the river of Thy pleasures.
י כִּי־עִמְּךָ, מְקוֹר חַיִּים; בְּאוֹרְךָ, נִרְאֶה־אוֹר.	10 For with Thee is the fountain of life; in Thy light do we see light.
יא מְשֹׁךְ חַסְדְּךָ, לְיֹדְעֶיךָ; וְצִדְקָתְךָ, לְיִשְׁרֵי־לֵב.	11 O continue Thy lovingkindness unto them that know Thee; and Thy righteousness to the upright in heart.
יב אַל־תְּבוֹאֵנִי, רֶגֶל גַּאֲוָה; וְיַד־רְשָׁעִים, אַל־תְּנִדֵנִי.	12 Let not the foot of pride overtake me, and let not the hand of the wicked drive me away.

יג שָׁם נָפְלוּ, פֹּעֲלֵי אָוֶן; דֹּחוּ, וְלֹא-יָכְלוּ קוּם.	13 There are the workers of iniquity fallen; they are thrust down, and are not able to rise. {P}

Chapter 37

א לְדָוִד: אַל-תִּתְחַר בַּמְּרֵעִים; אַל-תְּקַנֵּא, בְּעֹשֵׂי עַוְלָה.	1 [A Psalm] of David. Fret not thyself because of evil-doers, neither be thou envious against them that work unrighteousness.
ב כִּי כֶחָצִיר, מְהֵרָה יִמָּלוּ; וּכְיֶרֶק דֶּשֶׁא, יִבּוֹלוּן.	2 For they shall soon wither like the grass, and fade as the green herb.
ג בְּטַח בַּיהוָה, וַעֲשֵׂה-טוֹב; שְׁכָן-אֶרֶץ, וּרְעֵה אֱמוּנָה.	3 Trust in the LORD, and do good; dwell in the land, and cherish faithfulness.
ד וְהִתְעַנַּג עַל-יְהוָה; וְיִתֶּן-לְךָ, מִשְׁאֲלֹת לִבֶּךָ.	4 So shalt thou delight thyself in the LORD; and He shall give thee the petitions of thy heart.
ה גּוֹל עַל-יְהוָה דַּרְכֶּךָ; וּבְטַח עָלָיו, וְהוּא יַעֲשֶׂה.	5 Commit thy way unto the LORD; trust also in Him, and He will bring it to pass.
ו וְהוֹצִיא כָאוֹר צִדְקֶךָ; וּמִשְׁפָּטֶךָ, כַּצָּהֳרָיִם.	6 And He will make thy righteousness to go forth as the light, and thy right as the noonday.
ז דּוֹם, לַיהוָה— וְהִתְחוֹלֵל-לוֹ: אַל-תִּתְחַר, בְּמַצְלִיחַ דַּרְכּוֹ; בְּאִישׁ, עֹשֶׂה מְזִמּוֹת.	7 Resign thyself unto the LORD, and wait patiently for Him; {N} fret not thyself because of him who prospereth in his way, because of the man who bringeth wicked devices to pass.
ח הֶרֶף מֵאַף, וַעֲזֹב חֵמָה; אַל-תִּתְחַר, אַךְ-לְהָרֵעַ.	8 Cease from anger, and forsake wrath; fret not thyself, it tendeth only to evil-doing.
ט כִּי-מְרֵעִים, יִכָּרֵתוּן; וְקֹוֵי יְהוָה, הֵמָּה יִירְשׁוּ-אָרֶץ.	9 For evil-doers shall be cut off; but those that wait for the LORD, they shall inherit the land.
י וְעוֹד מְעַט, וְאֵין רָשָׁע; וְהִתְבּוֹנַנְתָּ	10 And yet a little while, and the wicked is no more; yea, thou shalt look well at his

place, and he is not. עַל-מְקוֹמוֹ וְאֵינֶנּוּ.

11 But the humble shall inherit the land, and delight themselves in the abundance of peace. יא וַעֲנָוִים יִירְשׁוּ-אָרֶץ; וְהִתְעַנְּגוּ, עַל-רֹב שָׁלוֹם.

12 The wicked plotteth against the righteous, and gnasheth at him with his teeth. יב זֹמֵם רָשָׁע, לַצַּדִּיק; וְחֹרֵק עָלָיו שִׁנָּיו.

13 The Lord doth laugh at him; for He seeth that his day is coming. יג אֲדֹנָי יִשְׂחַק-לוֹ: כִּי-רָאָה, כִּי-יָבֹא יוֹמוֹ.

14 The wicked have drawn out the sword, and have bent their bow; {N}
to cast down the poor and needy, to slay such as are upright in the way; יד חֶרֶב, פָּתְחוּ רְשָׁעִים— וְדָרְכוּ קַשְׁתָּם:
לְהַפִּיל, עָנִי וְאֶבְיוֹן; לִטְבוֹחַ, יִשְׁרֵי-דָרֶךְ.

15 Their sword shall enter into their own heart, and their bows shall be broken. טו חַרְבָּם, תָּבוֹא בְלִבָּם; וְקַשְּׁתוֹתָם, תִּשָּׁבַרְנָה.

16 Better is a little that the righteous hath than the abundance of many wicked. טז טוֹב-מְעַט, לַצַּדִּיק— מֵהֲמוֹן, רְשָׁעִים רַבִּים.

17 For the arms of the wicked shall be broken; but the LORD upholdeth the righteous. יז כִּי זְרוֹעוֹת רְשָׁעִים, תִּשָּׁבַרְנָה; וְסוֹמֵךְ צַדִּיקִים יְהוָה.

18 The LORD knoweth the days of them that are wholehearted; and their inheritance shall be for ever. יח יוֹדֵעַ יְהוָה, יְמֵי תְמִימִם; וְנַחֲלָתָם, לְעוֹלָם תִּהְיֶה.

19 They shall not be ashamed in the time of evil; and in the days of famine they shall be satisfied. יט לֹא-יֵבֹשׁוּ, בְּעֵת רָעָה; וּבִימֵי רְעָבוֹן יִשְׂבָּעוּ.

20 For the wicked shall perish, and the enemies of the LORD shall be as the fat of lambs–they shall pass away in smoke, they shall pass away. כ כִּי רְשָׁעִים, יֹאבֵדוּ, וְאֹיְבֵי יְהוָה, כִּיקַר כָּרִים; כָּלוּ בֶעָשָׁן כָּלוּ.

21 The wicked borroweth, and payeth not; but the righteous dealeth graciously, and כא לֹוֶה רָשָׁע, וְלֹא יְשַׁלֵּם; וְצַדִּיק, חוֹנֵן וְנוֹתֵן.

giveth.

כב כִּי מְבֹרָכָיו, יִירְשׁוּ אָרֶץ; וּמְקֻלָּלָיו, יִכָּרֵתוּ.

22 For such as are blessed of Him shall inherit the land; and they that are cursed of Him shall be cut off.

כג מֵיהוָה, מִצְעֲדֵי-גֶבֶר כּוֹנָנוּ; וְדַרְכּוֹ יֶחְפָּץ.

23 It is of the LORD that a man's goings are established; and He delighted in his way.

כד כִּי-יִפֹּל לֹא-יוּטָל: כִּי-יהוה, סוֹמֵךְ יָדוֹ.

24 Though he fall, he shall not be utterly cast down; for the LORD upholdeth his hand.

כה נַעַר, הָיִיתִי— גַּם-זָקַנְתִּי: וְלֹא-רָאִיתִי, צַדִּיק נֶעֱזָב; וְזַרְעוֹ, מְבַקֶּשׁ-לָחֶם.

25 I have been young, and now am old; {N}
yet have I not seen the righteous forsaken, nor his seed begging bread.

כו כָּל-הַיּוֹם, חוֹנֵן וּמַלְוֶה; וְזַרְעוֹ, לִבְרָכָה.

26 All the day long he dealeth graciously, and lendeth; and his seed is blessed.

כז סוּר מֵרָע, וַעֲשֵׂה-טוֹב; וּשְׁכֹן לְעוֹלָם.

27 Depart from evil, and do good; and dwell for evermore.

כח כִּי יהוה, אֹהֵב מִשְׁפָּט, וְלֹא-יַעֲזֹב אֶת-חֲסִידָיו, לְעוֹלָם נִשְׁמָרוּ; וְזֶרַע רְשָׁעִים נִכְרָת.

28 For the LORD loveth justice, and forsaketh not His saints; they are preserved for ever; {N}
but the seed of the wicked shall be cut off.

כט צַדִּיקִים יִירְשׁוּ-אָרֶץ; וְיִשְׁכְּנוּ לָעַד עָלֶיהָ.

29 The righteous shall inherit the land, and dwell therein for ever.

ל פִּי-צַדִּיק, יֶהְגֶּה חָכְמָה; וּלְשׁוֹנוֹ, תְּדַבֵּר מִשְׁפָּט.

30 The mouth of the righteous uttereth wisdom, and his tongue speaketh justice.

לא תּוֹרַת אֱלֹהָיו בְּלִבּוֹ; לֹא תִמְעַד אֲשֻׁרָיו.

31 The law of his God is in his heart; none of his steps slide.

לב צוֹפֶה רָשָׁע, לַצַּדִּיק; וּמְבַקֵּשׁ, לַהֲמִיתוֹ.

32 The wicked watcheth the righteous, and seeketh to slay him.

לג יהוה, לֹא-יַעַזְבֶנּוּ בְיָדוֹ; וְלֹא יַרְשִׁיעֶנּוּ, בְּהִשָּׁפְטוֹ.

33 The LORD will not leave him in his hand, nor suffer him to be condemned when he is judged.

לד קַוֵּה אֶל-יְהוָה, וּשְׁמֹר דַּרְכּוֹ, וִירוֹמִמְךָ, לָרֶשֶׁת אָרֶץ; בְּהִכָּרֵת רְשָׁעִים תִּרְאֶה.

34 Wait for the LORD, and keep His way, and He will exalt thee to inherit the land; {N}
when the wicked are cut off, thou shalt see it.

לה רָאִיתִי, רָשָׁע עָרִיץ; וּמִתְעָרֶה, כְּאֶזְרָח רַעֲנָן.

35 I have seen the wicked in great power, and spreading himself like a leafy tree in its native soil.

לו וַיַּעֲבֹר, וְהִנֵּה אֵינֶנּוּ; וָאֲבַקְשֵׁהוּ, וְלֹא נִמְצָא.

36 But one passed by, and, lo, he was not; yea, I sought him, but he could not be found.

לז שְׁמָר-תָּם, וּרְאֵה יָשָׁר: כִּי-אַחֲרִית לְאִישׁ שָׁלוֹם.

37 Mark the man of integrity, and behold the upright; for there is a future for the man of peace.

לח וּפֹשְׁעִים, נִשְׁמְדוּ יַחְדָּו; אַחֲרִית רְשָׁעִים נִכְרָתָה.

38 But transgressors shall be destroyed together; the future of the wicked shall be cut off.

לט וּתְשׁוּעַת צַדִּיקִים, מֵיְהוָה; מָעוּזָּם, בְּעֵת צָרָה.

39 But the salvation of the righteous is of the LORD; He is their stronghold in the time of trouble.

מ וַיַּעְזְרֵם יְהוָה, וַיְפַלְּטֵם: יְפַלְּטֵם מֵרְשָׁעִים, וְיוֹשִׁיעֵם-כִּי-חָסוּ בוֹ.

40 And the LORD helpeth them, and delivereth them; He delivereth them from the wicked, and saveth them, because they have taken refuge in Him. {P}

Chapter 38

א מִזְמוֹר לְדָוִד לְהַזְכִּיר.

1 A Psalm of David, to make memorial.

ב יְהוָה-אַל-בְּקֶצְפְּךָ תוֹכִיחֵנִי; וּבַחֲמָתְךָ תְיַסְּרֵנִי.

2 O LORD, rebuke me not in Thine anger; neither chasten me in Thy wrath.

ג כִּי-חִצֶּיךָ, נִחֲתוּ בִי; וַתִּנְחַת עָלַי יָדֶךָ.

3 For Thine arrows are gone deep into me, and Thy hand is come down upon me.

4 There is no soundness in my flesh because of Thine indignation; neither is there any health in my bones because of my sin.

ד אֵין-מְתֹם בִּבְשָׂרִי, מִפְּנֵי זַעְמֶךָ; אֵין-שָׁלוֹם בַּעֲצָמַי, מִפְּנֵי חַטָּאתִי.

5 For mine iniquities are gone over my head; as a heavy burden they are too heavy for me.

ה כִּי עֲוֺנֹתַי, עָבְרוּ רֹאשִׁי; כְּמַשָּׂא כָבֵד, יִכְבְּדוּ מִמֶּנִּי.

6 My wounds are noisome, they fester, because of my foolishness.

ו הִבְאִישׁוּ נָמַקּוּ, חַבּוּרֹתָי: מִפְּנֵי, אִוַּלְתִּי.

7 I am bent and bowed down greatly; I go mourning all the day.

ז נַעֲוֵיתִי שַׁחֹתִי עַד-מְאֹד; כָּל-הַיּוֹם, קֹדֵר הִלָּכְתִּי.

8 For my loins are filled with burning; and there is no soundness in my flesh.

ח כִּי-כְסָלַי, מָלְאוּ נִקְלֶה; וְאֵין מְתֹם, בִּבְשָׂרִי.

9 I am benumbed and sore crushed; I groan by reason of the moaning of my heart.

ט נְפוּגוֹתִי וְנִדְכֵּיתִי עַד-מְאֹד; שָׁאַגְתִּי, מִנַּהֲמַת לִבִּי.

10 Lord, all my desire is before Thee; and my sighing is not hid from Thee.

י אֲדֹנָי, נֶגְדְּךָ כָל-תַּאֲוָתִי; וְאַנְחָתִי, מִמְּךָ לֹא-נִסְתָּרָה.

11 My heart fluttereth, my strength faileth me; as for the light of mine eyes, it also is gone from me.

יא לִבִּי סְחַרְחַר, עֲזָבַנִי כֹחִי; וְאוֹר-עֵינַי גַּם-הֵם, אֵין אִתִּי.

12 My friends and my companions stand aloof from my plague; and my kinsmen stand afar off.

יב אֹהֲבַי, וְרֵעַי--מִנֶּגֶד נִגְעִי יַעֲמֹדוּ; וּקְרוֹבַי, מֵרָחֹק עָמָדוּ.

13 They also that seek after my life lay snares for me; and they that seek my hurt speak crafty devices, and utter deceits all the day.

יג וַיְנַקְשׁוּ, מְבַקְשֵׁי נַפְשִׁי, וְדֹרְשֵׁי רָעָתִי, דִּבְּרוּ הַוּוֹת; וּמִרְמוֹת, כָּל-הַיּוֹם יֶהְגּוּ.

14 But I am as a deaf man, I hear not; and I am as a dumb man that openeth not his mouth.

יד וַאֲנִי כְחֵרֵשׁ, לֹא אֶשְׁמָע; וּכְאִלֵּם, לֹא יִפְתַּח-פִּיו.

15 Yea, I am become as a man that heareth not, and in whose mouth are no arguments.

טו וָאֱהִי--כְּאִישׁ, אֲשֶׁר לֹא-שֹׁמֵעַ; וְאֵין בְּפִיו, תּוֹכָחוֹת.

16 For in Thee, O LORD, do I hope; Thou wilt answer, O Lord my God.

טז כִּי-לְךָ יְהוָה הוֹחָלְתִּי;   אַתָּה תַעֲנֶה, אֲדֹנָי אֱלֹהָי.

17 For I said: 'Lest they rejoice over me; when my foot slippeth, they magnify themselves against me.'

יז כִּי-אָמַרְתִּי, פֶּן-יִשְׂמְחוּ-לִי;   בְּמוֹט רַגְלִי, עָלַי הִגְדִּילוּ.

18 For I am ready to halt, and my pain is continually before me.

יח כִּי-אֲנִי, לְצֶלַע נָכוֹן;   וּמַכְאוֹבִי נֶגְדִּי תָמִיד.

19 For I do declare mine iniquity; I am full of care because of my sin.

יט כִּי-עֲוֹנִי אַגִּיד;   אֶדְאַג, מֵחַטָּאתִי.

20 But mine enemies are strong in health; and they that hate me wrongfully are multiplied.

כ וְאֹיְבַי, חַיִּים עָצֵמוּ;   וְרַבּוּ שֹׂנְאַי שָׁקֶר.

21 They also that repay evil for good are adversaries unto me, because I follow the thing that is good.

כא וּמְשַׁלְּמֵי רָעָה, תַּחַת טוֹבָה--יִשְׂטְנוּנִי, תַּחַת רדופי- (רָדְפִי-)   טוֹב.

22 Forsake me not, O LORD; O my God, be not far from me.

כב אַל-תַּעַזְבֵנִי יְהוָה: אֱלֹהַי, אַל-תִּרְחַק מִמֶּנִּי.

23 Make haste to help me, O Lord, my salvation. {P}

כג חוּשָׁה לְעֶזְרָתִי: אֲדֹנָי, תְּשׁוּעָתִי.

Chapter 39

1 For the Leader, for Jeduthun. A Psalm of David.

א לַמְנַצֵּחַ לידיתון (לִידוּתוּן),   מִזְמוֹר לְדָוִד.

2 I said: 'I will take heed to my ways, that I sin not with my tongue; {N}
I will keep a curb upon my mouth, while the wicked is before me.'

ב אָמַרְתִּי--   אֶשְׁמְרָה דְרָכַי, מֵחֲטוֹא בִלְשׁוֹנִי:
אֶשְׁמְרָה לְפִי מַחְסוֹם--   בְּעֹד רָשָׁע לְנֶגְדִּי.

3 I was dumb with silence; I held my peace, had no comfort; and my pain was held in check.

ג נֶאֱלַמְתִּי דוּמִיָּה, הֶחֱשֵׁיתִי מִטּוֹב;   וּכְאֵבִי נֶעְכָּר.

ד חַם־לִבִּי, בְּקִרְבִּי—בַּהֲגִיגִי תִבְעַר־אֵשׁ; דִּבַּרְתִּי, בִּלְשׁוֹנִי.	4 My heart waxed hot within me; while I was musing, the fire kindled; then spoke I with my tongue:
ה הוֹדִיעֵנִי יְהוָה, קִצִּי—וּמִדַּת יָמַי מַה־הִיא; אֵדְעָה, מֶה־חָדֵל אָנִי.	5 'LORD, make me to know mine end, and the measure of my days, what it is; let me know how short-lived I am.
ו הִנֵּה טְפָחוֹת, נָתַתָּה יָמַי—וְחֶלְדִּי כְאַיִן נֶגְדֶּךָ; אַךְ כָּל־הֶבֶל כָּל־אָדָם, נִצָּב סֶלָה.	6 Behold, Thou hast made my days as hand-breadths; and mine age is as nothing before Thee; {N} surely every man at his best estate is altogether vanity. Selah
ז אַךְ־בְּצֶלֶם, יִתְהַלֶּךְ־אִישׁ—אַךְ־הֶבֶל יֶהֱמָיוּן; יִצְבֹּר, וְלֹא־יֵדַע מִי־אֹסְפָם.	7 Surely man walketh as a mere semblance; surely for vanity they are in turmoil; {N} he heapeth up riches, and knoweth not who shall gather them.
ח וְעַתָּה מַה־קִּוִּיתִי אֲדֹנָי—תּוֹחַלְתִּי, לְךָ הִיא.	8 And now, Lord, what wait I for? My hope, it is in Thee.
ט מִכָּל־פְּשָׁעַי הַצִּילֵנִי; חֶרְפַּת נָבָל, אַל־תְּשִׂימֵנִי.	9 Deliver me from all my transgressions; make me not the reproach of the base.
י נֶאֱלַמְתִּי, לֹא אֶפְתַּח־פִּי: כִּי אַתָּה עָשִׂיתָ.	10 I am dumb, I open not my mouth; because Thou hast done it.
יא הָסֵר מֵעָלַי נִגְעֶךָ; מִתִּגְרַת יָדְךָ, אֲנִי כָלִיתִי.	11 Remove Thy stroke from off me; I am consumed by the blow of Thy hand.
יב בְּתוֹכָחוֹת עַל־עָוֹן, יִסַּרְתָּ אִישׁ—וַתֶּמֶס כָּעָשׁ חֲמוּדוֹ; אַךְ הֶבֶל כָּל־אָדָם סֶלָה.	12 With rebukes dost Thou chasten man for iniquity, and like a moth Thou makest his beauty to consume away; {N} surely every man is vanity. Selah
יג שִׁמְעָה תְפִלָּתִי יְהוָה, וְשַׁוְעָתִי הַאֲזִינָה—אֶל־דִּמְעָתִי, אַל־תֶּחֱרַשׁ: כִּי גֵר אָנֹכִי עִמָּךְ; תּוֹשָׁב, כְּכָל־אֲבוֹתָי.	13 Hear my prayer, O LORD, and give ear unto my cry; {N} keep not silence at my tears; {N} for I am a stranger with Thee, a sojourner, as all my fathers were.

14 Look away from me, that I may take comfort, before I go hence, and be no more.' {P}

יד הָשַׁע מִמֶּנִּי וְאַבְלִיגָה— בְּטֶרֶם אֵלֵךְ וְאֵינֶנִּי.

Chapter 40

1 For the Leader. A Psalm of David.

א לַמְנַצֵּחַ, לְדָוִד מִזְמוֹר.

2 I waited patiently for the LORD; and He inclined unto me, and heard my cry.

ב קַוֹּה קִוִּיתִי יהוה;   וַיֵּט אֵלַי, וַיִּשְׁמַע שַׁוְעָתִי.

3 He brought me up also out of the tumultuous pit, out of the miry clay; {N}
and He set my feet upon a rock, He established my goings.

ג וַיַּעֲלֵנִי, מִבּוֹר שָׁאוֹן—   מִטִּיט הַיָּוֵן:
וַיָּקֶם עַל-סֶלַע רַגְלַי;   כּוֹנֵן אֲשֻׁרָי.

4 And He hath put a new song in my mouth, even praise unto our God; {N}
many shall see, and fear, and shall trust in the LORD.

ד וַיִּתֵּן בְּפִי, שִׁיר חָדָשׁ—   תְּהִלָּה לֵאלֹהֵינוּ:
יִרְאוּ רַבִּים וְיִירָאוּ;   וְיִבְטְחוּ, בַּיהוָה.

5 Happy is the man that hath made the LORD his trust, {N}
and hath not turned unto the arrogant, nor unto such as fall away treacherously.

ה אַשְׁרֵי הַגֶּבֶר—   אֲשֶׁר-שָׂם יְהוָה, מִבְטַחוֹ;
וְלֹא-פָנָה אֶל-רְהָבִים,   וְשָׂטֵי כָזָב.

6 Many things hast Thou done, O LORD my God, {N}
even Thy wonderful works, and Thy thoughts toward us; {N}
there is none to be compared unto Thee! If I would declare and speak of them, they are more than can be told.

ו רַבּוֹת עָשִׂיתָ, אַתָּה יְהוָה אֱלֹהַי—   נִפְלְאֹתֶיךָ וּמַחְשְׁבֹתֶיךָ,   אֵלֵינוּ:
אֵין, עֲרֹךְ אֵלֶיךָ—אַגִּידָה וַאֲדַבֵּרָה;   עָצְמוּ, מִסַּפֵּר.

7 Sacrifice and meal-offering Thou hast no delight in; mine ears hast Thou opened; {N}
burnt-offering and sin-offering hast Thou not required.

ז זֶבַח וּמִנְחָה, לֹא-חָפַצְתָּ—   אָזְנַיִם, כָּרִיתָ לִּי;
עוֹלָה וַחֲטָאָה,   לֹא שָׁאָלְתָּ.

8 Then said I: 'Lo, I am come with the roll of a book which is prescribed for me;

ח אָז אָמַרְתִּי, הִנֵּה-בָאתִי: בִּמְגִלַּת-סֵפֶר, כָּתוּב עָלָי.

ט לַעֲשׂוֹת-רְצוֹנְךָ אֱלֹהַי חָפָצְתִּי; וְתוֹרָתְךָ, בְּתוֹךְ מֵעָי.	9 I delight to do Thy will, O my God; yea, Thy law is in my inmost parts.'
י בִּשַּׂרְתִּי צֶדֶק, בְּקָהָל רָב— הִנֵּה שְׂפָתַי, לֹא אֶכְלָא: יְהוָה, אַתָּה יָדָעְתָּ.	10 I have preached righteousness in the great congregation, lo, I did not refrain my lips; {N} O LORD, Thou knowest.
יא צִדְקָתְךָ לֹא-כִסִּיתִי, בְּתוֹךְ לִבִּי— אֱמוּנָתְךָ וּתְשׁוּעָתְךָ אָמָרְתִּי; לֹא-כִחַדְתִּי חַסְדְּךָ וַאֲמִתְּךָ, לְקָהָל רָב.	11 I have not hid Thy righteousness within my heart; I have declared Thy faithfulness and Thy salvation; {N} I have not concealed Thy mercy and Thy truth from the great congregation.
יב אַתָּה יְהוָה— לֹא-תִכְלָא רַחֲמֶיךָ מִמֶּנִּי; חַסְדְּךָ וַאֲמִתְּךָ, תָּמִיד יִצְּרוּנִי.	12 Thou, O LORD, wilt not withhold Thy compassions from me; {N} let Thy mercy and Thy truth continually preserve me.
יג כִּי אָפְפוּ-עָלַי רָעוֹת, עַד-אֵין מִסְפָּר— הִשִּׂיגוּנִי עֲו‍ֹנֹתַי, וְלֹא-יָכֹלְתִּי לִרְאוֹת; עָצְמוּ מִשַּׂעֲרוֹת רֹאשִׁי, וְלִבִּי עֲזָבָנִי.	13 For innumerable evils have compassed me about, {N} mine iniquities have overtaken me, so that I am not able to look up; {N} they are more than the hairs of my head, and my heart hath failed me.
יד רְצֵה יְהוָה, לְהַצִּילֵנִי; יְהוָה, לְעֶזְרָתִי חוּשָׁה.	14 Be pleased, O LORD, to deliver me; O LORD, make haste to help me.
טו יֵבֹשׁוּ וְיַחְפְּרוּ, יַחַד— מְבַקְשֵׁי נַפְשִׁי, לִסְפּוֹתָהּ: יִסֹּגוּ אָחוֹר, וְיִכָּלְמוּ— חֲפֵצֵי, רָעָתִי.	15 Let them be ashamed and abashed together that seek after my soul to sweep it away; {N} let them be turned backward and brought to confusion that delight in my hurt.
טז יָשֹׁמּוּ, עַל-עֵקֶב בָּשְׁתָּם— הָאֹמְרִים לִי, הֶאָח הֶאָח.	16 Let them be appalled by reason of their shame that say unto me: 'Aha, aha.'
יז יָשִׂישׂוּ וְיִשְׂמְחוּ, בְּךָ— כָּל-מְבַקְשֶׁיךָ: יֹאמְרוּ תָמִיד, יִגְדַּל יְהוָה— אֹהֲבֵי,	17 Let all those that seek Thee rejoice and be glad in Thee; {N} let such as love Thy salvation say continually: 'The LORD be magnified.'

תְּשׁוּעָתֶךָ.

יח וַאֲנִי, עָנִי וְאֶבְיוֹן— אֲדֹנָי יַחֲשָׁב-לִי:
עֶזְרָתִי וּמְפַלְטִי אַתָּה: אֱלֹהַי, אַל-תְּאַחַר.

18 But, as for me, that am poor and needy, the Lord will account it unto me; {N}
Thou art my help and my deliverer; O my God, tarry not. {P}

Chapter 41

א לַמְנַצֵּחַ, מִזְמוֹר לְדָוִד.

1 For the Leader. A Psalm of David.

ב אַשְׁרֵי, מַשְׂכִּיל אֶל-דָּל; בְּיוֹם רָעָה, יְמַלְּטֵהוּ יְהוָה.

2 Happy is he that considereth the poor; the LORD will deliver him in the day of evil.

ג יְהוָה, יִשְׁמְרֵהוּ וִיחַיֵּהוּ—יאשר (וְאֻשַּׁר) בָּאָרֶץ; וְאַל-תִּתְּנֵהוּ, בְּנֶפֶשׁ אֹיְבָיו.

3 The LORD preserve him, and keep him alive, let him be called happy in the land; and deliver not Thou him unto the greed of his enemies.

ד יְהוָה—יִסְעָדֶנּוּ, עַל-עֶרֶשׂ דְּוָי; כָּל-מִשְׁכָּבוֹ, הָפַכְתָּ בְחָלְיוֹ.

4 The LORD support him upon the bed of illness; mayest Thou turn all his lying down in his sickness.

ה אֲנִי-אָמַרְתִּי, יְהוָה חָנֵּנִי; רְפָאָה נַפְשִׁי, כִּי-חָטָאתִי לָךְ.

5 As for me, I said: 'O LORD, be gracious unto me; heal my soul; for I have sinned against Thee.'

ו אוֹיְבַי—יֹאמְרוּ רַע לִי; מָתַי יָמוּת, וְאָבַד שְׁמוֹ.

6 Mine enemies speak evil of me: 'When shall he die, and his name perish?'

ז וְאִם-בָּא לִרְאוֹת, שָׁוְא יְדַבֵּר—לִבּוֹ, יִקְבָּץ-אָוֶן לוֹ; יֵצֵא לַחוּץ יְדַבֵּר.

7 And if one come to see me, he speaketh falsehood; his heart gathereth iniquity to itself; when he goeth abroad, he speaketh of it.

ח יַחַד—עָלַי יִתְלַחֲשׁוּ, כָּל-שֹׂנְאָי; עָלַי—יַחְשְׁבוּ רָעָה לִי.

8 All that hate me whisper together against me, against me do they devise my hurt:

ט דְּבַר-בְּלִיַּעַל, יָצוּק בּוֹ; וַאֲשֶׁר שָׁכַב, לֹא-יוֹסִיף לָקוּם.

9 'An evil thing cleaveth fast unto him; and now that he lieth, he shall rise up no more.'

10 Yea, mine own familiar friend, in whom I trusted, who did eat of my bread, {N}
hath lifted up his heel against me.

י גַּם-אִישׁ שְׁלוֹמִי, אֲשֶׁר-בָּטַחְתִּי בוֹ— אוֹכֵל לַחְמִי; הִגְדִּיל עָלַי עָקֵב.

11 But Thou, O LORD, be gracious unto me, and raise me up, that I may requite them.

יא וְאַתָּה יהוה, חָנֵּנִי וַהֲקִימֵנִי; וַאֲשַׁלְּמָה לָהֶם.

12 By this I know that Thou delightest in me, that mine enemy doth not triumph over me.

יב בְּזֹאת יָדַעְתִּי, כִּי-חָפַצְתָּ בִּי: כִּי לֹא-יָרִיעַ אֹיְבִי עָלָי.

13 And as for me, Thou upholdest me because of mine integrity, and settest me before Thy face for ever.

יג וַאֲנִי—בְּתֻמִּי, תָּמַכְתָּ בִּי; וַתַּצִּיבֵנִי לְפָנֶיךָ לְעוֹלָם.

14 Blessed be the LORD, the God of Israel, from everlasting and to everlasting. Amen, and Amen. {P}

יד בָּרוּךְ יהוה, אֱלֹהֵי יִשְׂרָאֵל—מֵהָעוֹלָם, וְעַד הָעוֹלָם: אָמֵן וְאָמֵן.

Chapter 42

1 For the Leader; Maschil of the sons of Korah.

א לַמְנַצֵּחַ, מַשְׂכִּיל לִבְנֵי-קֹרַח.

2 As the hart panteth after the water brooks, so panteth my soul after Thee, O God.

ב כְּאַיָּל, תַּעֲרֹג עַל-אֲפִיקֵי-מָיִם— כֵּן נַפְשִׁי תַעֲרֹג אֵלֶיךָ אֱלֹהִים.

3 My soul thirsteth for God, for the living God: {N}
'When shall I come and appear before God?'

ג צָמְאָה נַפְשִׁי, לֵאלֹהִים— לְאֵל חָי: מָתַי אָבוֹא; וְאֵרָאֶה, פְּנֵי אֱלֹהִים.

4 My tears have been my food day and night, {N}
while they say unto me all the day: 'Where is Thy God?'

ד הָיְתָה-לִּי דִמְעָתִי לֶחֶם, יוֹמָם וָלָיְלָה; בֶּאֱמֹר אֵלַי כָּל-הַיּוֹם, אַיֵּה אֱלֹהֶיךָ.

5 These things I remember, and pour out my soul within me, {N}
how I passed on with the throng, and led them to the house of God, {N}

ה אֵלֶּה אֶזְכְּרָה, וְאֶשְׁפְּכָה עָלַי נַפְשִׁי— כִּי אֶעֱבֹר בַּסָּךְ, אֶדַּדֵּם עַד-בֵּית

with the voice of joy and praise, a multitude keeping holyday.

אֱלֹהִים:
בְּקוֹל־רִנָּה וְתוֹדָה;   הָמוֹן חוֹגֵג.

6 Why art thou cast down, O my soul? and why moanest thou within me? {N}
Hope thou in God; for I shall yet praise Him for the salvation of His countenance.

ו מַה־תִּשְׁתּוֹחֲחִי, נַפְשִׁי—   וַתֶּהֱמִי עָלָי:
הוֹחִלִי לֵאלֹהִים, כִּי־עוֹד אוֹדֶנּוּ—   יְשׁוּעוֹת פָּנָיו.

7 O my God, my soul is cast down within me; {N}
therefore do I remember Thee from the land of Jordan, and the Hermons, from the hill Mizar.

ז אֱלֹהַי—   עָלַי, נַפְשִׁי תִשְׁתּוֹחָח:
עַל־כֵּן—אֶזְכָּרְךָ, מֵאֶרֶץ יַרְדֵּן;   וְחֶרְמוֹנִים, מֵהַר מִצְעָר.

8 Deep calleth unto deep at the voice of Thy cataracts; {N}
all Thy waves and Thy billows are gone over me.

ח תְּהוֹם־אֶל־תְּהוֹם קוֹרֵא,   לְקוֹל צִנּוֹרֶיךָ;
כָּל־מִשְׁבָּרֶיךָ וְגַלֶּיךָ,   עָלַי עָבָרוּ.

9 By day the LORD will command His lovingkindness, and in the night His song shall be with me, {N}
even a prayer unto the God of my life.

ט יוֹמָם, יְצַוֶּה יְהוָה חַסְדּוֹ,   וּבַלַּיְלָה, שִׁירֹה עִמִּי—   תְּפִלָּה, לְאֵל חַיָּי.

10 I will say unto God my Rock: 'Why hast Thou forgotten me? {N}
Why go I mourning under the oppression of the enemy?'

י אוֹמְרָה, לְאֵל סַלְעִי—   לָמָה שְׁכַחְתָּנִי:
לָמָּה־קֹדֵר אֵלֵךְ—   בְּלַחַץ אוֹיֵב.

11 As with a crushing in my bones, mine adversaries taunt me; {N}
while they say unto me all the day: 'Where is Thy God?'

יא בְּרֶצַח, בְּעַצְמוֹתַי—   חֵרְפוּנִי צוֹרְרָי;
בְּאָמְרָם אֵלַי כָּל־הַיּוֹם,   אַיֵּה אֱלֹהֶיךָ.

12 Why art thou cast down, O my soul? and why moanest thou within me? {N}
Hope thou in God; for I shall yet praise Him, the salvation of my countenance, and my God. {P}

יב מַה־תִּשְׁתּוֹחֲחִי, נַפְשִׁי—   וּמַה־תֶּהֱמִי עָלָי:
הוֹחִילִי לֵאלֹהִים, כִּי־עוֹד אוֹדֶנּוּ—   יְשׁוּעֹת פָּנַי, וֵאלֹהָי.

Chapter 43

א שָׁפְטֵנִי אֱלֹהִים, וְרִיבָה רִיבִי– מִגּוֹי לֹא-חָסִיד; מֵאִישׁ מִרְמָה וְעַוְלָה תְפַלְּטֵנִי.	1 Be Thou my judge, O God, and plead my cause against an ungodly nation; {N} O deliver me from the deceitful and unjust man.
ב כִּי-אַתָּה, אֱלֹהֵי מָעוּזִּי– לָמָה זְנַחְתָּנִי: לָמָּה-קֹדֵר אֶתְהַלֵּךְ, בְּלַחַץ אוֹיֵב.	2 For Thou art the God of my strength; why hast Thou cast me off? {N} Why go I mourning under the oppression of the enemy?
ג שְׁלַח-אוֹרְךָ וַאֲמִתְּךָ, הֵמָּה יַנְחוּנִי; יְבִיאוּנִי אֶל-הַר-קָדְשְׁךָ, וְאֶל-מִשְׁכְּנוֹתֶיךָ.	3 O send out Thy light and Thy truth; let them lead me; {N} let them bring me unto Thy holy mountain, and to Thy dwelling-places.
ד וְאָבוֹאָה, אֶל-מִזְבַּח אֱלֹהִים– אֶל-אֵל, שִׂמְחַת גִּילִי: וְאוֹדְךָ בְכִנּוֹר– אֱלֹהִים אֱלֹהָי.	4 Then will I go unto the altar of God, unto God, my exceeding joy; {N} and praise Thee upon the harp, O God, my God.
ה מַה-תִּשְׁתּוֹחֲחִי, נַפְשִׁי– וּמַה-תֶּהֱמִי עָלָי: הוֹחִילִי לֵאלֹהִים, כִּי-עוֹד אוֹדֶנּוּ– יְשׁוּעֹת פָּנַי, וֵאלֹהָי.	5 Why art thou cast down, O my soul? and why moanest thou within me? {N} Hope thou in God; for I shall yet praise Him, the salvation of my countenance, and my God. {P}

Chapter 44

א לַמְנַצֵּחַ לִבְנֵי-קֹרַח מַשְׂכִּיל.	1 For the Leader; [a Psalm] of the sons of Korah. Maschil.
ב אֱלֹהִים, בְּאָזְנֵינוּ שָׁמַעְנוּ– אֲבוֹתֵינוּ סִפְּרוּ-לָנוּ: פֹּעַל פָּעַלְתָּ בִימֵיהֶם, בִּימֵי קֶדֶם.	2 O God, we have heard with our ears, our fathers have told us; {N} a work Thou didst in their days, in the days of old.
ג אַתָּה, יָדְךָ גּוֹיִם הוֹרַשְׁתָּ– וַתִּטָּעֵם; תָּרַע לְאֻמִּים, וַתְּשַׁלְּחֵם.	3 Thou with Thy hand didst drive out the nations, and didst plant them in; {N} Thou didst break the peoples, and didst spread them abroad.
ד כִּי לֹא בְחַרְבָּם, יָרְשׁוּ אָרֶץ, וּזְרוֹעָם, לֹא-הוֹשִׁיעָה-לָּמוֹ:	4 For not by their own sword did they get the land in possession, neither did their own

arm save them; {N}
but Thy right hand, and Thine arm, and the light of Thy countenance, because Thou wast favourable unto them.

כִּי-יְמִינְךָ וּזְרוֹעֲךָ, וְאוֹר פָּנֶיךָ—   כִּי רְצִיתָם.

5 Thou art my King, O God; command the salvation of Jacob.

ה אַתָּה-הוּא מַלְכִּי אֱלֹהִים;   צַוֵּה, יְשׁוּעוֹת יַעֲקֹב.

6 Through Thee do we push down our adversaries; through Thy name do we tread them under that rise up against us.

ו בְּךָ, צָרֵינוּ נְנַגֵּחַ;   בְּשִׁמְךָ, נָבוּס קָמֵינוּ.

7 For I trust not in my bow, neither can my sword save me.

ז כִּי לֹא בְקַשְׁתִּי אֶבְטָח;   וְחַרְבִּי, לֹא תוֹשִׁיעֵנִי.

8 But Thou hast saved us from our adversaries, and hast put them to shame that hate us.

ח כִּי הוֹשַׁעְתָּנוּ, מִצָּרֵינוּ;   וּמְשַׂנְאֵינוּ הֱבִישׁוֹתָ.

9 In God have we gloried all the day, and we will give thanks unto Thy name for ever. Selah

ט בֵּאלֹהִים, הִלַּלְנוּ כָל-הַיּוֹם;   וְשִׁמְךָ, לְעוֹלָם נוֹדֶה סֶלָה.

10 Yet Thou hast cast off, and brought us to confusion; and goest not forth with our hosts.

י אַף-זָנַחְתָּ, וַתַּכְלִימֵנוּ;   וְלֹא-תֵצֵא, בְּצִבְאוֹתֵינוּ.

11 Thou makest us to turn back from the adversary; and they that hate us spoil at their will.

יא תְּשִׁיבֵנוּ אָחוֹר, מִנִּי-צָר;   וּמְשַׂנְאֵינוּ, שָׁסוּ לָמוֹ.

12 Thou hast given us like sheep to be eaten; and hast scattered us among the nations.

יב תִּתְּנֵנוּ, כְּצֹאן מַאֲכָל;   וּבַגּוֹיִם, זֵרִיתָנוּ.

13 Thou sellest Thy people for small gain, and hast not set their prices high.

יג תִּמְכֹּר-עַמְּךָ בְלֹא-הוֹן;   וְלֹא-רִבִּיתָ, בִּמְחִירֵיהֶם.

14 Thou makest us a taunt to our neighbours, a scorn and a derision to them that are round about us.

יד תְּשִׂימֵנוּ חֶרְפָּה, לִשְׁכֵנֵינוּ;   לַעַג וָקֶלֶס, לִסְבִיבוֹתֵינוּ.

15 Thou makest us a byword among the nations, a shaking of the head among the peoples.

טו תְּשִׂימֵנוּ מָשָׁל, בַּגּוֹיִם;   מְנוֹד-רֹאשׁ, בַּלְאֻמִּים.

טז כָּל-הַיּוֹם, כְּלִמָּתִי נֶגְדִּי; וּבֹשֶׁת פָּנַי כִּסָּתְנִי.	16 All the day is my confusion before me, and the shame of my face hath covered me,
יז מִקּוֹל, מְחָרֵף וּמְגַדֵּף; מִפְּנֵי אוֹיֵב, וּמִתְנַקֵּם.	17 For the voice of him that taunteth and blasphemeth; by reason of the enemy and the revengeful.
יח כָּל-זֹאת בָּאַתְנוּ, וְלֹא שְׁכַחֲנוּךָ; וְלֹא-שִׁקַּרְנוּ, בִּבְרִיתֶךָ.	18 All this is come upon us; yet have we not forgotten Thee, neither have we been false to Thy covenant.
יט לֹא-נָסוֹג אָחוֹר לִבֵּנוּ; וַתֵּט אֲשֻׁרֵינוּ, מִנִּי אָרְחֶךָ.	19 Our heart is not turned back, neither have our steps declined from Thy path;
כ כִּי דִכִּיתָנוּ, בִּמְקוֹם תַּנִּים; וַתְּכַס עָלֵינוּ בְצַלְמָוֶת.	20 Though Thou hast crushed us into a place of jackals, and covered us with the shadow of death.
כא אִם-שָׁכַחְנוּ, שֵׁם אֱלֹהֵינוּ; וַנִּפְרֹשׂ כַּפֵּינוּ, לְאֵל זָר.	21 If we had forgotten the name of our God, or spread forth our hands to a strange god;
כב הֲלֹא אֱלֹהִים, יַחֲקָר-זֹאת: כִּי-הוּא יֹדֵעַ, תַּעֲלֻמוֹת לֵב.	22 Would not God search this out? For He knoweth the secrets of the heart.
כג כִּי-עָלֶיךָ, הֹרַגְנוּ כָל-הַיּוֹם; נֶחְשַׁבְנוּ, כְּצֹאן טִבְחָה.	23 Nay, but for Thy sake are we killed all the day; we are accounted as sheep for the slaughter.
כד עוּרָה, לָמָּה תִישַׁן אֲדֹנָי; הָקִיצָה, אַל-תִּזְנַח לָנֶצַח.	24 Awake, why sleepest Thou, O Lord? Arouse Thyself, cast not off for ever.
כה לָמָּה-פָנֶיךָ תַסְתִּיר; תִּשְׁכַּח עָנְיֵנוּ וְלַחֲצֵנוּ.	25 Wherefore hidest Thou Thy face, and forgettest our affliction and our oppression?
כו כִּי שָׁחָה לֶעָפָר נַפְשֵׁנוּ; דָּבְקָה לָאָרֶץ בִּטְנֵנוּ.	26 For our soul is bowed down to the dust; our belly cleaveth unto the earth.
כז קוּמָה, עֶזְרָתָה לָּנוּ; וּפְדֵנוּ, לְמַעַן חַסְדֶּךָ.	27 Arise for our help, and redeem us for Thy mercy's sake. {P}

Chapter 45

א לַמְנַצֵּחַ עַל־שֹׁשַׁנִּים, לִבְנֵי־קֹרַח; מַשְׂכִּיל, שִׁיר יְדִידֹת.	1 For the Leader; upon Shoshannim; [a Psalm] of the sons of Korah. Maschil. A Song of loves.
ב רָחַשׁ לִבִּי, דָּבָר טוֹב— אֹמֵר אָנִי, מַעֲשַׂי לְמֶלֶךְ; לְשׁוֹנִי, עֵט סוֹפֵר מָהִיר.	2 My heart overfloweth with a goodly matter; I say: 'My work is concerning a king'; {N} my tongue is the pen of a ready writer.
ג יָפְיָפִיתָ, מִבְּנֵי אָדָם— הוּצַק חֵן, בְּשִׂפְתוֹתֶיךָ; עַל־כֵּן בֵּרַכְךָ אֱלֹהִים לְעוֹלָם.	3 Thou art fairer than the children of men; grace is poured upon thy lips; {N} therefore God hath blessed thee for ever.
ד חֲגוֹר־חַרְבְּךָ עַל־יָרֵךְ גִּבּוֹר— הוֹדְךָ, וַהֲדָרֶךָ.	4 Gird thy sword upon thy thigh, O mighty one, thy glory and thy majesty.
ה וַהֲדָרְךָ, צְלַח רְכַב— עַל־דְּבַר־אֱמֶת, וְעַנְוָה־צֶדֶק; וְתוֹרְךָ נוֹרָאוֹת יְמִינֶךָ.	5 And in thy majesty prosper, ride on, in behalf of truth and meekness and righteousness; {N} and let thy right hand teach thee tremendous things.
ו חִצֶּיךָ, שְׁנוּנִים: עַמִּים, תַּחְתֶּיךָ יִפְּלוּ; בְּלֵב, אוֹיְבֵי הַמֶּלֶךְ.	6 Thine arrows are sharp–the peoples fall under thee–[they sink] into the heart of the king's enemies.
ז כִּסְאֲךָ אֱלֹהִים, עוֹלָם וָעֶד; שֵׁבֶט מִישֹׁר, שֵׁבֶט מַלְכוּתֶךָ.	7 Thy throne given of God is for ever and ever; a sceptre of equity is the sceptre of thy kingdom.
ח אָהַבְתָּ צֶּדֶק, וַתִּשְׂנָא־רֶשַׁע: עַל־כֵּן מְשָׁחֲךָ אֱלֹהִים אֱלֹהֶיךָ, שֶׁמֶן שָׂשׂוֹן— מֵחֲבֵרֶךָ.	8 Thou hast loved righteousness, and hated wickedness; {N} therefore God, thy God, hath anointed thee with the oil of gladness above thy fellows.
ט מֹר־וַאֲהָלוֹת קְצִיעוֹת, כָּל־בִּגְדֹתֶיךָ; מִן־הֵיכְלֵי שֵׁן, מִנִּי שִׂמְּחוּךָ.	9 Myrrh, and aloes, and cassia are all thy garments; out of ivory palaces stringed instruments have made thee glad.
י בְּנוֹת מְלָכִים, בְּיִקְּרוֹתֶיךָ; נִצְּבָה שֵׁגַל לִימִינְךָ, בְּכֶתֶם אוֹפִיר.	10 Kings' daughters are among thy favourites; at thy right hand doth stand the queen in gold of Ophir.

יא שִׁמְעִי-בַת וּרְאִי, וְהַטִּי אָזְנֵךְ; וְשִׁכְחִי עַמֵּךְ, וּבֵית אָבִיךְ.

11 'Hearken, O daughter, and consider, and incline thine ear; forget also thine own people, and thy father's house;

יב וְיִתְאָו הַמֶּלֶךְ יָפְיֵךְ: כִּי-הוּא אֲדֹנַיִךְ, וְהִשְׁתַּחֲוִי-לוֹ.

12 So shall the king desire thy beauty; for he is thy lord; and do homage unto him.

יג וּבַת-צֹר: בְּמִנְחָה, פָּנַיִךְ יְחַלּוּ—עֲשִׁירֵי עָם.

13 And, O daughter of Tyre, the richest of the people shall entreat thy favour with a gift.'

יד כָּל-כְּבוּדָּה בַת-מֶלֶךְ פְּנִימָה; מִמִּשְׁבְּצוֹת זָהָב לְבוּשָׁהּ.

14 All glorious is the king's daughter within the palace; her raiment is of chequer work inwrought with gold.

טו לִרְקָמוֹת, תּוּבַל לַמֶּלֶךְ: בְּתוּלוֹת אַחֲרֶיהָ, רֵעוֹתֶיהָ—מוּבָאוֹת לָךְ.

15 She shall be led unto the king on richly woven stuff; the virgins her companions in her train being brought unto thee.

טז תּוּבַלְנָה, בִּשְׂמָחֹת וָגִיל; תְּבֹאֶינָה, בְּהֵיכַל מֶלֶךְ.

16 They shall be led with gladness and rejoicing; they shall enter into the king's palace.

יז תַּחַת אֲבֹתֶיךָ, יִהְיוּ בָנֶיךָ; תְּשִׁיתֵמוֹ לְשָׂרִים, בְּכָל-הָאָרֶץ.

17 Instead of thy fathers shall be thy sons, whom thou shalt make princes in all the land.

יח אַזְכִּירָה שִׁמְךָ, בְּכָל-דֹּר וָדֹר; עַל-כֵּן עַמִּים יְהוֹדוּךָ, לְעֹלָם וָעֶד.

18 I will make thy name to be remembered in all generations; therefore shall the peoples praise thee for ever and ever. {P}

Chapter 46

א לַמְנַצֵּחַ לִבְנֵי-קֹרַח— עַל-עֲלָמוֹת שִׁיר.

1 For the Leader; [a Psalm] of the sons of Korah; upon Alamoth. A Song.

ב אֱלֹהִים לָנוּ, מַחֲסֶה וָעֹז; עֶזְרָה בְצָרוֹת, נִמְצָא מְאֹד.

2 God is our refuge and strength, a very present help in trouble.

ג עַל-כֵּן לֹא-נִירָא, בְּהָמִיר

3 Therefore will we not fear, though the earth do change, and though the mountains

be moved into the heart of the seas;

אָרֶץ; וּבְמוֹט הָרִים, בְּלֵב יַמִּים.

4 Though the waters thereof roar and foam, though the mountains shake at the swelling thereof. Selah

ד יֶהֱמוּ יֶחְמְרוּ מֵימָיו; יִרְעֲשׁוּ הָרִים בְּגַאֲוָתוֹ סֶלָה.

5 There is a river, the streams whereof make glad the city of God, the holiest dwelling-place of the Most High.

ה נָהָר—פְּלָגָיו, יְשַׂמְּחוּ עִיר-אֱלֹהִים; קְדֹשׁ, מִשְׁכְּנֵי עֶלְיוֹן.

6 God is in the midst of her, she shall not be moved; God shall help her, at the approach of morning.

ו אֱלֹהִים בְּקִרְבָּהּ, בַּל-תִּמּוֹט; יַעְזְרֶהָ אֱלֹהִים, לִפְנוֹת בֹּקֶר.

7 Nations were in tumult, kingdoms were moved; He uttered His voice, the earth melted.

ז הָמוּ גוֹיִם, מָטוּ מַמְלָכוֹת; נָתַן בְּקוֹלוֹ, תָּמוּג אָרֶץ.

8 The LORD of hosts is with us; the God of Jacob is our high tower. Selah

ח יְהוָה צְבָאוֹת עִמָּנוּ; מִשְׂגָּב-לָנוּ אֱלֹהֵי יַעֲקֹב סֶלָה.

9 Come, behold the works of the LORD, who hath made desolations in the earth.

ט לְכוּ-חֲזוּ, מִפְעֲלוֹת יְהוָה—אֲשֶׁר-שָׂם שַׁמּוֹת בָּאָרֶץ.

10 He maketh wars to cease unto the end of the earth; {N}
He breaketh the bow, and cutteth the spear in sunder; He burneth the chariots in the fire.

י מַשְׁבִּית מִלְחָמוֹת, עַד-קְצֵה הָאָרֶץ:
קֶשֶׁת יְשַׁבֵּר, וְקִצֵּץ חֲנִית; עֲגָלוֹת, יִשְׂרֹף בָּאֵשׁ.

11 'Let be, and know that I am God; I will be exalted among the nations, I will be exalted in the earth.'

יא הַרְפּוּ וּדְעוּ, כִּי-אָנֹכִי אֱלֹהִים; אָרוּם בַּגּוֹיִם, אָרוּם בָּאָרֶץ.

12 The LORD of hosts is with us; the God of Jacob is our high tower. Selah {P}

יב יְהוָה צְבָאוֹת עִמָּנוּ; מִשְׂגָּב-לָנוּ אֱלֹהֵי יַעֲקֹב סֶלָה.

Chapter 47

1 For the Leader; a Psalm for the sons of Korah.

א לַמְנַצֵּחַ לִבְנֵי-קֹרַח מִזְמוֹר.

ב כָּל-הָעַמִּים, תִּקְעוּ-כָף;   הָרִיעוּ לֵאלֹהִים, בְּקוֹל רִנָּה.

2 O clap your hands, all ye peoples; shout unto God with the voice of triumph.

ג כִּי-יְהוָה עֶלְיוֹן נוֹרָא;   מֶלֶךְ גָּדוֹל, עַל-כָּל-הָאָרֶץ.

3 For the LORD is most high, awful; a great King over all the earth.

ד יַדְבֵּר עַמִּים תַּחְתֵּינוּ;   וּלְאֻמִּים, תַּחַת רַגְלֵינוּ.

4 He subdueth peoples under us, and nations under our feet.

ה יִבְחַר-לָנוּ אֶת-נַחֲלָתֵנוּ;   אֶת גְּאוֹן יַעֲקֹב אֲשֶׁר-אָהֵב סֶלָה.

5 He chooseth our inheritance for us, the pride of Jacob whom He loveth. Selah

ו עָלָה אֱלֹהִים, בִּתְרוּעָה;   יְהוָה, בְּקוֹל שׁוֹפָר.

6 God is gone up amidst shouting, the LORD amidst the sound of the horn.

ז זַמְּרוּ אֱלֹהִים זַמֵּרוּ;   זַמְּרוּ לְמַלְכֵּנוּ זַמֵּרוּ.

7 Sing praises to God, sing praises; sing praises unto our King, sing praises.

ח כִּי מֶלֶךְ כָּל-הָאָרֶץ אֱלֹהִים—   זַמְּרוּ מַשְׂכִּיל.

8 For God is the King of all the earth; sing ye praises in a skilful song.

ט מָלַךְ אֱלֹהִים, עַל-גּוֹיִם;   אֱלֹהִים, יָשַׁב עַל-כִּסֵּא קָדְשׁוֹ.

9 God reigneth over the nations; God sitteth upon His holy throne.

י נְדִיבֵי עַמִּים, נֶאֱסָפוּ—   עַם, אֱלֹהֵי אַבְרָהָם:
כִּי לֵאלֹהִים, מָגִנֵּי-אֶרֶץ—   מְאֹד נַעֲלָה.

10 The princes of the peoples are gathered together, the people of the God of Abraham; {N}
for unto God belong the shields of the earth; He is greatly exalted. {P}

Chapter 48

א שִׁיר מִזְמוֹר, לִבְנֵי-קֹרַח.

1 A Song; a Psalm of the sons of Korah.

ב גָּדוֹל יְהוָה וּמְהֻלָּל מְאֹד—   בְּעִיר אֱלֹהֵינוּ, הַר-קָדְשׁוֹ.

2 Great is the LORD, and highly to be praised, in the city of our God, His holy mountain,

ג יְפֵה נוֹף,   מְשׂוֹשׂ כָּל-הָאָרֶץ:
הַר-צִיּוֹן, יַרְכְּתֵי צָפוֹן;   קִרְיַת, מֶלֶךְ

3 Fair in situation, the joy of the whole earth; {N}
even mount Zion, the uttermost parts of the

north, the city of the great King.

4 God in her palaces hath made Himself known for a stronghold. ד אֱלֹהִים בְּאַרְמְנוֹתֶיהָ, נוֹדַע לְמִשְׂגָּב.

5 For, lo, the kings assembled themselves, they came onward together. ה כִּי-הִנֵּה הַמְּלָכִים, נוֹעֲדוּ; עָבְרוּ יַחְדָּו.

6 They saw, straightway they were amazed; they were affrighted, they hasted away. ו הֵמָּה רָאוּ, כֵּן תָּמָהוּ; נִבְהֲלוּ נֶחְפָּזוּ.

7 Trembling took hold of them there, pangs, as of a woman in travail. ז רְעָדָה, אֲחָזָתַם שָׁם; חִיל, כַּיּוֹלֵדָה.

8 With the east wind Thou breakest the ships of Tarshish. ח בְּרוּחַ קָדִים– תְּשַׁבֵּר, אֳנִיּוֹת תַּרְשִׁישׁ.

9 As we have heard, so have we seen {N}
in the city of the LORD of hosts, in the city of our God– {N}
God establish it for ever. Selah ט כַּאֲשֶׁר שָׁמַעְנוּ, כֵּן רָאִינוּ– בְּעִיר-יְהוָה צְבָאוֹת, בְּעִיר אֱלֹהֵינוּ: אֱלֹהִים יְכוֹנְנֶהָ עַד-עוֹלָם סֶלָה.

10 We have thought on Thy lovingkindness, O God, in the midst of Thy temple. י דִּמִּינוּ אֱלֹהִים חַסְדֶּךָ– בְּקֶרֶב, הֵיכָלֶךָ.

11 As is Thy name, O God, so is Thy praise unto the ends of the earth; {N}
Thy right hand is full of righteousness. יא כְּשִׁמְךָ אֱלֹהִים– כֵּן תְּהִלָּתְךָ, עַל-קַצְוֵי-אֶרֶץ; צֶדֶק, מָלְאָה יְמִינֶךָ.

12 Let mount Zion be glad, let the daughters of Judah rejoice, because of Thy judgments. יב יִשְׂמַח, הַר צִיּוֹן–תָּגֵלְנָה, בְּנוֹת יְהוּדָה: לְמַעַן, מִשְׁפָּטֶיךָ.

13 Walk about Zion, and go round about her; count the towers thereof. יג סֹבּוּ צִיּוֹן, וְהַקִּיפוּהָ; סִפְרוּ, מִגְדָּלֶיהָ.

14 Mark ye well her ramparts, traverse her palaces; that ye may tell it to the generation following. יד שִׁיתוּ לִבְּכֶם, לְחֵילָה–פַּסְּגוּ אַרְמְנוֹתֶיהָ: לְמַעַן תְּסַפְּרוּ, לְדוֹר אַחֲרוֹן.

טו כִּי זֶה, אֱלֹהִים אֱלֹהֵינוּ—עוֹלָם וָעֶד; הוּא יְנַהֲגֵנוּ עַל-מוּת.	15 For such is God, our God, for ever and ever; He will guide us eternally. {P}

Chapter 49

א לַמְנַצֵּחַ לִבְנֵי-קֹרַח מִזְמוֹר.	1 For the Leader; a Psalm of the sons of Korah.
ב שִׁמְעוּ-זֹאת, כָּל-הָעַמִּים; הַאֲזִינוּ, כָּל-יֹשְׁבֵי חָלֶד.	2 Hear this, all ye peoples; give ear, all ye inhabitants of the world,
ג גַּם-בְּנֵי אָדָם, גַּם-בְּנֵי-אִישׁ— יַחַד, עָשִׁיר וְאֶבְיוֹן.	3 Both low and high, rich and poor together.
ד פִּי, יְדַבֵּר חָכְמוֹת; וְהָגוּת לִבִּי תְבוּנוֹת.	4 My mouth shall speak wisdom, and the meditation of my heart shall be understanding.
ה אַטֶּה לְמָשָׁל אָזְנִי; אֶפְתַּח בְּכִנּוֹר, חִידָתִי.	5 I will incline mine ear to a parable; I will open my dark saying upon the harp.
ו לָמָּה אִירָא, בִּימֵי רָע— עֲוֹן עֲקֵבַי יְסוּבֵּנִי.	6 Wherefore should I fear in the days of evil, when the iniquity of my supplanters compasseth me about,
ז הַבֹּטְחִים עַל-חֵילָם; וּבְרֹב עָשְׁרָם יִתְהַלָּלוּ.	7 Of them that trust in their wealth, and boast themselves in the multitude of their riches?
ח אָח—לֹא פָדֹה יִפְדֶּה אִישׁ; לֹא-יִתֵּן לֵאלֹהִים כָּפְרוֹ.	8 No man can by any means redeem his brother, nor give to God a ransom for him—
ט וְיֵקַר, פִּדְיוֹן נַפְשָׁם; וְחָדַל לְעוֹלָם.	9 For too costly is the redemption of their soul, and must be let alone for ever—
י וִיחִי-עוֹד לָנֶצַח; לֹא יִרְאֶה הַשָּׁחַת.	10 That he should still live alway, that he should not see the pit.
יא כִּי יִרְאֶה, חֲכָמִים יָמוּתוּ— יַחַד כְּסִיל וָבַעַר יֹאבֵדוּ; וְעָזְבוּ לַאֲחֵרִים חֵילָם.	11 For he seeth that wise men die, the fool and the brutish together perish, {N} and leave their wealth to others.

יב קִרְבָּם בָּתֵּימוֹ, לְעוֹלָם—מִשְׁכְּנֹתָם, לְדוֹר וָדֹר; קָרְאוּ בִשְׁמוֹתָם, עֲלֵי אֲדָמוֹת.	12 Their inward thought is, that their houses shall continue for ever, and their dwelling-places to all generations; {N} they call their lands after their own names.
יג וְאָדָם בִּיקָר, בַּל-יָלִין; נִמְשַׁל כַּבְּהֵמוֹת נִדְמוּ.	13 But man abideth not in honour; he is like the beasts that perish.
יד זֶה דַרְכָּם, כֵּסֶל לָמוֹ; וְאַחֲרֵיהֶם, בְּפִיהֶם יִרְצוּ סֶלָה.	14 This is the way of them that are foolish, and of those who after them approve their sayings. Selah
טו כַּצֹּאן, לִשְׁאוֹל שַׁתּוּ— מָוֶת יִרְעֵם: וַיִּרְדּוּ בָם יְשָׁרִים, לַבֹּקֶר—וצירם (וְצוּרָם), לְבַלּוֹת שְׁאוֹל; מִזְּבֻל לוֹ.	15 Like sheep they are appointed for the nether-world; death shall be their shepherd; {N} and the upright shall have dominion over them in the morning; and their form shall be for the nether-world to wear away, that there be no habitation for it.
טז אַךְ-אֱלֹהִים—יִפְדֶּה נַפְשִׁי, מִיַּד-שְׁאוֹל: כִּי יִקָּחֵנִי סֶלָה.	16 But God will redeem my soul from the power of the nether-world; for He shall receive me. Selah
יז אַל-תִּירָא, כִּי-יַעֲשִׁר אִישׁ: כִּי-יִרְבֶּה, כְּבוֹד בֵּיתוֹ.	17 Be not thou afraid when one waxeth rich, when the wealth of his house is increased;
יח כִּי לֹא בְמוֹתוֹ, יִקַּח הַכֹּל; לֹא-יֵרֵד אַחֲרָיו כְּבוֹדוֹ.	18 For when he dieth he shall carry nothing away; his wealth shall not descend after him.
יט כִּי-נַפְשׁוֹ, בְּחַיָּיו יְבָרֵךְ; וְיוֹדֻךָ, כִּי-תֵיטִיב לָךְ.	19 Though while he lived he blessed his soul: 'Men will praise thee, when thou shalt do well to thyself';
כ תָּבוֹא, עַד-דּוֹר אֲבוֹתָיו; עַד-נֵצַח, לֹא יִרְאוּ-אוֹר.	20 It shall go to the generation of his fathers; they shall never see the light.
כא אָדָם בִּיקָר, וְלֹא יָבִין; נִמְשַׁל כַּבְּהֵמוֹת נִדְמוּ.	21 Man that is in honour understandeth not; he is like the beasts that perish. {P}

Chapter 50

א מִזְמוֹר, לְאָסָף:	1 A Psalm of Asaph. {N}
אֵל, אֱלֹהִים יְהוָה— דִּבֶּר וַיִּקְרָא-אָרֶץ;	God, God, the LORD, hath spoken, and called the earth {N}
מִמִּזְרַח-שֶׁמֶשׁ, עַד-מְבֹאוֹ.	from the rising of the sun unto the going down thereof.
ב מִצִּיּוֹן מִכְלַל-יֹפִי— אֱלֹהִים הוֹפִיעַ.	2 Out of Zion, the perfection of beauty, God hath shined forth.
ג יָבֹא אֱלֹהֵינוּ, וְאַל-יֶחֱרַשׁ: אֵשׁ-לְפָנָיו תֹּאכֵל; וּסְבִיבָיו, נִשְׂעֲרָה מְאֹד.	3 Our God cometh, and doth not keep silence; {N} a fire devoureth before Him, and round about Him it stormeth mightily.
ד יִקְרָא אֶל-הַשָּׁמַיִם מֵעָל; וְאֶל-הָאָרֶץ, לָדִין עַמּוֹ.	4 He calleth to the heavens above, and to the earth, that He may judge His people:
ה אִסְפוּ-לִי חֲסִידָי— כֹּרְתֵי בְרִיתִי עֲלֵי-זָבַח.	5 'Gather My saints together unto Me; those that have made a covenant with Me by sacrifice.'
ו וַיַּגִּידוּ שָׁמַיִם צִדְקוֹ: כִּי-אֱלֹהִים, שֹׁפֵט הוּא סֶלָה.	6 And the heavens declare His righteousness; for God, He is judge. Selah
ז שִׁמְעָה עַמִּי, וַאֲדַבֵּרָה— יִשְׂרָאֵל, וְאָעִידָה בָּךְ: אֱלֹהִים אֱלֹהֶיךָ אָנֹכִי.	7 'Hear, O My people, and I will speak; O Israel, and I will testify against thee: {N} God, thy God, am I.
ח לֹא עַל-זְבָחֶיךָ, אוֹכִיחֶךָ; וְעוֹלֹתֶיךָ לְנֶגְדִּי תָמִיד.	8 I will not reprove thee for thy sacrifices; and thy burnt-offerings are continually before Me.
ט לֹא-אֶקַּח מִבֵּיתְךָ פָר; מִמִּכְלְאֹתֶיךָ, עַתּוּדִים.	9 I will take no bullock out of thy house, nor he-goats out of thy folds.
י כִּי-לִי כָל-חַיְתוֹ-יָעַר; בְּהֵמוֹת, בְּהַרְרֵי-אָלֶף.	10 For every beast of the forest is Mine, and the cattle upon a thousand hills.
יא יָדַעְתִּי, כָּל-עוֹף הָרִים; וְזִיז שָׂדַי, עִמָּדִי.	11 I know all the fowls of the mountains; and the wild beasts of the field are Mine.

יב אִם-אֶרְעַב, לֹא-אֹמַר לָךְ: כִּי-לִי תֵבֵל, וּמְלֹאָהּ.	12 If I were hungry, I would not tell thee; for the world is Mine, and the fulness thereof.
יג הַאוֹכַל, בְּשַׂר אַבִּירִים; וְדַם עַתּוּדִים אֶשְׁתֶּה.	13 Do I eat the flesh of bulls, or drink the blood of goats?
יד זְבַח לֵאלֹהִים תּוֹדָה; וְשַׁלֵּם לְעֶלְיוֹן נְדָרֶיךָ.	14 Offer unto God the sacrifice of thanksgiving; and pay thy vows unto the Most High;
טו וּקְרָאֵנִי, בְּיוֹם צָרָה; אֲחַלֶּצְךָ, וּתְכַבְּדֵנִי.	15 And call upon Me in the day of trouble; I will deliver thee, and thou shalt honour Me.'
טז וְלָרָשָׁע, אָמַר אֱלֹהִים, מַה-לְּךָ, לְסַפֵּר חֻקָּי; וַתִּשָּׂא בְרִיתִי עֲלֵי-פִיךָ.	16 But unto the wicked God saith: 'What hast thou to do to declare My statutes, and that thou hast taken My covenant in thy mouth?
יז וְאַתָּה, שָׂנֵאתָ מוּסָר; וַתַּשְׁלֵךְ דְּבָרַי אַחֲרֶיךָ.	17 Seeing thou hatest instruction, and castest My words behind thee.
יח אִם-רָאִיתָ גַנָּב, וַתִּרֶץ עִמּוֹ; וְעִם מְנָאֲפִים חֶלְקֶךָ.	18 When thou sawest a thief, thou hadst company with him, and with adulterers was thy portion.
יט פִּיךָ, שָׁלַחְתָּ בְרָעָה; וּלְשׁוֹנְךָ, תַּצְמִיד מִרְמָה.	19 Thou hast let loose thy mouth for evil, and thy tongue frameth deceit.
כ תֵּשֵׁב, בְּאָחִיךָ תְדַבֵּר; בְּבֶן-אִמְּךָ, תִּתֶּן-דֹּפִי.	20 Thou sittest and speakest against thy brother; thou slanderest thine own mother's son.
כא אֵלֶּה עָשִׂיתָ, וְהֶחֱרַשְׁתִּי– דִּמִּיתָ, הֱיוֹת-אֶהְיֶה כָמוֹךָ; אוֹכִיחֲךָ וְאֶעֶרְכָה לְעֵינֶיךָ.	21 These things hast thou done, and should I have kept silence? Thou hadst thought that I was altogether such a one as thyself; {N} but I will reprove thee, and set the cause before thine eyes.
כב בִּינוּ-נָא זֹאת, שֹׁכְחֵי אֱלוֹהַּ: פֶּן-אֶטְרֹף, וְאֵין מַצִּיל.	22 Now consider this, ye that forget God, lest I tear in pieces, and there be none to deliver.

כג זֹבֵחַ תּוֹדָה, יְכַבְּדָנְנִי: וְשָׂם דֶּרֶךְ--אַרְאֶנּוּ, בְּיֵשַׁע אֱלֹהִים.

23 Whoso offereth the sacrifice of thanksgiving honoureth Me; and to him that ordereth his way aright will I show the salvation of God.' {P}

Chapter 51

א לַמְנַצֵּחַ, מִזְמוֹר לְדָוִד.

1 For the Leader. A Psalm of David;

ב בְּבוֹא-אֵלָיו, נָתָן הַנָּבִיא-- כַּאֲשֶׁר-בָּא, אֶל-בַּת-שָׁבַע.

2 When Nathan the prophet came unto him, after he had gone in to Bath-sheba.

ג חָנֵּנִי אֱלֹהִים כְּחַסְדֶּךָ; כְּרֹב רַחֲמֶיךָ, מְחֵה פְשָׁעָי.

3 Be gracious unto me, O God, according to Thy mercy; according to the multitude of Thy compassions blot out my transgressions.

ד הרבה (הֶרֶב), כַּבְּסֵנִי מֵעֲוֺנִי; וּמֵחַטָּאתִי טַהֲרֵנִי.

4 Wash me thoroughly from mine iniquity, and cleanse me from my sin.

ה כִּי-פְשָׁעַי, אֲנִי אֵדָע; וְחַטָּאתִי נֶגְדִּי תָמִיד.

5 For I know my transgressions; and my sin is ever before me.

ו לְךָ לְבַדְּךָ, חָטָאתִי, וְהָרַע בְּעֵינֶיךָ, עָשִׂיתִי:
לְמַעַן, תִּצְדַּק בְּדָבְרֶךָ-- תִּזְכֶּה בְשָׁפְטֶךָ.

6 Against Thee, Thee only, have I sinned, and done that which is evil in Thy sight; {N}
that Thou mayest be justified when Thou speakest, and be in the right when Thou judgest.

ז הֵן-בְּעָווֹן חוֹלָלְתִּי; וּבְחֵטְא, יֶחֱמַתְנִי אִמִּי.

7 Behold, I was brought forth in iniquity, and in sin did my mother conceive me.

ח הֵן-אֱמֶת, חָפַצְתָּ בַטֻּחוֹת; וּבְסָתֻם, חָכְמָה תוֹדִיעֵנִי.

8 Behold, Thou desirest truth in the inward parts; make me, therefore, to know wisdom in mine inmost heart.

ט תְּחַטְּאֵנִי בְאֵזוֹב וְאֶטְהָר; תְּכַבְּסֵנִי, וּמִשֶּׁלֶג אַלְבִּין.

9 Purge me with hyssop, and I shall be clean; wash me, and I shall be whiter than snow.

י תַּשְׁמִיעֵנִי, שָׂשׂוֹן וְשִׂמְחָה; תָּגֵלְנָה,

10 Make me to hear joy and gladness; that

עֲצָמוֹת דִּכִּיתָ.	the bones which Thou hast crushed may rejoice.
יא הַסְתֵּר פָּנֶיךָ, מֵחֲטָאָי; וְכָל-עֲוֺנֹתַי מְחֵה.	11 Hide Thy face from my sins, and blot out all mine iniquities.
יב לֵב טָהוֹר, בְּרָא-לִי אֱלֹהִים; וְרוּחַ נָכוֹן, חַדֵּשׁ בְּקִרְבִּי.	12 Create me a clean heart, O God; and renew a stedfast spirit within me.
יג אַל-תַּשְׁלִיכֵנִי מִלְּפָנֶיךָ; וְרוּחַ קָדְשְׁךָ, אַל-תִּקַּח מִמֶּנִּי.	13 Cast me not away from Thy presence; and take not Thy holy spirit from me.
יד הָשִׁיבָה לִּי, שְׂשׂוֹן יִשְׁעֶךָ; וְרוּחַ נְדִיבָה תִסְמְכֵנִי.	14 Restore unto me the joy of Thy salvation; and let a willing spirit uphold me.
טו אֲלַמְּדָה פֹשְׁעִים דְּרָכֶיךָ; וְחַטָּאִים, אֵלֶיךָ יָשׁוּבוּ.	15 Then will I teach transgressors Thy ways; and sinners shall return unto Thee.
טז הַצִּילֵנִי מִדָּמִים, אֱלֹהִים— אֱלֹהֵי תְּשׁוּעָתִי: תְּרַנֵּן לְשׁוֹנִי, צִדְקָתֶךָ.	16 Deliver me from bloodguiltiness, O God, Thou God of my salvation; {N} so shall my tongue sing aloud of Thy righteousness.
יז אֲדֹנָי, שְׂפָתַי תִּפְתָּח; וּפִי, יַגִּיד תְּהִלָּתֶךָ.	17 O Lord, open Thou my lips; and my mouth shall declare Thy praise.
יח כִּי, לֹא-תַחְפֹּץ זֶבַח וְאֶתֵּנָה; עוֹלָה, לֹא תִרְצֶה.	18 For Thou delightest not in sacrifice, else would I give it; Thou hast no pleasure in burnt-offering.
יט זִבְחֵי אֱלֹהִים, רוּחַ נִשְׁבָּרָה: לֵב-נִשְׁבָּר וְנִדְכֶּה— אֱלֹהִים, לֹא תִבְזֶה.	19 The sacrifices of God are a broken spirit; {N} a broken and a contrite heart, O God, Thou wilt not despise.
כ הֵיטִיבָה בִרְצוֹנְךָ, אֶת-צִיּוֹן; תִּבְנֶה, חוֹמוֹת יְרוּשָׁלִָם.	20 Do good in Thy favour unto Zion; build Thou the walls of Jerusalem.
כא אָז תַּחְפֹּץ זִבְחֵי-צֶדֶק, עוֹלָה וְכָלִיל; אָז יַעֲלוּ עַל-מִזְבַּחֲךָ פָרִים.	21 Then wilt Thou delight in the sacrifices of righteousness, in burnt-offering and whole offering; {N}

then will they offer bullocks upon Thine altar. {P}

Chapter 52

אלַמְנַצֵּחַ, מַשְׂכִּיל לְדָוִד. 1 For the Leader. Maschil of David;

בבְּבוֹא, דּוֹאֵג הָאֲדֹמִי—   וַיַּגֵּד לְשָׁאוּל: 2 when Doeg the Edomite came and told Saul, {N}
וַיֹּאמֶר לוֹ—   בָּא דָוִד, אֶל-בֵּית אֲחִימֶלֶךְ. and said unto him: 'David is come to the house of Ahimelech.'

גמַה-תִּתְהַלֵּל בְּרָעָה, הַגִּבּוֹר;   חֶסֶד אֵל, כָּל-הַיּוֹם. 3 Why boastest thou thyself of evil, O mighty man? The mercy of God endureth continually.

דהַוּוֹת, תַּחְשֹׁב לְשׁוֹנֶךָ;   כְּתַעַר מְלֻטָּשׁ, עֹשֵׂה רְמִיָּה. 4 Thy tongue deviseth destruction; like a sharp razor, working deceitfully.

האָהַבְתָּ רָּע מִטּוֹב;   שֶׁקֶר, מִדַּבֵּר צֶדֶק סֶלָה. 5 Thou lovest evil more than good; falsehood rather than speaking righteousness. Selah

ואָהַבְתָּ כָל-דִּבְרֵי-בָלַע;   לְשׁוֹן מִרְמָה. 6 Thou lovest all devouring words, the deceitful tongue.

זגַּם-אֵל,   יִתָּצְךָ לָנֶצַח: 7 God will likewise break thee for ever, {N}
יַחְתְּךָ וְיִסָּחֲךָ מֵאֹהֶל;   וְשֵׁרֶשְׁךָ מֵאֶרֶץ חַיִּים סֶלָה. He will take thee up, and pluck thee out of thy tent, and root thee out of the land of the living. Selah

חוְיִרְאוּ צַדִּיקִים וְיִירָאוּ; וְעָלָיו יִשְׂחָקוּ. 8 The righteous also shall see, and fear, and shall laugh at him:

טהִנֵּה הַגֶּבֶר—   לֹא יָשִׂים אֱלֹהִים, מָעוּזּוֹ: 9 'Lo, this is the man that made not God his stronghold; {N}
וַיִּבְטַח, בְּרֹב עָשְׁרוֹ;   יָעֹז, בְּהַוָּתוֹ. but trusted in the abundance of his riches, and strengthened himself in his wickedness.'

יוַאֲנִי, כְּזַיִת רַעֲנָן—   בְּבֵית אֱלֹהִים; 10 But as for me, I am like a leafy olive-

בָּטַחְתִּי בְחֶסֶד-אֱלֹהִים, עוֹלָם וָעֶד.

tree in the house of God; {N}
I trust in the mercy of God for ever and ever.

יא אוֹדְךָ לְעוֹלָם, כִּי עָשִׂיתָ; וַאֲקַוֶּה שִׁמְךָ כִי-טוֹב, נֶגֶד חֲסִידֶיךָ.

11 I will give Thee thanks for ever, because Thou hast done it; and I will wait for Thy name, for it is good, in the presence of Thy saints. {P}

Chapter 53

א לַמְנַצֵּחַ עַל-מָחֲלַת, מַשְׂכִּיל לְדָוִד.

1 For the Leader; upon Mahalath. Maschil of David.

ב אָמַר נָבָל בְּלִבּוֹ, אֵין אֱלֹהִים; הִשְׁחִיתוּ, וְהִתְעִיבוּ עָוֶל— אֵין עֹשֵׂה-טוֹב.

2 The fool hath said in his heart: 'There is no God'; {N}
they have dealt corruptly, and have done abominable iniquity; there is none that doeth good.

ג אֱלֹהִים— מִשָּׁמַיִם, הִשְׁקִיף עַל-בְּנֵי-אָדָם:
לִרְאוֹת, הֲיֵשׁ מַשְׂכִּיל— דֹּרֵשׁ, אֶת-אֱלֹהִים.

3 God looked forth from heavens upon the children of men, {N}
to see if there were any man of understanding, that did seek after God.

ד כֻּלּוֹ סָג, יַחְדָּו נֶאֱלָחוּ: אֵין עֹשֵׂה-טוֹב; אֵין, גַּם-אֶחָד.

4 Every one of them is unclean, they are together become impure; there is none that doeth good, no, not one.

ה הֲלֹא יָדְעוּ, פֹּעֲלֵי-אָוֶן: אֹכְלֵי עַמִּי, אָכְלוּ לֶחֶם; אֱלֹהִים, לֹא קָרָאוּ.

5 'shall not the workers of iniquity know it, who eat up My people as they eat bread, and call not upon God?'

ו שָׁם, פָּחֲדוּ פַחַד— לֹא-הָיָה-פָחַד:
כִּי-אֱלֹהִים—פִּזַּר, עַצְמוֹת חֹנָךְ; הֱבִשֹׁתָה, כִּי-אֱלֹהִים מְאָסָם.

6 There are they in great fear, where no fear was; {N}
for God hath scattered the bones of him that encampeth against thee; Thou hast put them to shame, because God hath rejected them.

ז מִי יִתֵּן מִצִּיּוֹן, יְשֻׁעוֹת יִשְׂרָאֵל: בְּשׁוּב אֱלֹהִים, שְׁבוּת עַמּוֹ; יָגֵל יַעֲקֹב, יִשְׂמַח יִשְׂרָאֵל.

7 Oh that the salvation of Israel were come out of Zion! {N}
When God turneth the captivity of His

people, let Jacob rejoice, let Israel be glad. {P}

Chapter 54

א לַמְנַצֵּחַ בִּנְגִינֹת, מַשְׂכִּיל לְדָוִד. 1 For the Leader; with string-music. Maschil of David:

ב בְּבֹא הַזִּיפִים, וַיֹּאמְרוּ לְשָׁאוּל: הֲלֹא דָוִד, מִסְתַּתֵּר עִמָּנוּ. 2 when the Ziphites came and said to Saul: 'Doth not David hide himself with us?'

ג אֱלֹהִים, בְּשִׁמְךָ הוֹשִׁיעֵנִי; וּבִגְבוּרָתְךָ תְדִינֵנִי. 3 O God, save me by Thy name, and right me by Thy might.

ד אֱלֹהִים, שְׁמַע תְּפִלָּתִי; הַאֲזִינָה, לְאִמְרֵי-פִי. 4 O God, hear my prayer; give ear to the words of my mouth.

ה כִּי זָרִים, קָמוּ עָלַי— וְעָרִיצִים, בִּקְשׁוּ נַפְשִׁי; לֹא שָׂמוּ אֱלֹהִים לְנֶגְדָּם סֶלָה. 5 For strangers are risen up against me, and violent men have sought after my soul; {N} they have not set God before them. Selah

ו הִנֵּה אֱלֹהִים, עֹזֵר לִי; אֲדֹנָי, בְּסֹמְכֵי נַפְשִׁי. 6 Behold, God is my helper; the Lord is for me as the upholder of my soul.

ז יָשׁוּב (יָשִׁיב) הָרַע, לְשֹׁרְרָי; בַּאֲמִתְּךָ, הַצְמִיתֵם. 7 He will requite the evil unto them that lie in wait for me; destroy Thou them in Thy truth.

ח בִּנְדָבָה אֶזְבְּחָה-לָּךְ; אוֹדֶה שִּׁמְךָ יְהוָה כִּי-טוֹב. 8 With a freewill-offering will I sacrifice unto Thee; I will give thanks unto Thy name, O LORD, for it is good.

ט כִּי מִכָּל-צָרָה, הִצִּילָנִי; וּבְאֹיְבַי, רָאֲתָה עֵינִי. 9 For He hath delivered me out of all trouble; and mine eye hath gazed upon mine enemies. {P}

Chapter 55

א לַמְנַצֵּחַ בִּנְגִינֹת, מַשְׂכִּיל לְדָוִד. 1 For the Leader; with string-music. Maschil of David.

ב הַאֲזִינָה אֱלֹהִים, תְּפִלָּתִי; וְאַל-תִּתְעַלַּם, מִתְּחִנָּתִי.	2 Give ear, O God, to my prayer; and hide not Thyself from my supplication.
ג הַקְשִׁיבָה לִּי וַעֲנֵנִי; אָרִיד בְּשִׂיחִי וְאָהִימָה.	3 Attend unto me, and hear me; I am distraught in my complaint, and will moan;
ד מִקּוֹל אוֹיֵב—מִפְּנֵי, עָקַת רָשָׁע: כִּי-יָמִיטוּ עָלַי אָוֶן, וּבְאַף יִשְׂטְמוּנִי.	4 Because of the voice of the enemy, because of the oppression of the wicked; for they cast mischief upon me, and in anger they persecute me.
ה לִבִּי, יָחִיל בְּקִרְבִּי; וְאֵימוֹת מָוֶת, נָפְלוּ עָלָי.	5 My heart doth writhe within me; and the terrors of death are fallen upon me.
ו יִרְאָה וָרַעַד, יָבֹא בִי; וַתְּכַסֵּנִי, פַּלָּצוּת.	6 Fear and trembling come upon me, and horror hath overwhelmed me.
ז וָאֹמַר—מִי-יִתֶּן-לִי אֵבֶר, כַּיּוֹנָה: אָעוּפָה וְאֶשְׁכֹּנָה.	7 And I said: 'Oh that I had wings like a dove! then would I fly away, and be at rest.
ח הִנֵּה, אַרְחִיק נְדֹד; אָלִין בַּמִּדְבָּר סֶלָה.	8 Lo, then would I wander far off, I would lodge in the wilderness. Selah
ט אָחִישָׁה מִפְלָט לִי— מֵרוּחַ סֹעָה מִסָּעַר.	9 I would haste me to a shelter from the stormy wind and tempest.'
י בַּלַּע אֲדֹנָי, פַּלַּג לְשׁוֹנָם: כִּי-רָאִיתִי חָמָס וְרִיב בָּעִיר.	10 Destroy, O Lord, and divide their tongue; for I have seen violence and strife in the city.
יא יוֹמָם וָלַיְלָה—יְסוֹבְבֻהָ עַל-חוֹמֹתֶיהָ; וְאָוֶן וְעָמָל בְּקִרְבָּהּ.	11 Day and night they go about it upon the walls thereof; iniquity also and mischief are in the midst of it.
יב הַוּוֹת בְּקִרְבָּהּ; וְלֹא-יָמִישׁ מֵרְחֹבָהּ, תֹּךְ וּמִרְמָה.	12 Wickedness is in the midst thereof; oppression and guile depart not from her broad place.
יג כִּי לֹא-אוֹיֵב יְחָרְפֵנִי, וְאֶשָּׂא: לֹא-מְשַׂנְאִי, עָלַי הִגְדִּיל; וְאֶסָּתֵר מִמֶּנּוּ.	13 For it was not an enemy that taunted me, then I could have borne it; {N} neither was it mine adversary that did magnify himself against me, then I would have hid myself from him.

יד וְאַתָּה אֱנוֹשׁ כְּעֶרְכִּי; אַלּוּפִי, וּמְיֻדָּעִי.	14 But it was thou, a man mine equal, my companion, and my familiar friend;
טו אֲשֶׁר יַחְדָּו, נַמְתִּיק סוֹד; בְּבֵית אֱלֹהִים, נְהַלֵּךְ בְּרָגֶשׁ.	15 We took sweet counsel together, in the house of God we walked with the throng.
טז ישימות (יַשִּׁי מָוֶת), עָלֵימוֹ—יֵרְדוּ שְׁאוֹל חַיִּים: כִּי-רָעוֹת בִּמְגוּרָם בְּקִרְבָּם.	16 May He incite death against them, let them go down alive into the nether-world; for evil is in their dwelling, and within them.
יז אֲנִי, אֶל-אֱלֹהִים אֶקְרָא; וַיהוָה, יוֹשִׁיעֵנִי.	17 As for me, I will call upon God; and the LORD shall save me.
יח עֶרֶב וָבֹקֶר וְצָהֳרַיִם, אָשִׂיחָה וְאֶהֱמֶה; וַיִּשְׁמַע קוֹלִי.	18 Evening, and morning, and at noon, will I complain, and moan; and He hath heard my voice.
יט פָּדָה בְשָׁלוֹם נַפְשִׁי, מִקְּרָב-לִי: כִּי-בְרַבִּים, הָיוּ עִמָּדִי.	19 He hath redeemed my soul in peace so that none came nigh me; for they were many that strove with me.
כ יִשְׁמַע אֵל, וְיַעֲנֵם— וְיֹשֵׁב קֶדֶם, סֶלָה: אֲשֶׁר אֵין חֲלִיפוֹת לָמוֹ; וְלֹא יָרְאוּ אֱלֹהִים.	20 God shall hear, and humble them, even He that is enthroned of old, Selah {N} such as have no changes, and fear not God.
כא שָׁלַח יָדָיו, בִּשְׁלֹמָיו; חִלֵּל בְּרִיתוֹ.	21 He hath put forth his hands against them that were at peace with him; he hath profaned his covenant.
כב חָלְקוּ, מַחְמָאֹת פִּיו— וּקְרָב-לִבּוֹ: רַכּוּ דְבָרָיו מִשֶּׁמֶן; וְהֵמָּה פְתִחוֹת.	22 Smoother than cream were the speeches of his mouth, but his heart was war; {N} his words were softer than oil, yet were they keen-edged swords.
כג הַשְׁלֵךְ עַל-יְהוָה, יְהָבְךָ— וְהוּא יְכַלְכְּלֶךָ: לֹא-יִתֵּן לְעוֹלָם מוֹט— לַצַּדִּיק.	23 Cast thy burden upon the LORD, and He will sustain thee; {N} He will never suffer the righteous to be moved.
כד וְאַתָּה אֱלֹהִים, תּוֹרִדֵם לִבְאֵר	24 But Thou, O God, wilt bring them down into the nethermost pit; {N}

men of blood and deceit shall not live out half their days; {N}
but as for me, I will trust in Thee. {P}

אַנְשֵׁי דָמִים וּמִרְמָה, לֹא-יֶחֱצוּ יְמֵיהֶם;
וַאֲנִי, אֶבְטַח-בָּךְ.

Chapter 56

1 For the Leader; upon Jonath-elem-rehokim. [A Psalm] of David; Michtam; {N}
when the Philistines took him in Gath.

א לַמְנַצֵּחַ, עַל-יוֹנַת אֵלֶם רְחֹקִים-- לְדָוִד מִכְתָּם:
בֶּאֱחֹז אוֹתוֹ פְלִשְׁתִּים בְּגַת.

2 Be gracious unto me, O God, for man would swallow me up; all the day he fighting oppresseth me.

ב חָנֵּנִי אֱלֹהִים, כִּי-שְׁאָפַנִי אֱנוֹשׁ; כָּל-הַיּוֹם, לֹחֵם יִלְחָצֵנִי.

3 They that lie in wait for me would swallow me up all the day; for they are many that fight against me, O Most High,

ג שָׁאֲפוּ שׁוֹרְרַי, כָּל-הַיּוֹם: כִּי-רַבִּים לֹחֲמִים לִי מָרוֹם.

4 In the day that I am afraid, I will put my trust in Thee.

ד יוֹם אִירָא-- אֲנִי, אֵלֶיךָ אֶבְטָח.

5 In God—I will praise His word— {N}
in God do I trust, I will not be afraid; what can flesh do unto me?

ה בֵּאלֹהִים, אֲהַלֵּל דְּבָרוֹ:
בֵּאלֹהִים בָּטַחְתִּי, לֹא אִירָא; מַה-יַּעֲשֶׂה בָשָׂר לִי.

6 All the day they trouble mine affairs; all their thoughts are against me for evil.

ו כָּל-הַיּוֹם, דְּבָרַי יְעַצֵּבוּ; עָלַי כָּל-מַחְשְׁבֹתָם לָרָע.

7 They gather themselves together, they hide themselves, they mark my steps; according as they have waited for my soul.

ז יָגוּרוּ, יצפינו (יִצְפֹּנוּ)--הֵמָּה, עֲקֵבַי יִשְׁמֹרוּ: כַּאֲשֶׁר, קִוּוּ נַפְשִׁי.

8 Because of iniquity cast them out; in anger bring down the peoples, O God.

ח עַל-אָוֶן פַּלֶּט-לָמוֹ; בְּאַף, עַמִּים הוֹרֵד אֱלֹהִים.

9 Thou has counted my wanderings; put Thou my tears into Thy bottle; are they not in Thy book?

ט נֹדִי, סָפַרְתָּה-אָתָּה: שִׂימָה דִמְעָתִי בְנֹאדֶךָ; הֲלֹא, בְּסִפְרָתֶךָ.

10 Then shall mine enemies turn back in

י אָז יָשׁוּבוּ אוֹיְבַי אָחוֹר, בְּיוֹם

אֶקְרָא ; זֶה-יָדַעְתִּי, כִּי-אֱלֹהִים לִי. the day that I call; this I know, that God is for me.

יא בֵּאלֹהִים, אֲהַלֵּל דָּבָר ; בַּיהוָה, אֲהַלֵּל דָּבָר. **11** In God–I will praise His word–in the LORD–I will praise His word–

יב בֵּאלֹהִים בָּטַחְתִּי, לֹא אִירָא ; מַה-יַּעֲשֶׂה אָדָם לִי. **12** In God do I trust, I will not be afraid; what can man do unto me?

יג עָלַי אֱלֹהִים נְדָרֶיךָ ; אֲשַׁלֵּם תּוֹדֹת לָךְ. **13** Thy vows are upon me, O God; I will render thank-offerings unto Thee.

יד כִּי הִצַּלְתָּ נַפְשִׁי, מִמָּוֶת– הֲלֹא רַגְלַי, מִדֶּחִי : לְהִתְהַלֵּךְ, לִפְנֵי אֱלֹהִים– בְּאוֹר, הַחַיִּים. **14** For thou hast delivered my soul from death; hast Thou not delivered my feet from stumbling? {N}
that I may walk before God in the light of the living. {P}

Chapter 57

א לַמְנַצֵּחַ אַל-תַּשְׁחֵת, לְדָוִד מִכְתָּם– בְּבָרְחוֹ מִפְּנֵי-שָׁאוּל, בַּמְּעָרָה. **1** For the Leader; Al-tashheth. [A Psalm] of David; Michtam; when he fled from Saul, in the cave.

ב חָנֵּנִי אֱלֹהִים, חָנֵּנִי– כִּי בְךָ, חָסָיָה נַפְשִׁי : וּבְצֵל-כְּנָפֶיךָ אֶחְסֶה– עַד, יַעֲבֹר הַוּוֹת. **2** Be gracious unto me, O God, be gracious unto me, for in Thee hath my soul taken refuge; {N}
yea, in the shadow of Thy wings will I take refuge, until calamities be overpast.

ג אֶקְרָא, לֵאלֹהִים עֶלְיוֹן ; לָאֵל, גֹּמֵר עָלָי. **3** I will cry unto God Most high; unto God that accomplisheth it for me.

ד יִשְׁלַח מִשָּׁמַיִם, וְיוֹשִׁיעֵנִי– חֵרֵף שֹׁאֲפִי סֶלָה ; יִשְׁלַח אֱלֹהִים, חַסְדּוֹ וַאֲמִתּוֹ. **4** He will send from heavens, and save me, when he that would swallow me up taunteth; Selah {N}
God shall send forth His mercy and His truth.

ה נַפְשִׁי, בְּתוֹךְ לְבָאִם– אֶשְׁכְּבָה לֹהֲטִים : **5** My soul is among lions, I do lie down among them that are aflame; {N}
even the sons of men, whose teeth are

בְּנֵי-אָדָם—שִׁנֵּיהֶם, חֲנִית וְחִצִּים; וּלְשׁוֹנָם, חֶרֶב חַדָּה.	spears and arrows, and their tongue a sharp sword.
ו רוּמָה עַל-הַשָּׁמַיִם אֱלֹהִים; עַל כָּל-הָאָרֶץ כְּבוֹדֶךָ.	6 Be Thou exalted, O God, above the heavens; Thy glory be above all the earth.
ז רֶשֶׁת, הֵכִינוּ לִפְעָמַי— כָּפַף נַפְשִׁי: כָּרוּ לְפָנַי שִׁיחָה; נָפְלוּ בְתוֹכָהּ סֶלָה.	7 They have prepared a net for my steps, my soul is bowed down; {N} they have digged a pit before me, they are fallen into the midst thereof themselves. Selah
ח נָכוֹן לִבִּי אֱלֹהִים, נָכוֹן לִבִּי; אָשִׁירָה, וַאֲזַמֵּרָה.	8 My heart is stedfast, O God, my heart is stedfast; I will sing, yea, I will sing praises.
ט עוּרָה כְבוֹדִי—עוּרָה, הַנֵּבֶל וְכִנּוֹר; אָעִירָה שָּׁחַר.	9 Awake, my glory; awake, psaltery and harp; I will awake the dawn.
י אוֹדְךָ בָעַמִּים אֲדֹנָי; אֲזַמֶּרְךָ, בַּלְאֻמִּים.	10 I will give thanks unto Thee, O Lord, among the peoples; I will sing praises unto Thee among the nations.
יא כִּי-גָדֹל עַד-שָׁמַיִם חַסְדֶּךָ; וְעַד-שְׁחָקִים אֲמִתֶּךָ.	11 For Thy mercy is great unto the heavens, and Thy truth unto the skies.
יב רוּמָה עַל-שָׁמַיִם אֱלֹהִים; עַל כָּל-הָאָרֶץ כְּבוֹדֶךָ.	12 Be Thou exalted, O God, above the heavens; Thy glory be above all the earth. {P}

Chapter 58

א לַמְנַצֵּחַ אַל-תַּשְׁחֵת, לְדָוִד מִכְתָּם.	1 For the Leader; Al-tashheth. [A Psalm] of David; Michtam.
ב הַאֻמְנָם—אֵלֶם צֶדֶק, תְּדַבֵּרוּן; מֵישָׁרִים תִּשְׁפְּטוּ, בְּנֵי אָדָם.	2 Do ye indeed speak as a righteous company? Do ye judge with equity the sons of men?
ג אַף-בְּלֵב, עוֹלֹת תִּפְעָלוּן: בָּאָרֶץ—חֲמַס יְדֵיכֶם, תְּפַלֵּסוּן.	3 Yea, in heart ye work wickedness; ye weigh out in the earth the violence of your hands.

4 The wicked are estranged from the womb; the speakers of lies go astray as soon as they are born.

ד זֹרוּ רְשָׁעִים מֵרָחֶם; תָּעוּ מִבֶּטֶן, דֹּבְרֵי כָזָב.

5 Their venom is like the venom of a serpent; they are like the deaf asp that stoppeth her ear;

ה חֲמַת-לָמוֹ, כִּדְמוּת חֲמַת-נָחָשׁ; כְּמוֹ-פֶתֶן חֵרֵשׁ, יַאְטֵם אָזְנוֹ.

6 Which hearkeneth not to the voice of charmers, or of the most cunning binder of spells.

ו אֲשֶׁר לֹא-יִשְׁמַע, לְקוֹל מְלַחֲשִׁים; חוֹבֵר חֲבָרִים מְחֻכָּם.

7 Break their teeth, O God, in their mouth; break out the cheek-teeth of the young lions, O LORD.

ז אֱלֹהִים–הֲרָס שִׁנֵּימוֹ בְּפִימוֹ; מַלְתְּעוֹת כְּפִירִים, נְתֹץ יְהוָה.

8 Let them melt away as water that runneth apace; {N}
when he aimeth his arrows, let them be as though they were cut off.

ח יִמָּאֲסוּ כְמוֹ-מַיִם, יִתְהַלְּכוּ-לָמוֹ; יִדְרֹךְ חִצָּו, כְּמוֹ יִתְמֹלָלוּ.

9 Let them be as a snail which melteth and passeth away; like the untimely births of a woman, that have not seen the sun.

ט כְּמוֹ שַׁבְּלוּל, תֶּמֶס יַהֲלֹךְ; נֵפֶל אֵשֶׁת, בַּל-חָזוּ שָׁמֶשׁ.

10 Before your pots can feel the thorns, He will sweep it away with a whirlwind, the raw and the burning alike.

י בְּטֶרֶם, יָבִינוּ סִּירֹתֵכֶם אָטָד; כְּמוֹ-חַי כְּמוֹ-חָרוֹן, יִשְׂעָרֶנּוּ.

11 The righteous shall rejoice when he seeth the vengeance; he shall wash his feet in the blood of the wicked.

יא יִשְׂמַח צַדִּיק, כִּי-חָזָה נָקָם; פְּעָמָיו יִרְחַץ, בְּדַם הָרָשָׁע.

12 And men shall say: 'Verily there is a reward for the righteous; verily there is a God that judgeth in the earth.' {P}

יב וְיֹאמַר אָדָם, אַךְ-פְּרִי לַצַּדִּיק; אַךְ יֵשׁ-אֱלֹהִים, שֹׁפְטִים בָּאָרֶץ.

Chapter 59

1 For the Leader; Al-tashheth. [A Psalm] of David; Michtam; when Saul sent, {N}
and they watched the house to kill him.

א לַמְנַצֵּחַ אַל-תַּשְׁחֵת, לְדָוִד מִכְתָּם: בִּשְׁלֹחַ שָׁאוּל; וַיִּשְׁמְרוּ אֶת-הַבַּיִת, לַהֲמִיתוֹ.

ב הַצִּילֵנִי מֵאֹיְבַי אֱלֹהָי; מִמִּתְקוֹמְמַי תְּשַׂגְּבֵנִי.	2 Deliver me from mine enemies, O my God; set me on high from them that rise up against me.
ג הַצִּילֵנִי, מִפֹּעֲלֵי אָוֶן; וּמֵאַנְשֵׁי דָמִים, הוֹשִׁיעֵנִי.	3 Deliver me from the workers of iniquity, and save me from the men of blood.
ד כִּי הִנֵּה אָרְבוּ, לְנַפְשִׁי— יָגוּרוּ עָלַי עַזִים; לֹא-פִשְׁעִי וְלֹא-חַטָּאתִי יְהוָה.	4 For, lo, they lie in wait for my soul; the impudent gather themselves together against me; {N} not for my transgression, nor for my sin, O LORD.
ה בְּלִי-עָוֺן, יְרֻצוּן וְיִכּוֹנָנוּ; עוּרָה לִקְרָאתִי וּרְאֵה.	5 Without my fault, they run and prepare themselves; awake Thou to help me, and behold.
ו וְאַתָּה יְהוָה-אֱלֹהִים צְבָאוֹת, אֱלֹהֵי יִשְׂרָאֵל— הָקִיצָה, לִפְקֹד כָּל-הַגּוֹיִם; אַל-תָּחֹן כָּל-בֹּגְדֵי אָוֶן סֶלָה.	6 Thou therefore, O LORD God of hosts, the God of Israel, arouse Thyself to punish all the nations; {N} show no mercy to any iniquitous traitors. Selah
ז יָשׁוּבוּ לָעֶרֶב, יֶהֱמוּ כַכָּלֶב; וִיסוֹבְבוּ עִיר.	7 They return at evening, they howl like a dog, and go round about the city.
ח הִנֵּה, יַבִּיעוּן בְּפִיהֶם—חֲרָבוֹת, בְּשִׂפְתוֹתֵיהֶם: כִּי-מִי שֹׁמֵעַ.	8 Behold, they belch out with their mouth; swords are in their lips: 'For who doth hear?'
ט וְאַתָּה יְהוָה, תִּשְׂחַק-לָמוֹ; תִּלְעַג, לְכָל-גּוֹיִם.	9 But Thou, O LORD, shalt laugh at them; Thou shalt have all the nations in derision.
י עֻזּוֹ, אֵלֶיךָ אֶשְׁמֹרָה: כִּי-אֱלֹהִים, מִשְׂגַּבִּי.	10 Because of his strength, I will wait for Thee; for God is my high tower.
יא אֱלֹהֵי חסדו (חַסְדִּי) יְקַדְּמֵנִי; אֱלֹהִים, יַרְאֵנִי בְשֹׁרְרָי.	11 The God of my mercy will come to meet me; God will let me gaze upon mine adversaries.
יב אַל-תַּהַרְגֵם, פֶּן יִשְׁכְּחוּ עַמִּי— הֲנִיעֵמוֹ בְחֵילְךָ, וְהוֹרִידֵמוֹ: מָגִנֵּנוּ אֲדֹנָי.	12 Slay them not, lest my people forget, make them wander to and fro by Thy power, and bring them down, O Lord our shield.

יג חַטַּאת-פִּימוֹ, דְּבַר-שְׂפָתֵימוֹ: וְיִלָּכְדוּ בִגְאוֹנָם; וּמֵאָלָה וּמִכַּחַשׁ יְסַפֵּרוּ.	13 For the sin of their mouth, and the words of their lips, {N} let them even be taken in their pride, and for cursing and lying which they speak.
יד כַּלֵּה בְחֵמָה, כַּלֵּה וְאֵינֵמוֹ: וְיֵדְעוּ—כִּי-אֱלֹהִים, מֹשֵׁל בְּיַעֲקֹב; לְאַפְסֵי הָאָרֶץ סֶלָה.	14 Consume them in wrath, consume them, that they be no more; {N} and let them know that God ruleth in Jacob, unto the ends of the earth. Selah
טו וְיָשֻׁבוּ לָעֶרֶב, יֶהֱמוּ כַכָּלֶב; וִיסוֹבְבוּ עִיר.	15 And they return at evening, they howl like a dog, and go round about the city;
טז הֵמָּה, יְנוּעוּן (יְנִיעוּן) לֶאֱכֹל-אִם-לֹא יִשְׂבְּעוּ, וַיָּלִינוּ.	16 They wander up and down to devour, and tarry all night if they have not their fill.
יז וַאֲנִי, אָשִׁיר עֻזֶּךָ— וַאֲרַנֵּן לַבֹּקֶר, חַסְדֶּךָ: כִּי-הָיִיתָ מִשְׂגָּב לִי; וּמָנוֹס, בְּיוֹם צַר-לִי.	17 But as for me, I will sing of Thy strength; yea, I will sing aloud of Thy mercy in the morning; {N} for Thou hast been my high tower, and a refuge in the day of my distress.
יח עֻזִּי, אֵלֶיךָ אֲזַמֵּרָה: כִּי-אֱלֹהִים מִשְׂגַּבִּי, אֱלֹהֵי חַסְדִּי.	18 O my strength, unto Thee will I sing praises; for God is my high tower, the God of my mercy. {P}

Chapter 60

א לַמְנַצֵּחַ, עַל-שׁוּשַׁן עֵדוּת; מִכְתָּם לְדָוִד לְלַמֵּד.	1 For the Leader; upon Shushan Eduth; Michtam of David, to teach;
ב בְּהַצּוֹתוֹ, אֶת אֲרַם נַהֲרַיִם— וְאֶת-אֲרַם צוֹבָה: וַיָּשָׁב יוֹאָב, וַיַּךְ אֶת-אֱדוֹם בְּגֵיא-מֶלַח— שְׁנֵים עָשָׂר אָלֶף.	2 when he strove with Aram-naharaim and with Aram-zobah, {N} and Joab returned, and smote of Edom in the Valley of Salt twelve thousand.
ג אֱלֹהִים, זְנַחְתָּנוּ פְרַצְתָּנוּ; אָנַפְתָּ, תְּשׁוֹבֵב לָנוּ.	3 O God, Thou hast cast us off, Thou hast broken us down; Thou hast been angry; O restore us.
ד הִרְעַשְׁתָּה אֶרֶץ פְּצַמְתָּהּ; רְפָה	4 Thou hast made the land to shake, Thou

hast cleft it; heal the breaches thereof; for it tottereth. שְׁבָרֶיהָ כִי-מָטָה.

5 Thou hast made Thy people to see hard things; Thou hast made us to drink the wine of staggering. ה הִרְאִיתָ עַמְּךָ קָשָׁה; הִשְׁקִיתָנוּ, יַיִן תַּרְעֵלָה.

6 Thou hast given a banner to them that fear Thee, that it may be displayed because of the truth. Selah ו נָתַתָּה לִּירֵאֶיךָ נֵּס, לְהִתְנוֹסֵס— מִפְּנֵי, קֹשֶׁט סֶלָה.

7 That Thy beloved may be delivered, save with Thy right hand, and answer me. ז לְמַעַן, יֵחָלְצוּן יְדִידֶיךָ; הוֹשִׁיעָה יְמִינְךָ ועננו (וַעֲנֵנִי).

8 God spoke in His holiness, that I would exult; that I would divide Shechem, and mete out the valley of Succoth. ח אֱלֹהִים, דִּבֶּר בְּקָדְשׁוֹ— אֶעְלֹזָה: אֲחַלְּקָה שְׁכֶם; וְעֵמֶק סֻכּוֹת אֲמַדֵּד.

9 Gilead is mine, and Manasseh is mine; Ephraim also is the defence of my head; Judah is my sceptre. ט לִי גִלְעָד, וְלִי מְנַשֶּׁה, וְאֶפְרַיִם, מָעוֹז רֹאשִׁי; יְהוּדָה, מְחֹקְקִי.

10 Moab is my washpot; upon Edom do I cast my shoe; Philistia, cry aloud because of me! י מוֹאָב, סִיר רַחְצִי—עַל-אֱדוֹם, אַשְׁלִיךְ נַעֲלִי; עָלַי, פְּלֶשֶׁת הִתְרוֹעָעִי.

11 Who will bring me into the fortified city? Who will lead me unto Edom? יא מִי יֹבִלֵנִי, עִיר מָצוֹר; מִי נָחַנִי עַד-אֱדוֹם.

12 Hast not Thou, O God, cast us off? And Thou goest not forth, O God, with our hosts. יב הֲלֹא-אַתָּה אֱלֹהִים זְנַחְתָּנוּ; וְלֹא-תֵצֵא אֱלֹהִים, בְּצִבְאוֹתֵינוּ.

13 Give us help against the adversary; for vain is the help of man. יג הָבָה-לָּנוּ עֶזְרָת מִצָּר; וְשָׁוְא, תְּשׁוּעַת אָדָם.

14 Through God we shall do valiantly; for He it is that will tread down our adversaries. {P} יד בֵּאלֹהִים נַעֲשֶׂה-חָיִל; וְהוּא, יָבוּס צָרֵינוּ.

Chapter 61

א לַמְנַצֵּחַ עַל-נְגִינַת לְדָוִד.	1 For the Leader; with string-music. [A Psalm] of David.
ב שִׁמְעָה אֱלֹהִים, רִנָּתִי; הַקְשִׁיבָה, תְּפִלָּתִי.	2 Hear my cry, O God; attend unto my prayer.
ג מִקְצֵה הָאָרֶץ, אֵלֶיךָ אֶקְרָא— בַּעֲטֹף לִבִּי; בְּצוּר-יָרוּם מִמֶּנִּי תַנְחֵנִי.	3 From the end of the earth will I call unto Thee, when my heart fainteth; {N} lead me to a rock that is too high for me.
ד כִּי-הָיִיתָ מַחְסֶה לִי; מִגְדַּל-עֹז, מִפְּנֵי אוֹיֵב.	4 For Thou hast been a refuge for me, a tower of strength in the face of the enemy.
ה אָגוּרָה בְאָהָלְךָ, עוֹלָמִים; אֶחֱסֶה בְסֵתֶר כְּנָפֶיךָ סֶּלָה.	5 I will dwell in Thy Tent for ever; I will take refuge in the covert of Thy wings. Selah
ו כִּי-אַתָּה אֱלֹהִים, שָׁמַעְתָּ לִנְדָרָי; נָתַתָּ יְרֻשַּׁת, יִרְאֵי שְׁמֶךָ.	6 For Thou, O God, hast heard my vows; Thou hast granted the heritage of those that fear Thy name.
ז יָמִים עַל-יְמֵי-מֶלֶךְ תּוֹסִיף; שְׁנוֹתָיו, כְּמוֹ-דֹר וָדֹר.	7 Mayest Thou add days unto the king's days! May his years be as many generations!
ח יֵשֵׁב עוֹלָם, לִפְנֵי אֱלֹהִים; חֶסֶד וֶאֱמֶת, מַן יִנְצְרֻהוּ.	8 May he be enthroned before God for ever! Appoint mercy and truth, that they may preserve him.
ט כֵּן אֲזַמְּרָה שִׁמְךָ לָעַד— לְשַׁלְּמִי נְדָרַי, יוֹם יוֹם.	9 So will I sing praise unto Thy name for ever, that I may daily perform my vows. {P}

Chapter 62

א לַמְנַצֵּחַ עַל-יְדוּתוּן— מִזְמוֹר לְדָוִד.	1 For the Leader; for Jeduthun. A Psalm of David.
ב אַךְ אֶל-אֱלֹהִים, דּוּמִיָּה נַפְשִׁי; מִמֶּנּוּ, יְשׁוּעָתִי.	2 Only for God doth my soul wait in stillness; from Him cometh my salvation.
ג אַךְ-הוּא צוּרִי, וִישׁוּעָתִי; מִשְׂגַּבִּי,	3 He only is my rock and my salvation, my

high tower, I shall not be greatly moved.

לֹא-אֶמּוֹט רַבָּה.

4 How long will ye set upon a man, that ye may slay him, all of you, {N}
as a leaning wall, a tottering fence?

ד עַד-אָנָה, תְּהוֹתְתוּ עַל-אִישׁ— תְּרָצְּחוּ כֻלְּכֶם:
כְּקִיר נָטוּי;   גָּדֵר, הַדְּחוּיָה.

5 They only devise to thrust him down from his height, delighting in lies; {N}
they bless with their mouth, but they curse inwardly. Selah

ה אַךְ מִשְּׂאֵתוֹ, יָעֲצוּ לְהַדִּיחַ—   יִרְצוּ כָזָב:
בְּפִיו יְבָרֵכוּ;   וּבְקִרְבָּם, יְקַלְלוּ-סֶלָה.

6 Only for God wait thou in stillness, my soul; for from Him cometh my hope.

ו אַךְ לֵאלֹהִים, דּוֹמִּי נַפְשִׁי: כִּי-מִמֶּנּוּ, תִּקְוָתִי.

7 He only is my rock and my salvation, my high tower, I shall not be moved.

ז אַךְ-הוּא צוּרִי, וִישׁוּעָתִי;   מִשְׂגַּבִּי, לֹא אֶמּוֹט.

8 Upon God resteth my salvation and my glory; the rock of my strength, and my refuge, is in God.

ח עַל-אֱלֹהִים, יִשְׁעִי וּכְבוֹדִי;   צוּר-עֻזִּי מַחְסִי, בֵּאלֹהִים.

9 Trust in Him at all times, ye people; pour out your heart before Him; {N}
God is a refuge for us. Selah

ט בִּטְחוּ בוֹ בְכָל-עֵת, עָם—   שִׁפְכוּ-לְפָנָיו לְבַבְכֶם;
אֱלֹהִים מַחֲסֶה-לָּנוּ   סֶלָה.

10 Men of low degree are vanity, and men of high degree are a lie; {N}
if they be laid in the balances, they are together lighter than vanity.

י אַךְ, הֶבֶל בְּנֵי-אָדָם—   כָּזָב בְּנֵי-אִישׁ:
בְּמֹאזְנַיִם לַעֲלוֹת;   הֵמָּה, מֵהֶבֶל יָחַד.

11 Trust not in oppression, and put not vain hope in robbery; {N}
if riches increase, set not your heart thereon.

יא אַל-תִּבְטְחוּ בְעֹשֶׁק,   וּבְגָזֵל אַל-תֶּהְבָּלוּ:
חַיִל כִּי-יָנוּב—   אַל-תָּשִׁיתוּ לֵב.

12 God hath spoken once, twice have I heard this: that strength belongeth unto God;

יב אַחַת, דִּבֶּר אֱלֹהִים—שְׁתַּיִם-זוּ שָׁמָעְתִּי: כִּי עֹז, לֵאלֹהִים.

13 Also unto Thee, O Lord, belongeth mercy; for Thou renderest to every man

יג וּלְךָ-אֲדֹנָי חָסֶד: כִּי-אַתָּה תְשַׁלֵּם לְאִישׁ כְּמַעֲשֵׂהוּ.

according to his work. {P}

Chapter 63

א מִזְמוֹר לְדָוִד;   בִּהְיוֹתוֹ,   בְּמִדְבַּר יְהוּדָה.

1 A Psalm of David, when he was in the wilderness of Judah.

ב אֱלֹהִים, אֵלִי אַתָּה—   אֲשַׁחֲרֶךָּ:
צָמְאָה לְךָ, נַפְשִׁי—   כָּמַהּ לְךָ בְשָׂרִי;
בְּאֶרֶץ-צִיָּה וְעָיֵף   בְּלִי-מָיִם.

2 O God, Thou art my God, earnestly will I seek Thee; {N}
my soul thirsteth for Thee, my flesh longeth for Thee, {N}
in a dry and weary land, where no water is.

ג כֵּן, בַּקֹּדֶשׁ חֲזִיתִךָ—   לִרְאוֹת עֻזְּךָ, וּכְבוֹדֶךָ.

3 So have I looked for Thee in the sanctuary, to see Thy power and Thy glory.

ד כִּי-טוֹב חַסְדְּךָ, מֵחַיִּים;   שְׂפָתַי יְשַׁבְּחוּנְךָ.

4 For Thy lovingkindness is better than life; my lips shall praise Thee.

ה כֵּן אֲבָרֶכְךָ בְחַיָּי;   בְּשִׁמְךָ, אֶשָּׂא כַפָּי.

5 So will I bless Thee as long as I live; in Thy name will I lift up my hands.

ו כְּמוֹ חֵלֶב וָדֶשֶׁן, תִּשְׂבַּע נַפְשִׁי;   וְשִׂפְתֵי רְנָנוֹת, יְהַלֶּל-פִּי.

6 My soul is satisfied as with marrow and fatness; and my mouth doth praise Thee with joyful lips;

ז אִם-זְכַרְתִּיךָ עַל-יְצוּעָי—   בְּאַשְׁמֻרוֹת, אֶהְגֶּה-בָּךְ.

7 When I remember Thee upon my couch, and meditate on Thee in the night-watches.

ח כִּי-הָיִיתָ עֶזְרָתָה לִּי;   וּבְצֵל כְּנָפֶיךָ אֲרַנֵּן.

8 For Thou hast been my help, and in the shadow of Thy wings do I rejoice.

ט דָּבְקָה נַפְשִׁי אַחֲרֶיךָ;   בִּי, תָּמְכָה יְמִינֶךָ.

9 My soul cleaveth unto Thee; Thy right hand holdeth me fast.

י וְהֵמָּה—לְשׁוֹאָה, יְבַקְשׁוּ נַפְשִׁי;   יָבֹאוּ, בְּתַחְתִּיּוֹת הָאָרֶץ.

10 But those that seek my soul, to destroy it, shall go into the nethermost parts of the earth.

יא יַגִּירֻהוּ, עַל-יְדֵי-חָרֶב;   מְנָת

11 They shall be hurled to the power of the

sword; they shall be a portion for foxes. שְׁעָלִים יִהְיוּ.

יב וְהַמֶּלֶךְ, יִשְׂמַח בֵּאלֹהִים: יִתְהַלֵּל, כָּל-הַנִּשְׁבָּע בּוֹ: כִּי יִסָּכֵר, פִּי דוֹבְרֵי-שָׁקֶר.

12 But the king shall rejoice in God; {N} every one that sweareth by Him shall glory; for the mouth of them that speak lies shall be stopped. {P}

Chapter 64

א לַמְנַצֵּחַ, מִזְמוֹר לְדָוִד.

1 For the Leader. A Psalm of David.

ב שְׁמַע-אֱלֹהִים קוֹלִי בְשִׂיחִי; מִפַּחַד אוֹיֵב, תִּצֹּר חַיָּי.

2 Hear my voice, O God, in my complaint; preserve my life from the terror of the enemy.

ג תַּסְתִּירֵנִי, מִסּוֹד מְרֵעִים; מֵרִגְשַׁת, פֹּעֲלֵי אָוֶן.

3 Hide me from the council of evil-doers; from the tumult of the workers of iniquity;

ד אֲשֶׁר שָׁנְנוּ כַחֶרֶב לְשׁוֹנָם; דָּרְכוּ חִצָּם, דָּבָר מָר.

4 Who have whet their tongue like a sword, and have aimed their arrow, a poisoned word;

ה לִירֹת בַּמִּסְתָּרִים תָּם; פִּתְאֹם יֹרֻהוּ, וְלֹא יִירָאוּ.

5 That they may shoot in secret places at the blameless; suddenly do they shoot at him, and fear not.

ו יְחַזְּקוּ-לָמוֹ, דָּבָר רָע-- יְסַפְּרוּ, לִטְמוֹן מוֹקְשִׁים; אָמְרוּ, מִי יִרְאֶה-לָּמוֹ.

6 They encourage one another in an evil matter; they converse of laying snares secretly; {N}
they ask, who would see them.

ז יַחְפְּשׂוּ עוֹלֹת-- תַּמְנוּ, חֵפֶשׂ מְחֻפָּשׂ; וְקֶרֶב אִישׁ, וְלֵב עָמֹק.

7 They search out iniquities, they have accomplished a diligent search; {N}
even in the inward thought of every one, and the deep heart.

ח וַיֹּרֵם, אֱלֹהִים: חֵץ פִּתְאוֹם--הָיוּ, מַכּוֹתָם.

8 But God doth shoot at them with an arrow suddenly; thence are their wounds.

ט וַיַּכְשִׁילוּהוּ עָלֵימוֹ לְשׁוֹנָם; יִתְנֹדְדוּ, כָּל-רֹאֵה בָם.

9 So they make their own tongue a stumbling unto themselves; all that see them shake the head.

י וַיִּירְאוּ, כָּל-אָדָם: וַיַּגִּידוּ, פֹּעַל אֱלֹהִים; וּמַעֲשֵׂהוּ הִשְׂכִּילוּ.

10 And all men fear; and they declare the work of God, and understand His doing.

יא יִשְׂמַח צַדִּיק בַּיהוָה, וְחָסָה בוֹ; וְיִתְהַלְלוּ, כָּל-יִשְׁרֵי-לֵב.

11 The righteous shall be glad in the LORD, and shall take refuge in Him; and all the upright in heart shall glory. {P}

Chapter 65

א לַמְנַצֵּחַ מִזְמוֹר, לְדָוִד שִׁיר.

1 For the Leader. A Psalm. A Song of David.

ב לְךָ דֻמִיָּה תְהִלָּה אֱלֹהִים בְּצִיּוֹן; וּלְךָ, יְשֻׁלַּם-נֶדֶר.

2 Praise waiteth for Thee, O God, in Zion; and unto Thee the vow is performed.

ג שֹׁמֵעַ תְּפִלָּה— עָדֶיךָ, כָּל-בָּשָׂר יָבֹאוּ.

3 O Thou that hearest prayer, unto Thee doth all flesh come.

ד דִּבְרֵי עֲוֺנֹת, גָּבְרוּ מֶנִּי; פְּשָׁעֵינוּ, אַתָּה תְכַפְּרֵם.

4 The tale of iniquities is too heavy for me; as for our transgressions, Thou wilt pardon them.

ה אַשְׁרֵי, תִּבְחַר וּתְקָרֵב— יִשְׁכֹּן חֲצֵרֶיךָ:

5 Happy is the man whom Thou choosest, and bringest near, that he may dwell in Thy courts; {N}

נִשְׂבְּעָה, בְּטוּב בֵּיתֶךָ; קְדֹשׁ, הֵיכָלֶךָ.

may we be satisfied with the goodness of Thy house, the holy place of Thy temple!

ו נוֹרָאוֹת, בְּצֶדֶק תַּעֲנֵנוּ— אֱלֹהֵי יִשְׁעֵנוּ;

6 With wondrous works dost Thou answer us in righteousness, O God of our salvation; {N}

מִבְטָח כָּל-קַצְוֵי-אֶרֶץ, וְיָם רְחֹקִים.

Thou the confidence of all the ends of the earth, and of the far distant seas;

ז מֵכִין הָרִים בְּכֹחוֹ; נֶאְזָר, בִּגְבוּרָה.

7 Who by Thy strength settest fast the mountains, who art girded about with might;

ח מַשְׁבִּיחַ, שְׁאוֹן יַמִּים—שְׁאוֹן גַּלֵּיהֶם; וַהֲמוֹן לְאֻמִּים.

8 Who stillest the roaring of the seas, the roaring of their waves, and the tumult of the peoples;

ט וַיִּירְאוּ, יֹשְׁבֵי קְצָווֹת— מֵאוֹתֹתֶיךָ; מוֹצָאֵי בֹקֶר וָעֶרֶב תַּרְנִין.

9 So that they that dwell in the uttermost parts stand in awe of Thy signs; Thou makest the outgoings of the morning and evening to rejoice.

י פָּקַדְתָּ הָאָרֶץ וַתְּשֹׁקְקֶהָ, רַבַּת תַּעְשְׁרֶנָּה— פֶּלֶג אֱלֹהִים, מָלֵא מָיִם; תָּכִין דְּגָנָם, כִּי-כֵן תְּכִינֶהָ.

10 Thou hast remembered the earth, and watered her, greatly enriching her, with the river of God that is full of water; {N}
Thou preparest them corn, for so preparest Thou her.

יא תְּלָמֶיהָ רַוֵּה, נַחֵת גְּדוּדֶהָ; בִּרְבִיבִים תְּמֹגְגֶנָּה, צִמְחָהּ תְּבָרֵךְ.

11 Watering her ridges abundantly, settling down the furrows thereof, Thou makest her soft with showers; Thou blessest the growth thereof.

יב עִטַּרְתָּ, שְׁנַת טוֹבָתֶךָ; וּמַעְגָּלֶיךָ, יִרְעֲפוּן דָּשֶׁן.

12 Thou crownest the year with Thy goodness; and Thy paths drop fatness.

יג יִרְעֲפוּ, נְאוֹת מִדְבָּר; וְגִיל, גְּבָעוֹת תַּחְגֹּרְנָה.

13 The pastures of the wilderness do drop; and the hills are girded with joy.

יד לָבְשׁוּ כָרִים, הַצֹּאן— וַעֲמָקִים יַעַטְפוּ-בָר; יִתְרוֹעֲעוּ, אַף-יָשִׁירוּ.

14 The meadows are clothed with flocks; the valleys also are covered over with corn; {N}
they shout for joy, yea, they sing. {P}

Chapter 66

א לַמְנַצֵּחַ, שִׁיר מִזְמוֹר: הָרִיעוּ לֵאלֹהִים, כָּל-הָאָרֶץ.

1 For the Leader. A Song, a Psalm. Shout unto God, all the earth;

ב זַמְּרוּ כְבוֹד-שְׁמוֹ; שִׂימוּ כָבוֹד, תְּהִלָּתוֹ.

2 Sing praises unto the glory of His name; make His praise glorious.

ג אִמְרוּ לֵאלֹהִים, מַה-נּוֹרָא מַעֲשֶׂיךָ; בְּרֹב עֻזְּךָ, יְכַחֲשׁוּ לְךָ אֹיְבֶיךָ.

3 Say unto God: 'How tremendous is Thy work! Through the greatness of Thy power shall Thine enemies dwindle away before Thee.

ד כָּל-הָאָרֶץ, יִשְׁתַּחֲווּ לְךָ—וִיזַמְּרוּ-

4 All the earth shall worship Thee, and shall sing praises unto Thee; they shall sing

לָךְ ; יְזַמְּרוּ שִׁמְךָ סֶּלָה. praises to Thy name.' Selah

ה לְכוּ וּרְאוּ, מִפְעֲלוֹת אֱלֹהִים ; נוֹרָא עֲלִילָה, עַל-בְּנֵי אָדָם. 5 Come, and see the works of God; He is terrible in His doing toward the children of men.

ו הָפַךְ יָם, לְיַבָּשָׁה–בַּנָּהָר, יַעַבְרוּ בְרָגֶל ; שָׁם, נִשְׂמְחָה-בּוֹ. 6 He turned the sea into dry land; they went through the river on foot; there let us rejoice in Him!

ז מֹשֵׁל בִּגְבוּרָתוֹ, עוֹלָם– עֵינָיו, בַּגּוֹיִם תִּצְפֶּינָה ; הַסּוֹרְרִים, אַל-ירימו (יָרוּמוּ) לָמוֹ סֶלָה. 7 Who ruleth by His might for ever; His eyes keep watch upon the nations; {N} let not the rebellious exalt themselves. Selah

ח בָּרְכוּ עַמִּים אֱלֹהֵינוּ ; וְהַשְׁמִיעוּ, קוֹל תְּהִלָּתוֹ. 8 Bless our God, ye peoples, and make the voice of His praise to be heard;

ט הַשָּׂם נַפְשֵׁנוּ, בַּחַיִּים ; וְלֹא-נָתַן לַמּוֹט רַגְלֵנוּ. 9 Who hath set our soul in life, and suffered not our foot to be moved,

י כִּי-בְחַנְתָּנוּ אֱלֹהִים ; צְרַפְתָּנוּ, כִּצְרָף-כָּסֶף. 10 For Thou, O God, hast tried us; Thou hast refined us, as silver is refined.

יא הֲבֵאתָנוּ בַמְּצוּדָה ; שַׂמְתָּ מוּעָקָה בְמָתְנֵינוּ. 11 Thou didst bring us into the hold; Thou didst lay constraint upon our loins.

יב הִרְכַּבְתָּ אֱנוֹשׁ, לְרֹאשֵׁנוּ : בָּאנוּ-בָאֵשׁ וּבַמַּיִם ; וַתּוֹצִיאֵנוּ, לָרְוָיָה. 12 Thou hast caused men to ride over our heads; we went through fire and through water; but Thou didst bring us out unto abundance.

יג אָבוֹא בֵיתְךָ בְעוֹלוֹת ; אֲשַׁלֵּם לְךָ נְדָרָי. 13 I will come into Thy house with burnt-offerings, I will perform unto Thee my vows,

יד אֲשֶׁר-פָּצוּ שְׂפָתָי ; וְדִבֶּר-פִּי, בַּצַּר-לִי. 14 Which my lips have uttered, and my mouth hath spoken, when I was in distress.

טו עֹלוֹת מֵיחִים אַעֲלֶה-לָּךְ, עִם-קְטֹרֶת אֵילִים ; אֶעֱשֶׂה בָקָר עִם-עַתּוּדִים סֶלָה. 15 I will offer unto Thee burnt-offerings of fatlings, with the sweet smoke of rams; {N} I will offer bullocks with goats. Selah

טז לְכוּ-שִׁמְעוּ וַאֲסַפְּרָה, כָּל-יִרְאֵי אֱלֹהִים: אֲשֶׁר עָשָׂה לְנַפְשִׁי.	16 Come, and hearken, all ye that fear God, and I will declare what He hath done for my soul.
יז אֵלָיו פִּי-קָרָאתִי; וְרוֹמַם, תַּחַת לְשׁוֹנִי.	17 I cried unto Him with my mouth, and He was extolled with my tongue.
יח אָוֶן, אִם-רָאִיתִי בְלִבִּי— לֹא יִשְׁמַע אֲדֹנָי.	18 If I had regarded iniquity in my heart, the Lord would not hear;
יט אָכֵן, שָׁמַע אֱלֹהִים; הִקְשִׁיב, בְּקוֹל תְּפִלָּתִי.	19 But verily God hath heard; He hath attended to the voice of my prayer.
כ בָּרוּךְ אֱלֹהִים— אֲשֶׁר לֹא-הֵסִיר תְּפִלָּתִי וְחַסְדּוֹ, מֵאִתִּי.	20 Blessed be God, who hath not turned away my prayer, nor His mercy from me. {P}

Chapter 67

א לַמְנַצֵּחַ בִּנְגִינֹת, מִזְמוֹר שִׁיר.	1 For the Leader; with string-music. A Psalm, a Song.
ב אֱלֹהִים, יְחָנֵּנוּ וִיבָרְכֵנוּ; יָאֵר פָּנָיו אִתָּנוּ סֶלָה.	2 God be gracious unto us, and bless us; may He cause His face to shine toward us; Selah
ג לָדַעַת בָּאָרֶץ דַּרְכֶּךָ; בְּכָל-גּוֹיִם, יְשׁוּעָתֶךָ.	3 That Thy way may be known upon earth, Thy salvation among all nations.
ד יוֹדוּךָ עַמִּים אֱלֹהִים: יוֹדוּךָ, עַמִּים כֻּלָּם.	4 Let the peoples give thanks unto Thee, O God; let the peoples give thanks unto Thee, all of them.
ה יִשְׂמְחוּ וִירַנְּנוּ, לְאֻמִּים: כִּי-תִשְׁפֹּט עַמִּים מִישֹׁר; וּלְאֻמִּים, בָּאָרֶץ תַּנְחֵם סֶלָה.	5 O let the nations be glad and sing for joy; {N} for Thou wilt judge the peoples with equity, and lead the nations upon earth. Selah
ו יוֹדוּךָ עַמִּים אֱלֹהִים: יוֹדוּךָ, עַמִּים כֻּלָּם.	6 Let the peoples give thanks unto Thee, O God; let the peoples give thanks unto Thee, all of them.
ז אֶרֶץ, נָתְנָה יְבוּלָהּ; יְבָרְכֵנוּ,	7 The earth hath yielded her increase; may

| אֱלֹהִים אֱלֹהֵינוּ. | God, our own God, bless us. |
| ח יְבָרְכֵנוּ אֱלֹהִים; וְיִירְאוּ אוֹתוֹ, כָּל-אַפְסֵי-אָרֶץ. | 8 May God bless us; and let all the ends of the earth fear Him. {P} |

Chapter 68

א לַמְנַצֵּחַ לְדָוִד, מִזְמוֹר שִׁיר.	1 For the Leader. A Psalm of David, a Song.
ב יָקוּם אֱלֹהִים, יָפוּצוּ אוֹיְבָיו; וְיָנוּסוּ מְשַׂנְאָיו, מִפָּנָיו.	2 Let God arise, let His enemies be scattered; and let them that hate Him flee before Him.
ג כְּהִנְדֹּף עָשָׁן, תִּנְדֹּף: כְּהִמֵּס דּוֹנַג, מִפְּנֵי-אֵשׁ— יֹאבְדוּ רְשָׁעִים, מִפְּנֵי אֱלֹהִים.	3 As smoke is driven away, so drive them away; {N} as wax melteth before the fire, so let the wicked perish at the presence of God.
ד וְצַדִּיקִים-יִשְׂמְחוּ יַעַלְצוּ, לִפְנֵי אֱלֹהִים; וְיָשִׂישׂוּ בְשִׂמְחָה.	4 But let the righteous be glad, let them exult before God; yea, let them rejoice with gladness.
ה שִׁירוּ, לֵאלֹהִים— זַמְּרוּ שְׁמוֹ: סֹלּוּ, לָרֹכֵב בָּעֲרָבוֹת—בְּיָהּ שְׁמוֹ; וְעִלְזוּ לְפָנָיו.	5 Sing unto God, sing praises to His name; {N} extol Him that rideth upon the skies, whose name is the LORD; and exult ye before Him.
ו אֲבִי יְתוֹמִים, וְדַיַּן אַלְמָנוֹת— אֱלֹהִים, בִּמְעוֹן קָדְשׁוֹ.	6 A father of the fatherless, and a judge of the widows, is God in His holy habitation.
ז אֱלֹהִים, מוֹשִׁיב יְחִידִים בַּיְתָה— מוֹצִיא אֲסִירִים, בַּכּוֹשָׁרוֹת; אַךְ סוֹרְרִים, שָׁכְנוּ צְחִיחָה.	7 God maketh the solitary to dwell in a house; He bringeth out the prisoners into prosperity; {N} the rebellious dwell but in a parched land.
ח אֱלֹהִים—בְּצֵאתְךָ, לִפְנֵי עַמֶּךָ; בְּצַעְדְּךָ בִישִׁימוֹן סֶלָה.	8 O God, when Thou wentest forth before Thy people, when Thou didst march through the wilderness; Selah
ט אֶרֶץ רָעָשָׁה, אַף-שָׁמַיִם נָטְפוּ— מִפְּנֵי אֱלֹהִים:	9 The earth trembled, the heavens also dropped at the presence of God; {N}

even yon Sinai trembled at the presence of God, the God of Israel.

זֶה סִינַי— מִפְּנֵי אֱלֹהִים, אֱלֹהֵי יִשְׂרָאֵל.

10 A bounteous rain didst Thou pour down, O God; when Thine inheritance was weary, Thou didst confirm it.

י גֶּשֶׁם נְדָבוֹת, תָּנִיף אֱלֹהִים; נַחֲלָתְךָ וְנִלְאָה, אַתָּה כוֹנַנְתָּהּ.

11 Thy flock settled therein; Thou didst prepare in Thy goodness for the poor, O God.

יא חַיָּתְךָ יָשְׁבוּ-בָהּ; תָּכִין בְּטוֹבָתְךָ לֶעָנִי אֱלֹהִים.

12 The Lord giveth the word; the women that proclaim the tidings are a great host.

יב אֲדֹנָי יִתֶּן-אֹמֶר; הַמְבַשְּׂרוֹת, צָבָא רָב.

13 Kings of armies flee, they flee; and she that tarrieth at home divideth the spoil.

יג מַלְכֵי צְבָאוֹת, יִדֹּדוּן יִדֹּדוּן; וּנְוַת-בַּיִת, תְּחַלֵּק שָׁלָל.

14 When ye lie among the sheepfolds, {N}
the wings of the dove are covered with silver, and her pinions with the shimmer of gold.

יד אִם-תִּשְׁכְּבוּן, בֵּין שְׁפַתָּיִם: כַּנְפֵי יוֹנָה, נֶחְפָּה בַכֶּסֶף; וְאֶבְרוֹתֶיהָ, בִּירַקְרַק חָרוּץ.

15 When the Almighty scattereth kings therein, it snoweth in Zalmon.

טו בְּפָרֵשׂ שַׁדַּי מְלָכִים בָּהּ— תַּשְׁלֵג בְּצַלְמוֹן.

16 A mountain of God is the mountain of Bashan; a mountain of peaks is the mountain of Bashan.

טז הַר-אֱלֹהִים הַר-בָּשָׁן: הַר גַּבְנֻנִּים, הַר-בָּשָׁן.

17 Why look ye askance, ye mountains of peaks, {N}
at the mountain which God hath desired for His abode? Yea, the LORD will dwell therein for ever.

יז לָמָּה, תְּרַצְּדוּן— הָרִים גַּבְנֻנִּים: הָהָר—חָמַד אֱלֹהִים לְשִׁבְתּוֹ; אַף-יְהוָה, יִשְׁכֹּן לָנֶצַח.

18 The chariots of God are myriads, even thousands upon thousands; the Lord is among them, as in Sinai, in holiness.

יח רֶכֶב אֱלֹהִים, רִבֹּתַיִם אַלְפֵי שִׁנְאָן; אֲדֹנָי בָם, סִינַי בַּקֹּדֶשׁ.

19 Thou hast ascended on high, Thou hast led captivity captive; Thou hast received gifts among men, {N}
yea, among the rebellious also, that the

יט עָלִיתָ לַמָּרוֹם, שָׁבִיתָ שֶּׁבִי— לָקַחְתָּ מַתָּנוֹת, בָּאָדָם; וְאַף סוֹרְרִים, לִשְׁכֹּן יָהּ אֱלֹהִים.

LORD God might dwell there.

כ בָּרוּךְ אֲדֹנָי, יוֹם יוֹם: יַעֲמָס-לָנוּ— הָאֵל יְשׁוּעָתֵנוּ סֶלָה.

20 Blessed be the Lord, day by day He beareth our burden, even the God who is our salvation. Selah

כא הָאֵל לָנוּ, אֵל לְמוֹשָׁעוֹת: וְלֵיהוִה אֲדֹנָי—לַמָּוֶת, תֹּצָאוֹת.

21 God is unto us a God of deliverances; and unto GOD the Lord belong the issues of death.

כב אַךְ-אֱלֹהִים—יִמְחַץ, רֹאשׁ אֹיְבָיו: קָדְקֹד שֵׂעָר—מִתְהַלֵּךְ, בַּאֲשָׁמָיו.

22 Surely God will smite through the head of His enemies, the hairy scalp of him that goeth about in his guiltiness.

כג אָמַר אֲדֹנָי, מִבָּשָׁן אָשִׁיב; אָשִׁיב, מִמְּצֻלוֹת יָם.

23 The Lord said: 'I will bring back from Bashan, I will bring them back from the depths of the sea;

כד לְמַעַן, תִּמְחַץ רַגְלְךָ—בְּדָם: לְשׁוֹן כְּלָבֶיךָ—מֵאֹיְבִים מִנֵּהוּ.

24 That thy foot may wade through blood, that the tongue of thy dogs may have its portion from thine enemies.'

כה רָאוּ הֲלִיכוֹתֶיךָ אֱלֹהִים; הֲלִיכוֹת אֵלִי מַלְכִּי בַקֹּדֶשׁ.

25 They see Thy goings, O God, even the goings of my God, my King, in holiness.

כו קִדְּמוּ שָׁרִים, אַחַר נֹגְנִים; בְּתוֹךְ עֲלָמוֹת, תּוֹפֵפוֹת.

26 The singers go before, the minstrels follow after, in the midst of damsels playing upon timbrels.

כז בְּמַקְהֵלוֹת, בָּרְכוּ אֱלֹהִים; אֲדֹנָי, מִמְּקוֹר יִשְׂרָאֵל.

27 'Bless ye God in full assemblies, even the Lord, ye that are from the fountain of Israel.'

כח שָׁם בִּנְיָמִן, צָעִיר רֹדֵם—שָׂרֵי יְהוּדָה, רִגְמָתָם; שָׂרֵי זְבֻלוּן, שָׂרֵי נַפְתָּלִי.

28 There is Benjamin, the youngest, ruling them, the princes of Judah their council, the princes of Zebulun, the princes of Naphtali.

כט צִוָּה אֱלֹהֶיךָ, עֻזֶּךָ: עוּזָּה אֱלֹהִים—זוּ, פָּעַלְתָּ לָּנוּ.

29 Thy God hath commanded thy strength; be strong, O God, Thou that hast wrought for us

ל מֵהֵיכָלֶךָ, עַל-יְרוּשָׁלִָם— לְךָ יוֹבִילוּ

30 Out of Thy temple at Jerusalem, whither kings shall bring presents unto Thee.

מְלָכִים שָׁי.

לא גְּעַר חַיַּת קָנֶה, עֲדַת אַבִּירִים בְּעֶגְלֵי עַמִּים—   מִתְרַפֵּס בְּרַצֵּי-כָסֶף ; בִּזַּר עַמִּים,   קְרָבוֹת יֶחְפָּצוּ.

31 Rebuke the wild beast of the reeds, the multitude of the bulls, with the calves of the peoples, every one submitting himself with pieces of silver; {N}
He hath scattered the peoples that delight in war!

לב יֶאֱתָיוּ חַשְׁמַנִּים, מִנִּי מִצְרָיִם ;   כּוּשׁ תָּרִיץ יָדָיו, לֵאלֹהִים.

32 Nobles shall come out of Egypt; Ethiopia shall hasten to stretch out her hands unto God.

לג מַמְלְכוֹת הָאָרֶץ, שִׁירוּ לֵאלֹהִים ;   זַמְּרוּ אֲדֹנָי סֶלָה.

33 Sing unto God, ye kingdoms of the earth; O sing praises unto the Lord; Selah

לד לָרֹכֵב, בִּשְׁמֵי שְׁמֵי-קֶדֶם—   הֵן יִתֵּן בְּקוֹלוֹ, קוֹל עֹז.

34 To Him that rideth upon the heavens of heavens, which are of old; lo, He uttereth His voice, a mighty voice.

לה תְּנוּ עֹז, לֵאלֹהִים :   עַל-יִשְׂרָאֵל גַּאֲוָתוֹ ; וְעֻזּוֹ, בַּשְּׁחָקִים.

35 Ascribe ye strength unto God; His majesty is over Israel, and His strength is in the skies.

לו נוֹרָא אֱלֹהִים,   מִמִּקְדָּשֶׁיךָ : אֵל יִשְׂרָאֵל—   הוּא נֹתֵן עֹז וְתַעֲצֻמוֹת לָעָם ; בָּרוּךְ אֱלֹהִים.

36 Awful is God out of thy holy places; {N}
the God of Israel, He giveth strength and power unto the people; {N}
blessed be God. {P}

Chapter 69

א לַמְנַצֵּחַ עַל-שׁוֹשַׁנִּים לְדָוִד.

1 For the Leader; upon Shoshannim. [A Psalm] of David.

ב הוֹשִׁיעֵנִי אֱלֹהִים—   כִּי בָאוּ מַיִם עַד-נָפֶשׁ.

2 Save me, O God; for the waters are come in even unto the soul.

ג טָבַעְתִּי, בִּיוֵן מְצוּלָה—   וְאֵין מָעֳמָד ; בָּאתִי בְמַעֲמַקֵּי-מַיִם,   וְשִׁבֹּלֶת

3 I am sunk in deep mire, where there is no standing; {N}
I am come into deep waters, and the flood overwhelmeth me.

שְׁטָפָתְנִי.

ד יָגַעְתִּי בְקָרְאִי, נִחַר גְּרוֹנִי: כָּלוּ עֵינַי—מְיַחֵל, לֵאלֹהָי.

4 I am weary of my crying; my throat is dried; mine eyes fail while I wait for my God.

ה רַבּוּ, מִשַּׂעֲרוֹת רֹאשִׁי— שֹׂנְאַי חִנָּם: עָצְמוּ מַצְמִיתַי, אֹיְבַי שֶׁקֶר— אֲשֶׁר לֹא-גָזַלְתִּי, אָז אָשִׁיב.

5 They that hate me without a cause are more than the hairs of my head; {N}
they that would cut me off, being mine enemies wrongfully, are many; should I restore that which I took not away?

ו אֱלֹהִים—אַתָּה יָדַעְתָּ, לְאִוַּלְתִּי; וְאַשְׁמוֹתַי, מִמְּךָ לֹא-נִכְחָדוּ.

6 O God, Thou knowest my folly; and my trespasses are not hid from Thee.

ז אַל-יֵבֹשׁוּ בִי, קֹוֶיךָ— אֲדֹנָי יְהוִה, צְבָאוֹת: אַל-יִכָּלְמוּ בִי מְבַקְשֶׁיךָ— אֱלֹהֵי, יִשְׂרָאֵל.

7 Let not them that wait for Thee be ashamed through me, O Lord GOD of hosts; {N}
let not those that seek Thee be brought to confusion through me, O God of Israel.

ח כִּי-עָלֶיךָ, נָשָׂאתִי חֶרְפָּה; כִּסְּתָה כְלִמָּה פָנָי.

8 Because for Thy sake I have borne reproach; confusion hath covered my face.

ט מוּזָר, הָיִיתִי לְאֶחָי; וְנָכְרִי, לִבְנֵי אִמִּי.

9 I am become a stranger unto my brethren, and an alien unto my mother's children.

י כִּי-קִנְאַת בֵּיתְךָ אֲכָלָתְנִי; וְחֶרְפּוֹת חוֹרְפֶיךָ, נָפְלוּ עָלָי.

10 Because zeal for Thy house hath eaten me up, and the reproaches of them that reproach Thee are fallen upon me.

יא וָאֶבְכֶּה בַצּוֹם נַפְשִׁי; וַתְּהִי לַחֲרָפוֹת לִי.

11 And I wept with my soul fasting, and that became unto me a reproach.

יב וָאֶתְּנָה לְבוּשִׁי שָׂק; וָאֱהִי לָהֶם לְמָשָׁל.

12 I made sackcloth also my garment, and I became a byword unto them.

יג יָשִׂיחוּ בִי, יֹשְׁבֵי שָׁעַר; וּנְגִינוֹת, שׁוֹתֵי שֵׁכָר.

13 They that sit in the gate talk of me; and I am the song of the drunkards.

יד וַאֲנִי תְפִלָּתִי-לְךָ יְהוָה, עֵת רָצוֹן—

14 But as for me, let my prayer be unto

Thee, O LORD, in an acceptable time; O God, in the abundance of Thy mercy, {N}
answer me with the truth of Thy salvation.

15 Deliver me out of the mire, and let me not sink; let me be delivered from them that hate me, and out of the deep waters.

16 Let not the waterflood overwhelm me, neither let the deep swallow me up; {N}
and let not the pit shut her mouth upon me.

17 Answer me, O LORD, for Thy mercy is good; according to the multitude of Thy compassions turn Thou unto me.

18 And hide not Thy face from Thy servant; for I am in distress; answer me speedily.

19 Draw nigh unto my soul, and redeem it; ransom me because of mine enemies.

20 Thou knowest my reproach, and my shame, and my confusion; mine adversaries are all before Thee.

21 Reproach hath broken my heart; and I am sore sick; {N}
and I looked for some to show compassion, but there was none; and for comforters, but I found none.

22 Yea, they put poison into my food; and in my thirst they gave me vinegar to drink.

23 Let their table before them become a snare; and when they are in peace, let it become a trap.

24 Let their eyes be darkened, that they see not; and make their loins continually to totter.

25 Pour out Thine indignation upon them, and let the fierceness of Thine anger overtake them.

כה שְׁפָךְ-עֲלֵיהֶם זַעְמֶךָ; וַחֲרוֹן אַפְּךָ, יַשִּׂיגֵם.

26 Let their encampment be desolate; let none dwell in their tents.

כו תְּהִי-טִירָתָם נְשַׁמָּה; בְּאָהֳלֵיהֶם, אַל-יְהִי יֹשֵׁב.

27 For they persecute him whom Thou hast smitten; and they tell of the pain of those whom Thou hast wounded.

כז כִּי-אַתָּה אֲשֶׁר-הִכִּיתָ רָדָפוּ; וְאֶל-מַכְאוֹב חֲלָלֶיךָ יְסַפֵּרוּ.

28 Add iniquity unto their iniquity; and let them not come into Thy righteousness.

כח תְּנָה-עָוֹן, עַל-עֲוֹנָם; וְאַל-יָבֹאוּ, בְּצִדְקָתֶךָ.

29 Let them be blotted out of the book of the living, and not be written with the righteous.

כט יִמָּחוּ, מִסֵּפֶר חַיִּים; וְעִם צַדִּיקִים, אַל-יִכָּתֵבוּ.

30 But I am afflicted and in pain; let Thy salvation, O God, set me up on high.

ל וַאֲנִי, עָנִי וְכוֹאֵב; יְשׁוּעָתְךָ אֱלֹהִים תְּשַׂגְּבֵנִי.

31 I will praise the name of God with a song, and will magnify Him with thanksgiving.

לא אֲהַלְלָה שֵׁם-אֱלֹהִים בְּשִׁיר; וַאֲגַדְּלֶנּוּ בְתוֹדָה.

32 And it shall please the LORD better than a bullock that hath horns and hoofs.

לב וְתִיטַב לַיהוָה, מִשּׁוֹר פָּר; מַקְרִן מַפְרִיס.

33 The humble shall see it, and be glad; ye that seek after God, let your heart revive.

לג רָאוּ עֲנָוִים יִשְׂמָחוּ; דֹּרְשֵׁי אֱלֹהִים, וִיחִי לְבַבְכֶם.

34 For the LORD hearkeneth unto the needy, and despiseth not His prisoners.

לד כִּי-שֹׁמֵעַ אֶל-אֶבְיוֹנִים יְהוָה; וְאֶת-אֲסִירָיו, לֹא בָזָה.

35 Let heavens and earth praise Him, the seas, and every thing that moveth therein.

לה יְהַלְלוּהוּ, שָׁמַיִם וָאָרֶץ; יַמִּים, וְכָל-רֹמֵשׂ בָּם.

36 For God will save Zion, and build the cities of Judah; and they shall abide there, and have it in possession.

לו כִּי אֱלֹהִים, יוֹשִׁיעַ צִיּוֹן, וְיִבְנֶה, עָרֵי יְהוּדָה; וְיָשְׁבוּ שָׁם, וִירֵשׁוּהָ.

37 The seed also of His servants shall inherit it; and they that love His name shall

לז וְזֶרַע עֲבָדָיו, יִנְחָלוּהָ; וְאֹהֲבֵי שְׁמוֹ, יִשְׁכְּנוּ-בָהּ.

dwell therein. {P}

Chapter 70

א-ב לַמְנַצֵּחַ, לְדָוִד לְהַזְכִּיר. אֱלֹהִים לְהַצִּילֵנִי; יהוה, לְעֶזְרָתִי חוּשָׁה.

1 For the Leader. [A Psalm] of David; to make memorial. 2 O God, to deliver me, O LORD, to help me, make haste.

ג יֵבֹשׁוּ וְיַחְפְּרוּ, מְבַקְשֵׁי נַפְשִׁי: יִסֹּגוּ אָחוֹר, וְיִכָּלְמוּ; חֲפֵצֵי, רָעָתִי.

3 Let them be ashamed and abashed that seek after my soul; let them be turned backward and brought to confusion that delight in my hurt.

ד יָשׁוּבוּ, עַל-עֵקֶב בָּשְׁתָּם— הָאֹמְרִים, הֶאָח הֶאָח.

4 Let them be turned back by reason of their shame that say: 'Aha, aha.'

ה יָשִׂישׂוּ וְיִשְׂמְחוּ, בְּךָ— כָּל-מְבַקְשֶׁיךָ: וְיֹאמְרוּ תָמִיד, יִגְדַּל אֱלֹהִים— אֹהֲבֵי, יְשׁוּעָתֶךָ.

5 Let all those that seek Thee rejoice and be glad in Thee; {N}
and let such as love Thy salvation say continually: 'Let God be magnified.'

ו וַאֲנִי, עָנִי וְאֶבְיוֹן— אֱלֹהִים חוּשָׁה-לִּי: עֶזְרִי וּמְפַלְטִי אַתָּה; יהוה, אַל-תְּאַחַר.

6 But I am poor and needy; O God, make haste unto me; {N}
Thou art my help and my deliverer; O LORD, tarry not. {P}

Chapter 71

א בְּךָ-יהוה חָסִיתִי; אַל-אֵבוֹשָׁה לְעוֹלָם.

1 In Thee, O LORD, have I taken refuge; let me never be ashamed.

ב בְּצִדְקָתְךָ, תַּצִּילֵנִי וּתְפַלְּטֵנִי; הַטֵּה-אֵלַי אָזְנְךָ, וְהוֹשִׁיעֵנִי.

2 Deliver me in Thy righteousness, and rescue me; incline Thine ear unto me, and save me.

ג הֱיֵה לִי, לְצוּר מָעוֹן לָבוֹא— תָּמִיד,

3 Be Thou to me a sheltering rock, whereunto I may continually resort, which

Thou hast appointed to save me; {N} for Thou art my rock and my fortress.	צִוִּיתָ לְהוֹשִׁיעֵנִי: כִּי-סַלְעִי וּמְצוּדָתִי אָתָּה.
4 O my God, rescue me out of the hand of the wicked, out of the grasp of the unrighteous and ruthless man.	ד אֱלֹהַי–פַּלְּטֵנִי, מִיַּד רָשָׁע; מִכַּף מְעַוֵּל וְחוֹמֵץ.
5 For Thou art my hope; O Lord GOD, my trust from my youth.	ה כִּי-אַתָּה תִקְוָתִי; אֲדֹנָי יְהוִה, מִבְטַחִי מִנְּעוּרָי.
6 Upon Thee have I stayed myself from birth; Thou art He that took me out of my mother's womb; my praise is continually of Thee.	ו עָלֶיךָ, נִסְמַכְתִּי מִבֶּטֶן–מִמְּעֵי אִמִּי, אַתָּה גוֹזִי; בְּךָ תְהִלָּתִי תָמִיד.
7 I am as a wonder unto many; but Thou art my strong refuge.	ז כְּמוֹפֵת, הָיִיתִי לְרַבִּים; וְאַתָּה, מַחֲסִי-עֹז.
8 My mouth shall be filled with Thy praise, and with Thy glory all the day.	ח יִמָּלֵא פִי, תְּהִלָּתֶךָ; כָּל-הַיּוֹם, תִּפְאַרְתֶּךָ.
9 Cast me not off in the time of old age; when my strength faileth, forsake me not.	ט אַל-תַּשְׁלִיכֵנִי, לְעֵת זִקְנָה; כִּכְלוֹת כֹּחִי, אַל-תַּעַזְבֵנִי.
10 For mine enemies speak concerning me, and they that watch for my soul take counsel together,	י כִּי-אָמְרוּ אוֹיְבַי לִי; וְשֹׁמְרֵי נַפְשִׁי, נוֹעֲצוּ יַחְדָּו.
11 Saying: 'God hath forsaken him; pursue and take him; for there is none to deliver.'	יא לֵאמֹר, אֱלֹהִים עֲזָבוֹ; רִדְפוּ וְתִפְשׂוּהוּ, כִּי-אֵין מַצִּיל.
12 O God, be not far from me; O my God, make haste to help me.	יב אֱלֹהִים, אַל-תִּרְחַק מִמֶּנִּי; אֱלֹהַי, לְעֶזְרָתִי חישה (חוּשָׁה).
13 Let them be ashamed and consumed that are adversaries to my soul; let them be covered with reproach and confusion that seek my hurt.	יג יֵבֹשׁוּ יִכְלוּ, שֹׂטְנֵי נַפְשִׁי: יַעֲטוּ חֶרְפָּה, וּכְלִמָּה–מְבַקְשֵׁי, רָעָתִי.
14 But as for me, I will hope continually, and will praise Thee yet more and more.	יד וַאֲנִי, תָּמִיד אֲיַחֵל; וְהוֹסַפְתִּי, עַל-כָּל-תְּהִלָּתֶךָ.

טו פִּי, יְסַפֵּר צִדְקָתֶךָ--כָּל-הַיּוֹם תְּשׁוּעָתֶךָ: כִּי לֹא יָדַעְתִּי סְפֹרוֹת.	15 My mouth shall tell of Thy righteousness, and of Thy salvation all the day; for I know not the numbers thereof.
טז אָבוֹא--בִּגְבֻרוֹת, אֲדֹנָי יְהוִה; אַזְכִּיר צִדְקָתְךָ לְבַדֶּךָ.	16 I will come with Thy mighty acts, O Lord GOD; I will make mention of Thy righteousness, even of Thine only.
יז אֱלֹהִים, לִמַּדְתַּנִי מִנְּעוּרָי; וְעַד-הֵנָּה, אַגִּיד נִפְלְאוֹתֶיךָ.	17 O God, Thou hast taught me from my youth; and until now do I declare Thy wondrous works.
יח וְגַם עַד-זִקְנָה, וְשֵׂיבָה-- אֱלֹהִים אַל-תַּעַזְבֵנִי: עַד-אַגִּיד זְרוֹעֲךָ לְדוֹר; לְכָל-יָבוֹא, גְּבוּרָתֶךָ.	18 And even unto old age and hoary hairs, O God, forsake me not; {N} until I have declared Thy strength unto the next generation, Thy might to every one that is to come.
יט וְצִדְקָתְךָ אֱלֹהִים, עַד-מָרוֹם: אֲשֶׁר-עָשִׂיתָ גְדֹלוֹת; אֱלֹהִים, מִי כָמוֹךָ.	19 Thy righteousness also, O God, which reacheth unto high heavens; {N} Thou who hast done great things, O God, who is like unto Thee?
כ אֲשֶׁר הראיתנו (הִרְאִיתַנִי), צָרוֹת רַבּוֹת-- וְרָעוֹת: תָּשׁוּב תחינו (תְּחַיֵּנִי); וּמִתְּהֹמוֹת הָאָרֶץ, תָּשׁוּב תַּעֲלֵנִי.	20 Thou, who hast made me to see many and sore troubles, {N} wilt quicken me again, and bring me up again from the depths of the earth.
כא תֶּרֶב גְּדֻלָּתִי; וְתִסֹּב תְּנַחֲמֵנִי.	21 Thou wilt increase my greatness, and turn and comfort me.
כב גַּם-אֲנִי, אוֹדְךָ בִכְלִי-נֶבֶל-- אֲמִתְּךָ אֱלֹהָי: אֲזַמְּרָה לְךָ בְכִנּוֹר-- קְדוֹשׁ, יִשְׂרָאֵל.	22 I also will give thanks unto Thee with the psaltery, even unto Thy truth, O my God; {N} I will sing praises unto Thee with the harp, O Thou Holy One of Israel.
כג תְּרַנֵּנָּה שְׂפָתַי, כִּי אֲזַמְּרָה-לָּךְ; וְנַפְשִׁי, אֲשֶׁר פָּדִיתָ.	23 My lips shall greatly rejoice when I sing praises unto Thee; and my soul, which Thou hast redeemed.
כד גַּם-לְשׁוֹנִי-- כָּל-הַיּוֹם, תֶּהְגֶּה צִדְקָתֶךָ:	24 My tongue also shall tell of Thy righteousness all the day; {N} for they are ashamed, for they are abashed,

כִּי-בֹשׁוּ כִי-חָפְרוּ, מְבַקְשֵׁי רָעָתִי. that seek my hurt. {P}

Chapter 72

א לִשְׁלֹמֹה: אֱלֹהִים—מִשְׁפָּטֶיךָ, לְמֶלֶךְ תֵּן; וְצִדְקָתְךָ לְבֶן-מֶלֶךְ. 1 [A Psalm] of Solomon. Give the king Thy judgments, O God, and Thy righteousness unto the king's son;

ב יָדִין עַמְּךָ בְצֶדֶק; וַעֲנִיֶּיךָ בְמִשְׁפָּט. 2 That he may judge Thy people with righteousness, and Thy poor with justice.

ג יִשְׂאוּ הָרִים שָׁלוֹם לָעָם; וּגְבָעוֹת, בִּצְדָקָה. 3 Let the mountains bear peace to the people, and the hills, through righteousness.

ד יִשְׁפֹּט, עֲנִיֵּי-עָם—יוֹשִׁיעַ, לִבְנֵי אֶבְיוֹן; וִידַכֵּא עוֹשֵׁק. 4 May he judge the poor of the people, and save the children of the needy, and crush the oppressor.

ה יִירָאוּךָ עִם-שָׁמֶשׁ; וְלִפְנֵי יָרֵחַ, דּוֹר דּוֹרִים. 5 They shall fear Thee while the sun endureth, and so long as the moon, throughout all generations.

ו יֵרֵד, כְּמָטָר עַל-גֵּז; כִּרְבִיבִים, זַרְזִיף אָרֶץ. 6 May he come down like rain upon the mown grass, as showers that water the earth.

ז יִפְרַח-בְּיָמָיו צַדִּיק; וְרֹב שָׁלוֹם, עַד-בְּלִי יָרֵחַ. 7 In his days let the righteous flourish, and abundance of peace, till the moon be no more.

ח וְיֵרְדְּ, מִיָּם עַד-יָם; וּמִנָּהָר, עַד-אַפְסֵי-אָרֶץ. 8 May he have dominion also from sea to sea, and from the River unto the ends of the earth.

ט לְפָנָיו, יִכְרְעוּ צִיִּים; וְאֹיְבָיו, עָפָר יְלַחֵכוּ. 9 Let them that dwell in the wilderness bow before him; and his enemies lick the dust.

י מַלְכֵי תַרְשִׁישׁ וְאִיִּים, מִנְחָה יָשִׁיבוּ; מַלְכֵי שְׁבָא וּסְבָא, אֶשְׁכָּר יַקְרִיבוּ. 10 The kings of Tarshish and of the isles shall render tribute; {N}
the kings of Sheba and Seba shall offer gifts.

יא וְיִשְׁתַּחֲווּ-לוֹ כָל-מְלָכִים; כָּל-גּוֹיִם יַעַבְדוּהוּ. 11 Yea, all kings shall prostrate themselves before him; all nations shall serve him.

יב כִּי-יַצִּיל, אֶבְיוֹן מְשַׁוֵּעַ; וְעָנִי, וְאֵין-עֹזֵר לוֹ.	12 For he will deliver the needy when he crieth; the poor also, and him that hath no helper.
יג יָחֹס, עַל-דַּל וְאֶבְיוֹן; וְנַפְשׁוֹת אֶבְיוֹנִים יוֹשִׁיעַ.	13 He will have pity on the poor and needy, and the souls of the needy he will save.
יד מִתּוֹךְ וּמֵחָמָס, יִגְאַל נַפְשָׁם; וְיֵיקַר דָּמָם בְּעֵינָיו.	14 He will redeem their soul from oppression and violence, and precious will their blood be in his sight;
טו וִיחִי— וְיִתֶּן-לוֹ, מִזְּהַב שְׁבָא: וְיִתְפַּלֵּל בַּעֲדוֹ תָמִיד; כָּל-הַיּוֹם, יְבָרְכֶנְהוּ.	15 That they may live, and that he may give them of the gold of Sheba, {N} that they may pray for him continually, yea, bless him all the day.
טז יְהִי פִסַּת-בַּר, בָּאָרֶץ— בְּרֹאשׁ הָרִים: יִרְעַשׁ כַּלְּבָנוֹן פִּרְיוֹ; וְיָצִיצוּ מֵעִיר, כְּעֵשֶׂב הָאָרֶץ.	16 May he be as a rich cornfield in the land upon the top of the mountains; {N} may his fruit rustle like Lebanon; and may they blossom out of the city like grass of the earth.
יז יְהִי שְׁמוֹ, לְעוֹלָם— לִפְנֵי-שֶׁמֶשׁ, ינין (יִנּוֹן) שְׁמוֹ: וְיִתְבָּרְכוּ בוֹ; כָּל-גּוֹיִם יְאַשְּׁרוּהוּ.	17 May his name endure for ever; may his name be continued as long as the sun; {N} may men also bless themselves by him; may all nations call him happy.
יח בָּרוּךְ, יְהוָה אֱלֹהִים—אֱלֹהֵי יִשְׂרָאֵל: עֹשֵׂה נִפְלָאוֹת לְבַדּוֹ.	18 Blessed be the LORD God, the God of Israel, who only doeth wondrous things;
יט וּבָרוּךְ, שֵׁם כְּבוֹדוֹ— לְעוֹלָם: וְיִמָּלֵא כְבוֹדוֹ, אֶת-כֹּל הָאָרֶץ— אָמֵן וְאָמֵן.	19 And blessed be His glorious name for ever; {N} and let the whole earth be filled with His glory. Amen, and Amen.
כ כָּלּוּ תְפִלּוֹת— דָּוִד, בֶּן-יִשָׁי.	20 The prayers of David the son of Jesse are ended. {P}

Chapter 73

א מִזְמוֹר, לְאָסָף: אַךְ טוֹב, לְיִשְׂרָאֵל אֱלֹהִים— לְבָרֵי	1 A Psalm of Asaph. {N} Surely God is good to Israel, even to such as are pure in heart.

לֵבָב.	
ב וַאֲנִי—כִּמְעַט, נָטוּי (נָטָיוּ) רַגְלָי ; כְּאַיִן, שפכה (שֻׁפְּכוּ) אֲשֻׁרָי.	2 But as for me, my feet were almost gone; my steps had well nigh slipped.
ג כִּי-קִנֵּאתִי, בַּהוֹלְלִים ; שְׁלוֹם רְשָׁעִים אֶרְאֶה.	3 For I was envious at the arrogant, when I saw the prosperity of the wicked.
ד כִּי אֵין חַרְצֻבּוֹת לְמוֹתָם ; וּבָרִיא אוּלָם.	4 For there are no pangs at their death, and their body is sound.
ה בַּעֲמַל אֱנוֹשׁ אֵינֵמוֹ ; וְעִם-אָדָם, לֹא יְנֻגָּעוּ.	5 In the trouble of man they are not; neither are they plagued like men.
ו לָכֵן, עֲנָקַתְמוֹ גַאֲוָה ; יַעֲטָף-שִׁית, חָמָס לָמוֹ.	6 Therefore pride is as a chain about their neck; violence covereth them as a garment.
ז יָצָא, מֵחֵלֶב עֵינֵמוֹ ; עָבְרוּ, מַשְׂכִּיּוֹת לֵבָב.	7 Their eyes stand forth from fatness; they are gone beyond the imaginations of their heart.
ח יָמִיקוּ, וִידַבְּרוּ בְרָע עֹשֶׁק ; מִמָּרוֹם יְדַבֵּרוּ.	8 They scoff, and in wickedness utter oppression; they speak as if there were none on high.
ט שַׁתּוּ בַשָּׁמַיִם פִּיהֶם ; וּלְשׁוֹנָם, תִּהֲלַךְ בָּאָרֶץ.	9 They have set their mouth against the heavens, and their tongue walketh through the earth.
י לָכֵן, ישיב (יָשׁוּב) עַמּוֹ הֲלֹם ; וּמֵי מָלֵא, יִמָּצוּ לָמוֹ.	10 Therefore His people return hither; and waters of fullness are drained out by them.
יא וְאָמְרוּ, אֵיכָה יָדַע-אֵל ; וְיֵשׁ דֵּעָה בְעֶלְיוֹן.	11 And they say: 'How doth God know? And is there knowledge in the Most High?'
יב הִנֵּה-אֵלֶּה רְשָׁעִים ; וְשַׁלְוֵי עוֹלָם, הִשְׂגּוּ-חָיִל.	12 Behold, such are the wicked; and they that are always at ease increase riches.
יג אַךְ-רִיק, זִכִּיתִי לְבָבִי ; וָאֶרְחַץ בְּנִקָּיוֹן כַּפָּי.	13 Surely in vain have I cleansed my heart, and washed my hands in innocency;
יד וָאֱהִי נָגוּעַ, כָּל-הַיּוֹם ; וְתוֹכַחְתִּי,	14 For all the day have I been plagued, and my chastisement came every morning.

לַבְּקָרִים.

טו אִם־אָמַרְתִּי, אֲסַפְּרָה כְמוֹ;   הִנֵּה דוֹר בָּנֶיךָ בָגָדְתִּי.

15 If I had said: 'I will speak thus', behold, I had been faithless to the generation of Thy children.

טז וָאֲחַשְּׁבָה, לָדַעַת זֹאת;   עָמָל היא (הוּא) בְעֵינָי.

16 And when I pondered how I might know this, it was wearisome in mine eyes;

יז עַד־אָבוֹא, אֶל־מִקְדְּשֵׁי־אֵל;   אָבִינָה, לְאַחֲרִיתָם.

17 Until I entered into the sanctuary of God, and considered their end.

יח אַךְ בַּחֲלָקוֹת, תָּשִׁית לָמוֹ;   הִפַּלְתָּם, לְמַשּׁוּאוֹת.

18 Surely Thou settest them in slippery places; Thou hurlest them down to utter ruin.

יט אֵיךְ הָיוּ לְשַׁמָּה כְרָגַע;   סָפוּ תַמּוּ, מִן־בַּלָּהוֹת.

19 How are they become a desolation in a moment! They are wholly consumed by terrors.

כ כַּחֲלוֹם מֵהָקִיץ—   אֲדֹנָי, בָּעִיר צַלְמָם תִּבְזֶה.

20 As a dream when one awaketh, so, O Lord, when Thou arousest Thyself, Thou wilt despise their semblance.

כא כִּי, יִתְחַמֵּץ לְבָבִי;   וְכִלְיוֹתַי, אֶשְׁתּוֹנָן.

21 For my heart was in a ferment, and I was pricked in my reins.

כב וַאֲנִי־בַעַר, וְלֹא אֵדָע;   בְּהֵמוֹת, הָיִיתִי עִמָּךְ.

22 But I was brutish, and ignorant; I was as a beast before Thee.

כג וַאֲנִי תָמִיד עִמָּךְ;   אָחַזְתָּ, בְּיַד־יְמִינִי.

23 Nevertheless I am continually with Thee; Thou holdest my right hand.

כד בַּעֲצָתְךָ תַנְחֵנִי;   וְאַחַר, כָּבוֹד תִּקָּחֵנִי.

24 Thou wilt guide me with Thy counsel, and afterward receive me with glory.

כה מִי־לִי בַשָּׁמָיִם;   וְעִמְּךָ, לֹא־חָפַצְתִּי בָאָרֶץ.

25 Whom have I in heavens but Thee? And beside Thee I desire none upon earth.

כו כָּלָה שְׁאֵרִי, וּלְבָבִי: צוּר־לְבָבִי וְחֶלְקִי—אֱלֹהִים לְעוֹלָם.

26 My flesh and my heart faileth; but God is the rock of my heart and my portion for ever.

27 For, lo, they that go far from Thee shall perish; Thou dost destroy all them that go astray from Thee.

כז כִּי-הִנֵּה רְחֵקֶיךָ יֹאבֵדוּ; הִצְמַתָּה, כָּל-זוֹנֶה מִמֶּךָּ.

28 But as for me, the nearness of God is my good; {N}
I have made the Lord GOD my refuge, that I may tell of all Thy works. {P}

כח וַאֲנִי, קִרְבַת אֱלֹהִים— לִי-טוֹב:
שַׁתִּי, בַּאדֹנָי יְהוִה מַחְסִי; לְסַפֵּר, כָּל-מַלְאֲכוֹתֶיךָ.

Chapter 74

1 Maschil of Asaph. {N}
Why, O God, hast Thou cast us off for ever? Why doth Thine anger smoke against the flock of Thy pasture?

א מַשְׂכִּיל, לְאָסָף:
לָמָה אֱלֹהִים, זָנַחְתָּ לָנֶצַח; יֶעְשַׁן אַפְּךָ, בְּצֹאן מַרְעִיתֶךָ.

2 Remember Thy congregation, which Thou hast gotten of old, which Thou hast redeemed to be the tribe of Thine inheritance; {N}
and mount Zion, wherein Thou hast dwelt.

ב זְכֹר עֲדָתְךָ, קָנִיתָ קֶּדֶם— גָּאַלְתָּ, שֵׁבֶט נַחֲלָתֶךָ;
הַר-צִיּוֹן, זֶה שָׁכַנְתָּ בּוֹ.

3 Lift up Thy steps because of the perpetual ruins, even all the evil that the enemy hath done in the sanctuary.

ג הָרִימָה פְעָמֶיךָ, לְמַשֻּׁאוֹת נֶצַח; כָּל-הֵרַע אוֹיֵב בַּקֹּדֶשׁ.

4 Thine adversaries have roared in the midst of Thy meeting-place; they have set up their own signs for signs.

ד שָׁאֲגוּ צֹרְרֶיךָ, בְּקֶרֶב מוֹעֲדֶךָ; שָׂמוּ אוֹתֹתָם אֹתוֹת.

5 It seemed as when men wield upwards axes in a thicket of trees.

ה יִוָּדַע, כְּמֵבִיא לְמָעְלָה; בִּסְבָךְ-עֵץ, קַרְדֻּמּוֹת.

6 And now all the carved work thereof together they strike down with hatchet and hammers.

ו ועת (וְעַתָּה), פִּתּוּחֶיהָ יָּחַד— בְּכַשִּׁיל וְכֵילַפּוֹת, יַהֲלֹמוּן.

7 They have set Thy sanctuary on fire; they have profaned the dwelling-place of Thy name even to the ground.

ז שִׁלְחוּ בָאֵשׁ, מִקְדָּשֶׁךָ; לָאָרֶץ, חִלְּלוּ מִשְׁכַּן-שְׁמֶךָ.

8 They said in their heart: 'Let us make havoc of them altogether'; they have

ח אָמְרוּ בְלִבָּם, נִינָם יָחַד; שָׂרְפוּ כָל-מוֹעֲדֵי-אֵל בָּאָרֶץ.

burned up all the meeting-places of God in the land.

9 We see not our signs; there is no more any prophet; neither is there among us any that knoweth how long.

ט אוֹתֹתֵינוּ, לֹא רָאִינוּ: אֵין-עוֹד נָבִיא; וְלֹא-אִתָּנוּ, יֹדֵעַ עַד-מָה.

10 How long, O God, shall the adversary reproach? Shall the enemy blaspheme Thy name for ever?

י עַד-מָתַי אֱלֹהִים, יְחָרֶף צָר; יְנָאֵץ אוֹיֵב שִׁמְךָ לָנֶצַח.

11 Why withdrawest Thou Thy hand, even Thy right hand? Draw it out of Thy bosom and consume them.

יא לָמָּה תָשִׁיב יָדְךָ, וִימִינֶךָ; מִקֶּרֶב חוֹקְךָ (חֵיקְךָ) כַלֵּה.

12 Yet God is my King of old, working salvation in the midst of the earth.

יב וֵאלֹהִים, מַלְכִּי מִקֶּדֶם; פֹּעֵל יְשׁוּעוֹת, בְּקֶרֶב הָאָרֶץ.

13 Thou didst break the sea in pieces by Thy strength; Thou didst shatter the heads of the sea-monsters in the waters.

יג אַתָּה פוֹרַרְתָּ בְעָזְּךָ יָם; שִׁבַּרְתָּ רָאשֵׁי תַנִּינִים, עַל-הַמָּיִם.

14 Thou didst crush the heads of leviathan, Thou gavest him to be food to the folk inhabiting the wilderness.

יד אַתָּה רִצַּצְתָּ, רָאשֵׁי לִוְיָתָן; תִּתְּנֶנּוּ מַאֲכָל, לְעָם לְצִיִּים.

15 Thou didst cleave fountain and brook; Thou driedst up ever-flowing rivers.

טו אַתָּה בָקַעְתָּ, מַעְיָן וָנָחַל; אַתָּה הוֹבַשְׁתָּ, נַהֲרוֹת אֵיתָן.

16 Thine is the day, Thine also the night; Thou hast established luminary and sun.

טז לְךָ יוֹם, אַף-לְךָ לָיְלָה; אַתָּה הֲכִינוֹתָ, מָאוֹר וָשָׁמֶשׁ.

17 Thou hast set all the borders of the earth; Thou hast made summer and winter.

יז אַתָּה הִצַּבְתָּ, כָּל-גְּבוּלוֹת אָרֶץ; קַיִץ וָחֹרֶף, אַתָּה יְצַרְתָּם.

18 Remember this, how the enemy hath reproached the LORD, and how a base people have blasphemed Thy name.

יח זְכָר-זֹאת–אוֹיֵב, חֵרֵף יְהוָה; וְעַם נָבָל, נִאֲצוּ שְׁמֶךָ.

19 O deliver not the soul of Thy turtle-dove unto the wild beast; forget not the life of Thy poor for ever.

יט אַל-תִּתֵּן לְחַיַּת, נֶפֶשׁ תּוֹרֶךָ; חַיַּת עֲנִיֶּיךָ, אַל-תִּשְׁכַּח לָנֶצַח.

20 Look upon the covenant; for the dark

כ הַבֵּט לַבְּרִית: כִּי מָלְאוּ מַחֲשַׁכֵּי-

places of the land are full of the habitations of violence.

21 O let not the oppressed turn back in confusion; let the poor and needy praise Thy name. | כא אַל-יָשֹׁב דַּךְ נִכְלָם; עָנִי וְאֶבְיוֹן, יְהַלְלוּ שְׁמֶךָ.

22 Arise, O God, plead Thine own cause; remember Thy reproach all the day at the hand of the base man. | כב קוּמָה אֱלֹהִים, רִיבָה רִיבֶךָ; זְכֹר חֶרְפָּתְךָ מִנִּי-נָבָל, כָּל-הַיּוֹם.

23 Forget not the voice of Thine adversaries, the tumult of those that rise up against Thee which ascendeth continually. {P} | כג אַל-תִּשְׁכַּח, קוֹל צֹרְרֶיךָ; שְׁאוֹן קָמֶיךָ, עֹלֶה תָמִיד.

Chapter 75

1 For the Leader; Al-tashheth. A Psalm of Asaph, a Song. | א לַמְנַצֵּחַ אַל-תַּשְׁחֵת; מִזְמוֹר לְאָסָף שִׁיר.

2 We give thanks unto Thee, O God, we give thanks, and Thy name is near; men tell of Thy wondrous works. | ב הוֹדִינוּ לְךָ, אֱלֹהִים–הוֹדִינוּ, וְקָרוֹב שְׁמֶךָ; סִפְּרוּ, נִפְלְאוֹתֶיךָ.

3 'When I take the appointed time, I Myself will judge with equity. | ג כִּי, אֶקַּח מוֹעֵד; אֲנִי, מֵישָׁרִים אֶשְׁפֹּט.

4 When the earth and all the inhabitants thereof are dissolved, I Myself establish the pillars of it.' Selah | ד נְמֹגִים, אֶרֶץ וְכָל-יֹשְׁבֶיהָ; אָנֹכִי תִכַּנְתִּי עַמּוּדֶיהָ סֶּלָה.

5 I say unto the arrogant: 'Deal not arrogantly'; and to the wicked: 'Lift not up the horn.' | ה אָמַרְתִּי לַהוֹלְלִים, אַל-תָּהֹלּוּ; וְלָרְשָׁעִים, אַל-תָּרִימוּ קָרֶן.

6 Lift not up your horn on high; speak not insolence with a haughty neck. | ו אַל-תָּרִימוּ לַמָּרוֹם קַרְנְכֶם; תְּדַבְּרוּ בְצַוָּאר עָתָק.

7 For neither from the east, nor from the west, nor yet from the wilderness, cometh lifting up. | ז כִּי לֹא מִמּוֹצָא, וּמִמַּעֲרָב; וְלֹא, מִמִּדְבַּר הָרִים.

ח כִּי-אֱלֹהִים שֹׁפֵט; זֶה יַשְׁפִּיל, וְזֶה יָרִים. 8 For God is judge; He putteth down one, and lifteth up another.

ט כִּי כוֹס בְּיַד-יְהוָה, וְיַיִן חָמַר מָלֵא מֶסֶךְ— וַיַּגֵּר מִזֶּה:
אַךְ-שְׁמָרֶיהָ, יִמְצוּ יִשְׁתּוּ; כֹּל, רִשְׁעֵי-אָרֶץ. 9 For in the hand of the LORD there is a cup, with foaming wine, full of mixture, and He poureth out of the same; {N}
surely the dregs thereof, all the wicked of the earth shall drain them, and drink them.

י וַאֲנִי, אַגִּיד לְעֹלָם; אֲזַמְּרָה, לֵאלֹהֵי יַעֲקֹב. 10 But as for me, I will declare for ever, I will sing praises to the God of Jacob.

יא וְכָל-קַרְנֵי רְשָׁעִים אֲגַדֵּעַ; תְּרוֹמַמְנָה, קַרְנוֹת צַדִּיק. 11 All the horns of the wicked also will I cut off; but the horns of the righteous shall be lifted up. {P}

Chapter 76

א לַמְנַצֵּחַ בִּנְגִינֹת; מִזְמוֹר לְאָסָף שִׁיר. 1 For the Leader; with string-music. A Psalm of Asaph, a Song.

ב נוֹדָע בִּיהוּדָה אֱלֹהִים; בְּיִשְׂרָאֵל, גָּדוֹל שְׁמוֹ. 2 In Judah is God known; His name is great in Israel.

ג וַיְהִי בְשָׁלֵם סֻכּוֹ; וּמְעוֹנָתוֹ בְצִיּוֹן. 3 In Salem also is set His tabernacle, and His dwelling-place in Zion.

ד שָׁמָּה, שִׁבַּר רִשְׁפֵי-קָשֶׁת; מָגֵן וְחֶרֶב וּמִלְחָמָה סֶלָה. 4 There He broke the fiery shafts of the bow; the shield, and the sword, and the battle. Selah

ה נָאוֹר, אַתָּה אַדִּיר— מֵהַרְרֵי-טָרֶף. 5 Glorious art Thou and excellent, coming down from the mountains of prey.

ו אֶשְׁתּוֹלְלוּ, אַבִּירֵי לֵב— נָמוּ שְׁנָתָם;
וְלֹא-מָצְאוּ כָל-אַנְשֵׁי-חַיִל יְדֵיהֶם. 6 The stout-hearted are bereft of sense, they sleep their sleep; {N}
and none of the men of might have found their hands.

ז מִגַּעֲרָתְךָ, אֱלֹהֵי יַעֲקֹב; נִרְדָּם, וְרֶכֶב וָסוּס. 7 At Thy rebuke, O God of Jacob, they are cast into a dead sleep, the riders also and the horses.

ח אַתָּה, נוֹרָא אַתָּה–וּמִי-יַעֲמֹד לְפָנֶיךָ; מֵאָז אַפֶּךָ.

8 Thou, even Thou, art terrible; and who may stand in Thy sight when once Thou art angry?

ט מִשָּׁמַיִם, הִשְׁמַעְתָּ דִּין; אֶרֶץ יָרְאָה וְשָׁקָטָה.

9 Thou didst cause sentence to be heard from heavens; the earth feared, and was still,

י בְּקוּם-לַמִּשְׁפָּט אֱלֹהִים– לְהוֹשִׁיעַ כָּל-עַנְוֵי-אֶרֶץ סֶלָה.

10 When God arose to judgment, to save all the humble of the earth. Selah

יא כִּי-חֲמַת אָדָם תּוֹדֶךָּ; שְׁאֵרִית חֵמֹת תַּחְגֹּר.

11 Surely the wrath of man shall praise Thee; the residue of wrath shalt Thou gird upon Thee.

יב נִדְרוּ וְשַׁלְּמוּ, לַיהוָה אֱלֹהֵיכֶם: כָּל-סְבִיבָיו–יֹבִילוּ שַׁי, לַמּוֹרָא.

12 Vow, and pay unto the LORD your God; let all that are round about Him bring presents unto Him that is to be feared;

יג יִבְצֹר, רוּחַ נְגִידִים; נוֹרָא, לְמַלְכֵי-אָרֶץ.

13 He minisheth the spirit of princes; He is terrible to the kings of the earth. {P}

Chapter 77

א לַמְנַצֵּחַ עַל-יְדִיתוּן (יְדוּתוּן); לְאָסָף מִזְמוֹר.

1 For the Leader; for Jeduthun. A Psalm of Asaph.

ב קוֹלִי אֶל-אֱלֹהִים וְאֶצְעָקָה; קוֹלִי אֶל-אֱלֹהִים, וְהַאֲזִין אֵלָי.

2 I will lift up my voice unto God, and cry; I will lift up my voice unto God, that He may give ear unto me.

ג בְּיוֹם צָרָתִי, אֲדֹנָי דָּרָשְׁתִּי: יָדִי, לַיְלָה נִגְּרָה–וְלֹא תָפוּג; מֵאֲנָה הִנָּחֵם נַפְשִׁי.

3 In the day of my trouble I seek the Lord; {N}
with my hand uplifted, [mine eye] streameth in the night without ceasing; my soul refuseth to be comforted.

ד אֶזְכְּרָה אֱלֹהִים וְאֶהֱמָיָה; אָשִׂיחָה, וְתִתְעַטֵּף רוּחִי סֶלָה.

4 When I think thereon, O God, I must moan; when I muse thereon, my spirit fainteth. Selah

ה אָחַזְתָּ, שְׁמֻרוֹת עֵינָי; נִפְעַמְתִּי,

5 Thou holdest fast the lids of mine eyes; I

am troubled, and cannot speak.

6 I have pondered the days of old, the years of ancient times.

ו חִשַּׁבְתִּי יָמִים מִקֶּדֶם— שְׁנוֹת, עוֹלָמִים.

7 In the night I will call to remembrance my song; I will commune with mine own heart; and my spirit maketh diligent search:

ז אֶזְכְּרָה נְגִינָתִי, בַּלָּיְלָה: עִם-לְבָבִי אָשִׂיחָה; וַיְחַפֵּשׂ רוּחִי.

8 'Will the Lord cast off for ever? and will He be favourable no more?

ח הַלְעוֹלָמִים, יִזְנַח אֲדֹנָי; וְלֹא-יֹסִיף לִרְצוֹת עוֹד.

9 Is His mercy clean gone for ever? Is His promise come to an end for evermore?

ט הֶאָפֵס לָנֶצַח חַסְדּוֹ; גָּמַר אֹמֶר, לְדֹר וָדֹר.

10 Hath God forgotten to be gracious? Hath He in anger shut up his compassions?' Selah

י הֲשָׁכַח חַנּוֹת אֵל; אִם-קָפַץ בְּאַף, רַחֲמָיו סֶלָה.

11 And I say: 'This is my weakness, that the right hand of the Most High could change.

יא וָאֹמַר, חַלּוֹתִי הִיא— שְׁנוֹת, יְמִין עֶלְיוֹן.

12 I will make mention of the deeds of the LORD; yea, I will remember Thy wonders of old.

יב אַזְכִּיר (אֶזְכּוֹר) מַעַלְלֵי-יָהּ: כִּי-אֶזְכְּרָה מִקֶּדֶם פִּלְאֶךָ.

13 I will meditate also upon all Thy work, and muse on Thy doings.'

יג וְהָגִיתִי בְכָל-פָּעֳלֶךָ; וּבַעֲלִילוֹתֶיךָ אָשִׂיחָה.

14 O God, Thy way is in holiness; who is a great god like unto God?

יד אֱלֹהִים, בַּקֹּדֶשׁ דַּרְכֶּךָ; מִי-אֵל גָּדוֹל, כֵּאלֹהִים.

15 Thou art the God that doest wonders; Thou hast made known Thy strength among the peoples.

טו אַתָּה הָאֵל, עֹשֵׂה פֶלֶא; הוֹדַעְתָּ בָעַמִּים עֻזֶּךָ.

16 Thou hast with Thine arm redeemed Thy people, the sons of Jacob and Joseph. Selah

טז גָּאַלְתָּ בִּזְרוֹעַ עַמֶּךָ; בְּנֵי-יַעֲקֹב וְיוֹסֵף סֶלָה.

17 The waters saw Thee, O God; the waters saw Thee, they were in pain; the depths also trembled.

יז רָאוּךָ מַּיִם, אֱלֹהִים—רָאוּךָ מַּיִם יָחִילוּ; אַף, יִרְגְּזוּ תְהֹמוֹת.

יח זֹרְמוּ מַיִם, עָבוֹת–קוֹל, נָתְנוּ שְׁחָקִים; אַף-חֲצָצֶיךָ, יִתְהַלָּכוּ.	18 The clouds flooded forth waters; the skies sent out a sound; Thine arrows also went abroad.
יט קוֹל רַעַמְךָ, בַּגַּלְגַּל–הֵאִירוּ בְרָקִים תֵּבֵל; רָגְזָה וַתִּרְעַשׁ הָאָרֶץ.	19 The voice of Thy thunder was in the whirlwind; the lightnings lighted up the world; the earth trembled and shook.
כ בַּיָּם דַּרְכֶּךָ–וּשְׁבִילְךָ (וּשְׁבִילְךָ), בְּמַיִם רַבִּים; וְעִקְּבוֹתֶיךָ, לֹא נֹדָעוּ.	20 Thy way was in the sea, and Thy path in the great waters, and Thy footsteps were not known.
כא נָחִיתָ כַצֹּאן עַמֶּךָ– בְּיַד-מֹשֶׁה וְאַהֲרֹן.	21 Thou didst lead Thy people like a flock, by the hand of Moses and Aaron. {P}

Chapter 78

א מַשְׂכִּיל, לְאָסָף: הַאֲזִינָה עַמִּי, תּוֹרָתִי; הַטּוּ אָזְנְכֶם, לְאִמְרֵי-פִי.	1 Maschil of Asaph. {N} Give ear, O my people, to my teaching; incline your ears to the words of my mouth.
ב אֶפְתְּחָה בְמָשָׁל פִּי; אַבִּיעָה חִידוֹת, מִנִּי-קֶדֶם.	2 I will open my mouth with a parable; I will utter dark sayings concerning days of old;
ג אֲשֶׁר שָׁמַעְנוּ, וַנֵּדָעֵם; וַאֲבוֹתֵינוּ, סִפְּרוּ-לָנוּ.	3 That which we have heard and known, and our fathers have told us,
ד לֹא נְכַחֵד, מִבְּנֵיהֶם– לְדוֹר אַחֲרוֹן, מְסַפְּרִים תְּהִלּוֹת יְהוָה; וֶעֱזוּזוֹ וְנִפְלְאֹתָיו, אֲשֶׁר עָשָׂה.	4 We will not hide from their children, telling to the generation to come the praises of the LORD, {N} and His strength, and His wondrous works that He hath done.
ה וַיָּקֶם עֵדוּת, בְּיַעֲקֹב, וְתוֹרָה שָׂם בְּיִשְׂרָאֵל: אֲשֶׁר צִוָּה, אֶת-אֲבוֹתֵינוּ– לְהוֹדִיעָם, לִבְנֵיהֶם.	5 For He established a testimony in Jacob, and appointed a law in Israel, {N} which He commanded our fathers, that they should make them known to their children;
ו לְמַעַן יֵדְעוּ, דּוֹר אַחֲרוֹן–בָּנִים יִוָּלֵדוּ; יָקֻמוּ, וִיסַפְּרוּ לִבְנֵיהֶם.	6 That the generation to come might know them, even the children that should be born;

who should arise and tell them to their children,

ז וְיָשִׂימוּ בֵאלֹהִים, כִּסְלָם: וְלֹא יִשְׁכְּחוּ, מַעַלְלֵי-אֵל; וּמִצְוֺתָיו יִנְצֹרוּ.

7 That they might put their confidence in God, and not forget the works of God, but keep His commandments;

ח וְלֹא יִהְיוּ, כַּאֲבוֹתָם— דּוֹר, סוֹרֵר וּמֹרֶה: דּוֹר, לֹא-הֵכִין לִבּוֹ; וְלֹא-נֶאֶמְנָה אֶת-אֵל רוּחוֹ.

8 And might not be as their fathers, a stubborn and rebellious generation; {N}
a generation that set not their heart aright, and whose spirit was not stedfast with God.

ט בְּנֵי-אֶפְרַיִם, נוֹשְׁקֵי רוֹמֵי-קָשֶׁת; הָפְכוּ, בְּיוֹם קְרָב.

9 The children of Ephraim were as archers handling the bow, that turned back in the day of battle.

י לֹא שָׁמְרוּ, בְּרִית אֱלֹהִים; וּבְתוֹרָתוֹ, מֵאֲנוּ לָלֶכֶת.

10 They kept not the covenant of God, and refused to walk in His law;

יא וַיִּשְׁכְּחוּ עֲלִילוֹתָיו; וְנִפְלְאוֹתָיו, אֲשֶׁר הֶרְאָם.

11 And they forgot His doings, and His wondrous works that He had shown them.

יב נֶגֶד אֲבוֹתָם, עָשָׂה פֶלֶא; בְּאֶרֶץ מִצְרַיִם שְׂדֵה-צֹעַן.

12 Marvellous things did He in the sight of their fathers, in the land of Egypt, in the field of Zoan.

יג בָּקַע יָם, וַיַּעֲבִירֵם; וַיַּצֶּב-מַיִם כְּמוֹ-נֵד.

13 He cleaved the sea, and caused them to pass through; and He made the waters to stand as a heap.

יד וַיַּנְחֵם בֶּעָנָן יוֹמָם; וְכָל-הַלַּיְלָה, בְּאוֹר אֵשׁ.

14 By day also He led them with a cloud, and all the night with a light of fire.

טו יְבַקַּע צֻרִים, בַּמִּדְבָּר; וַיַּשְׁקְ, כִּתְהֹמוֹת רַבָּה.

15 He cleaved rocks in the wilderness, and gave them drink abundantly as out of the great deep.

טז וַיּוֹצִא נוֹזְלִים מִסָּלַע; וַיּוֹרֶד כַּנְּהָרוֹת מָיִם.

16 He brought streams also out of the rock, and caused waters to run down like rivers.

יז וַיּוֹסִיפוּ עוֹד, לַחֲטֹא-לוֹ— לַמְרוֹת עֶלְיוֹן, בַּצִּיָּה.

17 Yet went they on still to sin against Him, to rebel against the Most High in the desert.

יח וַיְנַסּוּ-אֵל בִּלְבָבָם— לִשְׁאָל-אֹכֶל לְנַפְשָׁם.	18 And they tried God in their heart by asking food for their craving.
יט וַיְדַבְּרוּ, בֵּאלֹהִים: אָמְרוּ, הֲיוּכַל אֵל—לַעֲרֹךְ שֻׁלְחָן, בַּמִּדְבָּר.	19 Yea, they spoke against God; they said: 'Can God prepare a table in the wilderness?
כ הֵן הִכָּה-צוּר, וַיָּזוּבוּ מַיִם— וּנְחָלִים יִשְׁטֹפוּ: הֲגַם-לֶחֶם, יוּכַל תֵּת; אִם-יָכִין שְׁאֵר לְעַמּוֹ.	20 Behold, He smote the rock, that waters gushed out, and streams overflowed; {N} can He give bread also? or will He provide flesh for His people?'
כא לָכֵן, שָׁמַע יְהוָה— וַיִּתְעַבָּר: וְאֵשׁ, נִשְּׂקָה בְיַעֲקֹב; וְגַם-אַף, עָלָה בְיִשְׂרָאֵל.	21 Therefore the LORD heard, and was wroth; {N} and a fire was kindled against Jacob, and anger also went up against Israel;
כב כִּי לֹא הֶאֱמִינוּ, בֵּאלֹהִים; וְלֹא בָטְחוּ, בִּישׁוּעָתוֹ.	22 Because they believed not in God, and trusted not in His salvation.
כג וַיְצַו שְׁחָקִים מִמָּעַל; וְדַלְתֵי שָׁמַיִם פָּתָח.	23 And He commanded the skies above, and opened the doors of heavens;
כד וַיַּמְטֵר עֲלֵיהֶם מָן לֶאֱכֹל; וּדְגַן-שָׁמַיִם, נָתַן לָמוֹ.	24 And He caused manna to rain upon them for food, and gave them of the corn of heavens.
כה לֶחֶם אַבִּירִים, אָכַל אִישׁ; צֵידָה שָׁלַח לָהֶם לָשֹׂבַע.	25 Man did eat the bread of the mighty; He sent them provisions to the full.
כו יַסַּע קָדִים, בַּשָּׁמָיִם; וַיְנַהֵג בְּעֻזּוֹ תֵימָן.	26 He caused the east wind to set forth in heavens; and by His power He brought on the south wind.
כז וַיַּמְטֵר עֲלֵיהֶם כֶּעָפָר שְׁאֵר; וּכְחוֹל יַמִּים, עוֹף כָּנָף.	27 He caused flesh also to rain upon them as the dust, and winged fowl as the sand of the seas;
כח וַיַּפֵּל, בְּקֶרֶב מַחֲנֵהוּ; סָבִיב, לְמִשְׁכְּנֹתָיו.	28 And He let it fall in the midst of their camp, round about their dwellings.
כט וַיֹּאכְלוּ וַיִּשְׂבְּעוּ מְאֹד; וְתַאֲוָתָם, יָבִא לָהֶם.	29 So they did eat, and were well filled; and He gave them that which they craved.

ל לֹא-זָרוּ מִתַּאֲוָתָם ; עוֹד, אָכְלָם בְּפִיהֶם.	30 They were not estranged from their craving, their food was yet in their mouths,
לא וְאַף אֱלֹהִים, עָלָה בָהֶם, וַיַּהֲרֹג, בְּמִשְׁמַנֵּיהֶם ; וּבַחוּרֵי יִשְׂרָאֵל הִכְרִיעַ.	31 When the anger of God went up against them, and slew of the lustieth among them, {N} and smote down the young men of Israel.
לב בְּכָל-זֹאת חָטְאוּ-עוֹד ; וְלֹא-הֶאֱמִינוּ, בְּנִפְלְאוֹתָיו.	32 For all this they sinned still, and believed not in His wondrous works.
לג וַיְכַל-בַּהֶבֶל יְמֵיהֶם ; וּשְׁנוֹתָם, בַּבֶּהָלָה.	33 Therefore He ended their days as a breath, and their years in terror.
לד אִם-הֲרָגָם וּדְרָשׁוּהוּ ; וְשָׁבוּ, וְשִׁחֲרוּ-אֵל.	34 When He slew them, then they would inquire after Him, and turn back and seek God earnestly.
לה וַיִּזְכְּרוּ, כִּי-אֱלֹהִים צוּרָם ; וְאֵל עֶלְיוֹן, גֹּאֲלָם.	35 And they remembered that God was their Rock, and the Most High God their redeemer.
לו וַיְפַתּוּהוּ בְּפִיהֶם ; וּבִלְשׁוֹנָם, יְכַזְּבוּ-לוֹ.	36 But they beguiled Him with their mouth, and lied unto Him with their tongue.
לז וְלִבָּם, לֹא-נָכוֹן עִמּוֹ ; וְלֹא נֶאֶמְנוּ, בִּבְרִיתוֹ.	37 For their heart was not stedfast with Him, neither were they faithful in His covenant.
לח וְהוּא רַחוּם, יְכַפֵּר עָוֺן— וְלֹא-יַשְׁחִית : וְהִרְבָּה, לְהָשִׁיב אַפּוֹ ; וְלֹא-יָעִיר, כָּל-חֲמָתוֹ.	38 But He, being full of compassion, forgiveth iniquity, and destroyeth not; {N} yea, many a time doth He turn His anger away, and doth not stir up all His wrath.
לט וַיִּזְכֹּר, כִּי-בָשָׂר הֵמָּה ; רוּחַ הוֹלֵךְ, וְלֹא יָשׁוּב.	39 So He remembered that they were but flesh, a wind that passeth away, and cometh not again.
מ כַּמָּה, יַמְרוּהוּ בַמִּדְבָּר ; יַעֲצִיבוּהוּ, בִּישִׁימוֹן.	40 How oft did they rebel against Him in the wilderness, and grieve Him in the desert!
מא וַיָּשׁוּבוּ וַיְנַסּוּ אֵל ; וּקְדוֹשׁ	41 And still again they tried God, and set bounds to the Holy One of Israel.

יִשְׂרָאֵל הִתְווּ.

מב לֹא-זָכְרוּ אֶת-יָדוֹ; יוֹם, אֲשֶׁר-פָּדָם מִנִּי-צָר.	42 They remembered not His hand, nor the day when He redeemed them from the adversary.
מג אֲשֶׁר-שָׂם בְּמִצְרַיִם, אֹתוֹתָיו; וּמוֹפְתָיו, בִּשְׂדֵה-צֹעַן.	43 How He set His signs in Egypt, and His wonders in the field of Zoan;
מד וַיַּהֲפֹךְ לְדָם, יְאֹרֵיהֶם; וְנֹזְלֵיהֶם, בַּל-יִשְׁתָּיוּן.	44 And turned their rivers into blood, so that they could not drink their streams.
מה יְשַׁלַּח בָּהֶם עָרֹב, וַיֹּאכְלֵם; וּצְפַרְדֵּעַ, וַתַּשְׁחִיתֵם.	45 He sent among them swarms of flies, which devoured them; and frogs, which destroyed them.
מו וַיִּתֵּן לֶחָסִיל יְבוּלָם; וִיגִיעָם, לָאַרְבֶּה.	46 He gave also their increase unto the caterpillar, and their labour unto the locust.
מז יַהֲרֹג בַּבָּרָד גַּפְנָם; וְשִׁקְמוֹתָם, בַּחֲנָמַל.	47 He destroyed their vines with hail, and their sycamore-trees with frost.
מח וַיַּסְגֵּר לַבָּרָד בְּעִירָם; וּמִקְנֵיהֶם, לָרְשָׁפִים.	48 He gave over their cattle also to the hail, and their flocks to fiery bolts.
מט יְשַׁלַּח-בָּם, חֲרוֹן אַפּוֹ—עֶבְרָה וָזַעַם וְצָרָה; מִשְׁלַחַת, מַלְאֲכֵי רָעִים.	49 He sent forth upon them the fierceness of His anger, wrath, and indignation, and trouble, a sending of messengers of evil.
נ יְפַלֵּס נָתִיב, לְאַפּוֹ: לֹא-חָשַׂךְ מִמָּוֶת נַפְשָׁם; וְחַיָּתָם, לַדֶּבֶר הִסְגִּיר.	50 He levelled a path for His anger; He spared not their soul from death, but gave their life over to the pestilence;
נא וַיַּךְ כָּל-בְּכוֹר בְּמִצְרָיִם; רֵאשִׁית אוֹנִים, בְּאָהֳלֵי-חָם.	51 And smote all the first-born in Egypt, the first-fruits of their strength in the tents of Ham;
נב וַיַּסַּע כַּצֹּאן עַמּוֹ; וַיְנַהֲגֵם כַּעֵדֶר, בַּמִּדְבָּר.	52 But He made His own people to go forth like sheep, and guided them in the wilderness like a flock.
נג וַיַּנְחֵם לָבֶטַח, וְלֹא פָחָדוּ; וְאֶת-אוֹיְבֵיהֶם, כִּסָּה הַיָּם.	53 And He led them safely, and they feared not; but the sea overwhelmed their enemies.

נד וַיְבִיאֵם, אֶל-גְּבוּל קָדְשׁוֹ; הַר-זֶה, קָנְתָה יְמִינוֹ.	54 And He brought them to His holy border, to the mountain, which His right hand had gotten.
נה וַיְגָרֶשׁ מִפְּנֵיהֶם, גּוֹיִם— וַיַּפִּילֵם, בְּחֶבֶל נַחֲלָה; וַיַּשְׁכֵּן בְּאָהֳלֵיהֶם, שִׁבְטֵי יִשְׂרָאֵל.	55 He drove out the nations also before them, and allotted them for an inheritance by line, {N} and made the tribes of Israel to dwell in their tents.
נו וַיְנַסּוּ וַיַּמְרוּ, אֶת-אֱלֹהִים עֶלְיוֹן; וְעֵדוֹתָיו, לֹא שָׁמָרוּ.	56 Yet they tried and provoked God, the Most High, and kept not His testimonies;
נז וַיִּסֹּגוּ וַיִּבְגְּדוּ, כַּאֲבוֹתָם; נֶהְפְּכוּ, כְּקֶשֶׁת רְמִיָּה.	57 But turned back, and dealt treacherously like their fathers; they were turned aside like a deceitful bow.
נח וַיַּכְעִיסוּהוּ בְּבָמוֹתָם; וּבִפְסִילֵיהֶם, יַקְנִיאוּהוּ.	58 For they provoked Him with their high places, and moved Him to jealousy with their graven images.
נט שָׁמַע אֱלֹהִים, וַיִּתְעַבָּר; וַיִּמְאַס מְאֹד, בְּיִשְׂרָאֵל.	59 God heard, and was wroth, and He greatly abhorred Israel;
ס וַיִּטֹּשׁ, מִשְׁכַּן שִׁלוֹ; אֹהֶל, שִׁכֵּן בָּאָדָם.	60 And He forsook the tabernacle of Shiloh, the tent which He had made to dwell among men;
סא וַיִּתֵּן לַשְּׁבִי עֻזּוֹ; וְתִפְאַרְתּוֹ בְיַד-צָר.	61 And delivered His strength into captivity, and His glory into the adversary's hand.
סב וַיַּסְגֵּר לַחֶרֶב עַמּוֹ; וּבְנַחֲלָתוֹ, הִתְעַבָּר.	62 He gave His people over also unto the sword; and was wroth with His inheritance.
סג בַּחוּרָיו אָכְלָה-אֵשׁ; וּבְתוּלֹתָיו, לֹא הוּלָּלוּ.	63 Fire devoured their young men; and their virgins had no marriage-song.
סד כֹּהֲנָיו, בַּחֶרֶב נָפָלוּ; וְאַלְמְנֹתָיו, לֹא תִבְכֶּינָה.	64 Their priests fell by the sword; and their widows made no lamentation.
סה וַיִּקַץ כְּיָשֵׁן אֲדֹנָי; כְּגִבּוֹר, מִתְרוֹנֵן מִיָּיִן.	65 Then the Lord awaked as one asleep, like a mighty man recovering from wine.

סו וַיַּךְ־צָרָיו אָחוֹר; חֶרְפַּת עוֹלָם, נָתַן לָמוֹ.	66 And He smote His adversaries backward; He put upon them a perpetual reproach.
סז וַיִּמְאַס, בְּאֹהֶל יוֹסֵף; וּבְשֵׁבֶט אֶפְרַיִם, לֹא בָחָר.	67 Moreover He abhorred the tent of Joseph, and chose not the tribe of Ephraim;
סח וַיִּבְחַר, אֶת־שֵׁבֶט יְהוּדָה; אֶת־הַר צִיּוֹן, אֲשֶׁר אָהֵב.	68 But chose the tribe of Judah, the mount Zion which He loved.
סט וַיִּבֶן כְּמוֹ־רָמִים, מִקְדָּשׁוֹ; כְּאֶרֶץ, יְסָדָהּ לְעוֹלָם.	69 And He built His sanctuary like the heights, like the earth which He hath founded for ever.
ע וַיִּבְחַר, בְּדָוִד עַבְדּוֹ; וַיִּקָּחֵהוּ, מִמִּכְלְאֹת צֹאן.	70 He chose David also His servant, and took him from the sheepfolds;
עא מֵאַחַר עָלוֹת, הֱבִיאוֹ: לִרְעוֹת, בְּיַעֲקֹב עַמּוֹ; וּבְיִשְׂרָאֵל, נַחֲלָתוֹ.	71 From following the ewes that give suck He brought him, to be shepherd over Jacob His people, and Israel His inheritance.
עב וַיִּרְעֵם, כְּתֹם לְבָבוֹ; וּבִתְבוּנוֹת כַּפָּיו יַנְחֵם.	72 So he shepherded them according to the integrity of his heart; and lead them by the skilfulness of his hands. {P}

Chapter 79

א מִזְמוֹר, לְאָסָף: אֱלֹהִים, בָּאוּ גוֹיִם בְּנַחֲלָתֶךָ־ טִמְּאוּ, אֶת הֵיכַל קָדְשֶׁךָ; שָׂמוּ אֶת־יְרוּשָׁלִַם לְעִיִּים.	1 A Psalm of Asaph. {N} O God, the heathen are come into Thine inheritance; they have defiled Thy holy temple; {N} they have made Jerusalem into heaps.
ב נָתְנוּ, אֶת־נִבְלַת עֲבָדֶיךָ־ מַאֲכָל, לְעוֹף הַשָּׁמָיִם; בְּשַׂר חֲסִידֶיךָ, לְחַיְתוֹ־אָרֶץ.	2 They have given the dead bodies of Thy servants to be food unto the fowls of the heavens, {N} the flesh of Thy saints unto the beasts of the earth.
ג שָׁפְכוּ דָמָם, כַּמַּיִם–סְבִיבוֹת יְרוּשָׁלִָם; וְאֵין קוֹבֵר.	3 They have shed their blood like water round about Jerusalem, with none to bury them.

ד הָיִינוּ חֶרְפָּה, לִשְׁכֵנֵינוּ; לַעַג וָקֶלֶס, לִסְבִיבוֹתֵינוּ.

4 We are become a taunt to our neighbours, a scorn and derision to them that are round about us.

ה עַד-מָה יְהוָה, תֶּאֱנַף לָנֶצַח; תִּבְעַר כְּמוֹ-אֵשׁ, קִנְאָתֶךָ.

5 How long, O LORD, wilt Thou be angry for ever? How long will Thy jealousy burn like fire?

ו שְׁפֹךְ חֲמָתְךָ-- אֶל הַגּוֹיִם, אֲשֶׁר לֹא-יְדָעוּךָ:
וְעַל מַמְלָכוֹת-- אֲשֶׁר בְּשִׁמְךָ, לֹא קָרָאוּ.

6 Pour out Thy wrath upon the nations that know Thee not, {N}
and upon the kingdoms that call not upon Thy name.

ז כִּי, אָכַל אֶת-יַעֲקֹב; וְאֶת-נָוֵהוּ הֵשַׁמּוּ.

7 For they have devoured Jacob, and laid waste his habitation.

ח אַל-תִּזְכָּר-לָנוּ, עֲו‍ֹנֹת רִאשֹׁנִים:
מַהֵר, יְקַדְּמוּנוּ רַחֲמֶיךָ-- כִּי דַלּוֹנוּ מְאֹד.

8 Remember not against us the iniquities of our forefathers; {N}
let Thy compassions speedily come to meet us; for we are brought very low.

ט עָזְרֵנוּ, אֱלֹהֵי יִשְׁעֵנוּ-- עַל-דְּבַר כְּבוֹד-שְׁמֶךָ;
וְהַצִּילֵנוּ וְכַפֵּר עַל-חַטֹּאתֵינוּ, לְמַעַן שְׁמֶךָ.

9 Help us, O God of our salvation, for the sake of the glory of Thy name; {N}
and deliver us, and forgive our sins, for Thy name's sake.

י לָמָּה, יֹאמְרוּ הַגּוֹיִם-- אַיֵּה אֱלֹהֵיהֶם:
יִוָּדַע בַּגֹּיִים לְעֵינֵינוּ; נִקְמַת, דַּם-עֲבָדֶיךָ הַשָּׁפוּךְ.

10 Wherefore should the nations say: 'Where is their God?' {N}
Let the avenging of Thy servants' blood that is shed be made known among the nations in our sight.

יא תָּבוֹא לְפָנֶיךָ, אֶנְקַת אָסִיר: כְּגֹדֶל זְרוֹעֲךָ--הוֹתֵר, בְּנֵי תְמוּתָה.

11 Let the groaning of the prisoner come before Thee; according to the greatness of Thy power set free those that are appointed to death;

יב וְהָשֵׁב לִשְׁכֵנֵינוּ שִׁבְעָתַיִם, אֶל-חֵיקָם;
חֶרְפָּתָם אֲשֶׁר חֵרְפוּךָ אֲדֹנָי.

12 And render unto our neighbours sevenfold into their bosom their reproach, {N}
wherewith they have reproached Thee, O

Lord.

13 So we that are Thy people and the flock of Thy pasture will give Thee thanks for ever; {N}
we will tell of Thy praise to all generations. {P}

יג וַאֲנַחְנוּ עַמְּךָ, וְצֹאן מַרְעִיתֶךָ— נוֹדֶה לְּךָ, לְעוֹלָם: לְדוֹר וָדֹר— נְסַפֵּר, תְּהִלָּתֶךָ.

Chapter 80

1 For the Leader; upon Shoshannim. A testimony. A Psalm of Asaph.

א לַמְנַצֵּחַ אֶל-שֹׁשַׁנִּים; עֵדוּת לְאָסָף מִזְמוֹר.

2 Give ear, O Shepherd of Israel, Thou that leadest Joseph like a flock; {N}
Thou that art enthroned upon the cherubim, shine forth.

ב רֹעֵה יִשְׂרָאֵל, הַאֲזִינָה— נֹהֵג כַּצֹּאן יוֹסֵף; יֹשֵׁב הַכְּרוּבִים הוֹפִיעָה.

3 Before Ephraim and Benjamin and Manasseh, stir up Thy might, {N}
and come to save us.

ג לִפְנֵי אֶפְרַיִם, וּבִנְיָמִן וּמְנַשֶּׁה— עוֹרְרָה אֶת-גְּבוּרָתֶךָ; וּלְכָה לִישֻׁעָתָה לָּנוּ.

4 O God, restore us; and cause Thy face to shine, and we shall be saved.

ד אֱלֹהִים הֲשִׁיבֵנוּ; וְהָאֵר פָּנֶיךָ, וְנִוָּשֵׁעָה.

5 O LORD God of hosts, how long wilt Thou be angry against the prayer of Thy people?

ה יְהוָה אֱלֹהִים צְבָאוֹת— עַד-מָתַי עָשַׁנְתָּ, בִּתְפִלַּת עַמֶּךָ.

6 Thou hast fed them with the bread of tears, and given them tears to drink in large measure.

ו הֶאֱכַלְתָּם, לֶחֶם דִּמְעָה; וַתַּשְׁקֵמוֹ, בִּדְמָעוֹת שָׁלִישׁ.

7 Thou makest us a strife unto our neighbours; and our enemies mock as they please.

ז תְּשִׂימֵנוּ מָדוֹן, לִשְׁכֵנֵינוּ; וְאֹיְבֵינוּ, יִלְעֲגוּ-לָמוֹ.

8 O God of hosts, restore us; and cause Thy face to shine, and we shall be saved.

ח אֱלֹהִים צְבָאוֹת הֲשִׁיבֵנוּ; וְהָאֵר פָּנֶיךָ, וְנִוָּשֵׁעָה.

9 Thou didst pluck up a vine out of Egypt; Thou didst drive out the nations, and didst

ט גֶּפֶן, מִמִּצְרַיִם תַּסִּיעַ; תְּגָרֵשׁ

גּוֹיִם, וַתִּטָּעֶהָ.	plant it.
י פִּנִּיתָ לְפָנֶיהָ; וַתַּשְׁרֵשׁ שָׁרָשֶׁיהָ, וַתְּמַלֵּא-אָרֶץ.	10 Thou didst clear a place before it, and it took deep root, and filled the land.
יא כָּסּוּ הָרִים צִלָּהּ; וַעֲנָפֶיהָ, אַרְזֵי-אֵל.	11 The mountains were covered with the shadow of it, and the mighty cedars with the boughs thereof.
יב תְּשַׁלַּח קְצִירֶהָ עַד-יָם; וְאֶל-נָהָר, יוֹנְקוֹתֶיהָ.	12 She sent out her branches unto the sea, and her shoots unto the River.
יג לָמָּה, פָּרַצְתָּ גְדֵרֶיהָ; וְאָרוּהָ, כָּל-עֹבְרֵי דָרֶךְ.	13 Why hast Thou broken down her fences, so that all they that pass by the way do pluck her?
יד יְכַרְסְמֶנָּה חֲזִיר מִיָּעַר; וְזִיז שָׂדַי יִרְעֶנָּה.	14 The boar out of the wood doth ravage it, that which moveth in the field feedeth on it.
טו אֱלֹהִים צְבָאוֹת, שׁוּב-נָא: הַבֵּט מִשָּׁמַיִם וּרְאֵה; וּפְקֹד, גֶּפֶן זֹאת.	15 O God of hosts, return, we beseech Thee; {N} look from heavens, and behold, and be mindful of this vine,
טז וְכַנָּה, אֲשֶׁר-נָטְעָה יְמִינֶךָ; וְעַל-בֵּן, אִמַּצְתָּה לָּךְ.	16 And of the stock which Thy right hand hath planted, and the branch that Thou madest strong for Thyself.
יז שְׂרֻפָה בָאֵשׁ כְּסוּחָה; מִגַּעֲרַת פָּנֶיךָ יֹאבֵדוּ.	17 It is burned with fire, it is cut down; they perish at the rebuke of Thy countenance.
יח תְּהִי-יָדְךָ, עַל-אִישׁ יְמִינֶךָ; עַל-בֶּן-אָדָם, אִמַּצְתָּ לָּךְ.	18 Let Thy hand be upon the man of Thy right hand, upon the son of man whom Thou madest strong for Thyself.
יט וְלֹא-נָסוֹג מִמֶּךָּ; תְּחַיֵּנוּ, וּבְשִׁמְךָ נִקְרָא.	19 So shall we not turn back from Thee; quicken Thou us, and we will call upon Thy name.
כ יְהוָה אֱלֹהִים צְבָאוֹת הֲשִׁיבֵנוּ; הָאֵר פָּנֶיךָ, וְנִוָּשֵׁעָה.	20 O LORD God of hosts, restore us; cause Thy face to shine, and we shall be saved. {P}

Chapter 81

א לַמְנַצֵּחַ עַל-הַגִּתִּית לְאָסָף.	1 For the Leader; upon the Gittith. [A Psalm] of Asaph.
ב הַרְנִינוּ, לֵאלֹהִים עוּזֵּנוּ; הָרִיעוּ, לֵאלֹהֵי יַעֲקֹב.	2 Sing aloud unto God our strength; shout unto the God of Jacob.
ג שְׂאוּ-זִמְרָה, וּתְנוּ-תֹף; כִּנּוֹר נָעִים עִם-נָבֶל.	3 Take up the melody, and sound the timbrel, the sweet harp with the psaltery.
ד תִּקְעוּ בַחֹדֶשׁ שׁוֹפָר; בַּכֵּסֶה, לְיוֹם חַגֵּנוּ.	4 Blow the horn at the new moon, at the full moon for our feast-day.
ה כִּי חֹק לְיִשְׂרָאֵל הוּא; מִשְׁפָּט, לֵאלֹהֵי יַעֲקֹב.	5 For it is a statute for Israel, an ordinance of the God of Jacob.
ו עֵדוּת, בִּיהוֹסֵף שָׂמוֹ— בְּצֵאתוֹ, עַל-אֶרֶץ מִצְרָיִם; שְׂפַת לֹא-יָדַעְתִּי אֶשְׁמָע.	6 He appointed it in Joseph for a testimony, when He went forth against the land of Egypt. {N}
The speech of one that I knew not did I hear:
ז הֲסִירוֹתִי מִסֵּבֶל שִׁכְמוֹ; כַּפָּיו, מִדּוּד תַּעֲבֹרְנָה.	7 'I removed his shoulder from the burden; His hands were freed from the basket.
ח בַּצָּרָה קָרָאתָ, וָאֲחַלְּצֶךָּ: אֶעֶנְךָ, בְּסֵתֶר רַעַם; אֶבְחָנְךָ עַל-מֵי מְרִיבָה סֶלָה.	8 Thou didst call in trouble, and I rescued thee; {N}
I answered thee in the secret place of thunder; I proved thee at the waters of Meribah. Selah
ט שְׁמַע עַמִּי, וְאָעִידָה בָּךְ; יִשְׂרָאֵל, אִם-תִּשְׁמַע-לִי.	9 Hear, O My people, and I will admonish thee: O Israel, if thou wouldest hearken unto Me!
י לֹא-יִהְיֶה בְךָ, אֵל זָר; וְלֹא תִשְׁתַּחֲוֶה, לְאֵל נֵכָר.	10 There shall no strange god be in thee; neither shalt thou worship any foreign god.
יא אָנֹכִי, יְהוָה אֱלֹהֶיךָ— הַמַּעַלְךָ, מֵאֶרֶץ מִצְרָיִם; הַרְחֶב-פִּיךָ, וַאֲמַלְאֵהוּ.	11 I am the LORD thy God, who brought thee up out of the land of Egypt; {N}
open thy mouth wide, and I will fill it.
יב וְלֹא-שָׁמַע עַמִּי לְקוֹלִי; וְיִשְׂרָאֵל,	12 But My people hearkened not to My

voice; and Israel would none of Me.

13 So I let them go after the stubbornness of their heart, that they might walk in their own counsels.

14 Oh that My people would hearken unto Me, that Israel would walk in My ways!

15 I would soon subdue their enemies, and turn My hand against their adversaries.

16 The haters of the LORD should dwindle away before Him; and their punishment should endure for ever.

17 They should also be fed with the fat of wheat; and with honey out of the rock would I satisfy thee.' {P}

Chapter 82

1 A Psalm of Asaph. {N}
God standeth in the congregation of God; in the midst of the judges He judgeth:

2 'How long will ye judge unjustly, and respect the persons of the wicked? Selah

3 Judge the poor and fatherless; do justice to the afflicted and destitute.

4 Rescue the poor and needy; deliver them out of the hand of the wicked.

5 They know not, neither do they understand; they go about in darkness; {N}
all the foundations of the earth are moved.

6 I said: Ye are godlike beings, and all of you sons of the Most High.

7 Nevertheless ye shall die like men, and fall like one of the princes.'

ז אָכֵן, כְּאָדָם תְּמוּתוּן; וּכְאַחַד הַשָּׂרִים תִּפֹּלוּ.

8 Arise, O God, judge the earth; for Thou shalt possess all nations. {P}

ח קוּמָה אֱלֹהִים, שָׁפְטָה הָאָרֶץ: כִּי-אַתָּה תִנְחַל, בְּכָל-הַגּוֹיִם.

Chapter 83

1 A Song, a Psalm of Asaph.

א שִׁיר מִזְמוֹר לְאָסָף.

2 O God, keep not Thou silence; hold not Thy peace, and be not still, O God.

ב אֱלֹהִים אַל-דֳּמִי-לָךְ; אַל-תֶּחֱרַשׁ וְאַל-תִּשְׁקֹט אֵל.

3 For, lo, Thine enemies are in an uproar; and they that hate Thee have lifted up the head.

ג כִּי-הִנֵּה אוֹיְבֶיךָ, יֶהֱמָיוּן; וּמְשַׂנְאֶיךָ, נָשְׂאוּ רֹאשׁ.

4 They hold crafty converse against Thy people, and take counsel against Thy treasured ones.

ד עַל-עַמְּךָ, יַעֲרִימוּ סוֹד; וְיִתְיָעֲצוּ, עַל-צְפוּנֶיךָ.

5 They have said: 'Come, and let us cut them off from being a nation; that the name of Israel may be no more in remembrance.'

ה אָמְרוּ--לְכוּ, וְנַכְחִידֵם מִגּוֹי; וְלֹא-יִזָּכֵר שֵׁם-יִשְׂרָאֵל עוֹד.

6 For they have consulted together with one consent; against Thee do they make a covenant;

ו כִּי נוֹעֲצוּ לֵב יַחְדָּו; עָלֶיךָ, בְּרִית יִכְרֹתוּ.

7 The tents of Edom and the Ishmaelites; Moab, and the Hagrites;

ז אָהֳלֵי אֱדוֹם, וְיִשְׁמְעֵאלִים; מוֹאָב וְהַגְרִים.

8 Gebal, and Ammon, and Amalek; Philistia with the inhabitants of Tyre;

ח גְּבָל וְעַמּוֹן, וַעֲמָלֵק; פְּלֶשֶׁת, עִם-יֹשְׁבֵי צוֹר.

9 Assyria also is joined with them; they have been an arm to the children of Lot. Selah

ט גַּם-אַשּׁוּר, נִלְוָה עִמָּם; הָיוּ זְרוֹעַ לִבְנֵי-לוֹט סֶלָה.

10 Do Thou unto them as unto Midian; as to Sisera, as to Jabin, at the brook Kishon;

י עֲשֵׂה-לָהֶם כְּמִדְיָן; כְּסִיסְרָא כְיָבִין, בְּנַחַל קִישׁוֹן.

יא נִשְׁמְד֥וּ בְעֵֽין־דֹּ֑אר הָ֥יוּ דֹּ֝֗מֶן לָאֲדָמָֽה׃	11 Who were destroyed at En-dor; they became as dung for the earth.
יב שִׁיתֵ֣מוֹ נְ֭דִיבֵימוֹ כְּעֹרֵ֣ב וְכִזְאֵ֑ב וּֽכְזֶ֥בַח וּ֝כְצַלְמֻנָּ֗ע כָּל־נְסִיכֵֽימוֹ׃	12 Make their nobles like Oreb and Zeeb, and like Zebah and Zalmunna all their princes;
יג אֲשֶׁ֣ר אָ֭מְרוּ נִ֣ירֲשָׁה לָּ֑נוּ אֵ֗ת נְא֣וֹת אֱלֹהִֽים׃	13 Who said: 'Let us take to ourselves in possession the habitations of God.'
יד אֱ‍ֽלֹהַ֗י שִׁיתֵ֥מוֹ כַגַּלְגַּ֑ל כְּ֝קַ֗שׁ לִפְנֵי־רֽוּחַ׃	14 O my God, make them like the whirling dust; as stubble before the wind.
טו כְּאֵ֥שׁ תִּבְעַר־יָ֑עַר וּ֝כְלֶהָבָ֗ה תְּלַהֵ֥ט הָרִֽים׃	15 As the fire that burneth the forest, and as the flame that setteth the mountains ablaze;
טז כֵּ֭ן תִּרְדְּפֵ֣ם בְּסַעֲרֶ֑ךָ וּבְסוּפָתְךָ֥ תְבַהֲלֵֽם׃	16 So pursue them with Thy tempest, and affright them with Thy storm.
יז מַלֵּ֣א פְנֵיהֶ֣ם קָל֑וֹן וִֽיבַקְשׁ֖וּ שִׁמְךָ֣ יְהוָֽה׃	17 Fill their faces with shame; that they may seek Thy name, O LORD.
יח יֵבֹ֖שׁוּ וְיִבָּהֲל֥וּ עֲדֵי־עַ֗ד וְֽיַחְפְּר֥וּ וְיֹאבֵֽדוּ׃	18 Let them be ashamed and affrighted for ever; yea, let them be abashed and perish;
יט וְֽיֵדְע֗וּ כִּֽי־אַתָּ֬ה שִׁמְךָ֣ יְהוָ֣ה לְבַדֶּ֑ךָ {N} עֶ֝לְי֗וֹן עַל־כָּל־הָאָֽרֶץ׃ {P}	19 That they may know that it is Thou alone whose name is the LORD, {N} the Most High over all the earth. {P}

Chapter 84

א לַמְנַצֵּ֥חַ עַֽל־הַגִּתִּ֑ית לִבְנֵי־קֹ֥רַח מִזְמֽוֹר׃	1 For the Leader; upon the Gittith. A Psalm of the sons of Korah.
ב מַה־יְּדִיד֥וֹת מִשְׁכְּנוֹתֶ֗יךָ יְהוָ֥ה צְבָאֽוֹת׃	2 How lovely are Thy tabernacles, O LORD of hosts!
ג נִכְסְפָ֬ה וְגַם־כָּלְתָ֨ה נַפְשִׁי֮	3 My soul yearneth, yea, even pineth for the courts of the LORD; {N}

my heart and my flesh sing for joy unto the living God.

4 Yea, the sparrow hath found a house, and the swallow a nest for herself, where she may lay her young; {N}
Thine altars, O LORD of hosts, my King, and my God–.

5 Happy are they that dwell in Thy house, they are ever praising Thee. Selah

6 Happy is the man whose strength is in Thee; in whose heart are the highways.

7 Passing through the valley of Baca they make it a place of springs; {N}
yea, the early rain clotheth it with blessings.

8 They go from strength to strength, every one of them appeareth before God in Zion.

9 O LORD God of hosts, hear my prayer; {N}
give ear, O God of Jacob. Selah

10 Behold, O God our shield, and look upon the face of Thine anointed.

11 For a day in Thy courts is better than a thousand; {N}
I had rather stand at the threshold of the house of my God, than to dwell in the tents of wickedness.

12 For the LORD God is a sun and a shield; {N}
the LORD giveth grace and glory; {N}
no good thing will He withhold from them that walk uprightly.

לְחַצְרוֹת יְהוָה:
לִבִּי וּבְשָׂרִי־ יְרַנְּנוּ, אֶל אֵל־חָי.

ד גַּם־צִפּוֹר מָצְאָה בַיִת, וּדְרוֹר קֵן לָהּ־ אֲשֶׁר־שָׁתָה אֶפְרֹחֶיהָ:
אֶת־מִזְבְּחוֹתֶיךָ, יְהוָה צְבָאוֹת־ מַלְכִּי, וֵאלֹהָי.

ה אַשְׁרֵי, יוֹשְׁבֵי בֵיתֶךָ־ עוֹד, יְהַלְלוּךָ סֶּלָה.

ו אַשְׁרֵי אָדָם, עוֹז־לוֹ בָךְ; מְסִלּוֹת, בִּלְבָבָם.

ז עֹבְרֵי, בְּעֵמֶק הַבָּכָא־ מַעְיָן יְשִׁיתוּהוּ; גַּם־בְּרָכוֹת, יַעְטֶה מוֹרֶה.

ח יֵלְכוּ, מֵחַיִל אֶל־חָיִל; יֵרָאֶה אֶל־ אֱלֹהִים בְּצִיּוֹן.

ט יְהוָה אֱלֹהִים צְבָאוֹת, שִׁמְעָה תְפִלָּתִי; הַאֲזִינָה אֱלֹהֵי יַעֲקֹב סֶלָה.

י מָגִנֵּנוּ, רְאֵה אֱלֹהִים; וְהַבֵּט, פְּנֵי מְשִׁיחֶךָ.

יא כִּי טוֹב־יוֹם בַּחֲצֵרֶיךָ, מֵאָלֶף: בָּחַרְתִּי־הִסְתּוֹפֵף, בְּבֵית אֱלֹהַי; מִדּוּר, בְּאָהֳלֵי־רֶשַׁע.

יב כִּי שֶׁמֶשׁ, וּמָגֵן־ יְהוָה אֱלֹהִים: חֵן וְכָבוֹד, יִתֵּן יְהוָה; לֹא יִמְנַע־טוֹב, לַהֹלְכִים בְּתָמִים.

13 O LORD of hosts, happy is the man that trusteth in Thee. {P}

יג יְהוָה צְבָאוֹת־ אַשְׁרֵי אָדָם, בֹּטֵחַ בָּךְ.

Chapter 85

1 For the Leader. A Psalm of the sons of Korah.

א לַמְנַצֵּחַ לִבְנֵי-קֹרַח מִזְמוֹר.

2 LORD, Thou hast been favourable unto Thy land, Thou hast turned the captivity of Jacob.

ב רָצִיתָ יְהוָה אַרְצֶךָ; שַׁבְתָּ, שבות (שְׁבִית) יַעֲקֹב.

3 Thou hast forgiven the iniquity of Thy people, Thou hast pardoned all their sin. Selah

ג נָשָׂאתָ, עֲוֺן עַמֶּךָ; כִּסִּיתָ כָל-חַטָּאתָם סֶלָה.

4 Thou hast withdrawn all Thy wrath; Thou hast turned from the fierceness of Thine anger.

ד אָסַפְתָּ כָל-עֶבְרָתֶךָ; הֱשִׁיבוֹתָ, מֵחֲרוֹן אַפֶּךָ.

5 Restore us, O God of our salvation, and cause Thine indignation toward us to cease.

ה שׁוּבֵנוּ, אֱלֹהֵי יִשְׁעֵנוּ; וְהָפֵר כַּעַסְךָ עִמָּנוּ.

6 Wilt Thou be angry with us for ever? Wilt Thou draw out Thine anger to all generations?

ו הַלְעוֹלָם תֶּאֱנַף-בָּנוּ; תִּמְשֹׁךְ אַפְּךָ, לְדֹר וָדֹר.

7 Wilt Thou not quicken us again, that Thy people may rejoice in Thee?

ז הֲלֹא-אַתָּה, תָּשׁוּב תְּחַיֵּנוּ; וְעַמְּךָ, יִשְׂמְחוּ-בָךְ.

8 Show us Thy mercy, O LORD, and grant us Thy salvation.

ח הַרְאֵנוּ יְהוָה חַסְדֶּךָ; וְיֶשְׁעֲךָ, תִּתֶּן-לָנוּ.

9 I will hear what God the LORD will speak; {N}
for He will speak peace unto His people, and to His saints; but let them not turn back to folly.

ט אֶשְׁמְעָה־ מַה-יְדַבֵּר, הָאֵל יְהוָה: כִּי, יְדַבֵּר שָׁלוֹם–אֶל-עַמּוֹ וְאֶל-חֲסִידָיו; וְאַל-יָשׁוּבוּ לְכִסְלָה.

10 Surely His salvation is nigh them that fear Him; that glory may dwell in our land.

י אַךְ קָרוֹב לִירֵאָיו יִשְׁעוֹ; לִשְׁכֹּן כָּבוֹד בְּאַרְצֵנוּ.

יא חֶסֶד-וֶאֱמֶת נִפְגָּשׁוּ; צֶדֶק וְשָׁלוֹם נָשָׁקוּ.	11 Mercy and truth are met together; righteousness and peace have kissed each other.
יב אֱמֶת, מֵאֶרֶץ תִּצְמָח; וְצֶדֶק, מִשָּׁמַיִם נִשְׁקָף.	12 Truth springeth out of the earth; and righteousness hath looked down from heavens.
יג גַּם-יְהוָה, יִתֵּן הַטּוֹב; וְאַרְצֵנוּ, תִּתֵּן יְבוּלָהּ.	13 Yea, the LORD will give that which is good; and our land shall yield her produce.
יד צֶדֶק, לְפָנָיו יְהַלֵּךְ; וְיָשֵׂם לְדֶרֶךְ פְּעָמָיו.	14 Righteousness shall go before Him, and shall make His footsteps a way. {P}

Chapter 86

א תְּפִלָּה, לְדָוִד: הַטֵּה-יְהוָה אָזְנְךָ עֲנֵנִי— כִּי-עָנִי וְאֶבְיוֹן אָנִי.	1 A Prayer of David. {N} Incline Thine ear, O LORD, and answer me; for I am poor and needy.
ב שָׁמְרָה נַפְשִׁי, כִּי-חָסִיד אָנִי: הוֹשַׁע עַבְדְּךָ, אַתָּה אֱלֹהַי— הַבּוֹטֵחַ אֵלֶיךָ.	2 Keep my soul, for I am godly; {N} O Thou my God, save Thy servant that trusteth in Thee.
ג חָנֵּנִי אֲדֹנָי: כִּי אֵלֶיךָ אֶקְרָא, כָּל-הַיּוֹם.	3 Be gracious unto me, O Lord; for unto Thee do I cry all the day.
ד שַׂמֵּחַ, נֶפֶשׁ עַבְדֶּךָ: כִּי אֵלֶיךָ אֲדֹנָי, נַפְשִׁי אֶשָּׂא.	4 Rejoice the soul of Thy servant; for unto Thee, O Lord, do I lift up my soul.
ה כִּי-אַתָּה אֲדֹנָי, טוֹב וְסַלָּח; וְרַב-חֶסֶד, לְכָל-קֹרְאֶיךָ.	5 For Thou, Lord, art good, and ready to pardon, and plenteous in mercy unto all them that call upon Thee.
ו הַאֲזִינָה יְהוָה, תְּפִלָּתִי; וְהַקְשִׁיבָה, בְּקוֹל תַּחֲנוּנוֹתָי.	6 Give ear, O LORD, unto my prayer; and attend unto the voice of my supplications.
ז בְּיוֹם צָרָתִי, אֶקְרָאֶךָּ: כִּי תַעֲנֵנִי.	7 In the day of my trouble I call upon Thee; for Thou wilt answer me.

ח אֵין־כָּמוֹךָ בָאֱלֹהִים אֲדֹנָי; וְאֵין כְּמַעֲשֶׂיךָ.	8 There is none like unto Thee among the gods, O Lord, and there are no works like Thine.
ט כָּל־גּוֹיִם, אֲשֶׁר עָשִׂיתָ־יָבוֹאוּ וְיִשְׁתַּחֲווּ לְפָנֶיךָ אֲדֹנָי; וִיכַבְּדוּ לִשְׁמֶךָ.	9 All nations whom Thou hast made shall come and prostrate themselves before Thee, O Lord; and they shall glorify Thy name.
י כִּי־גָדוֹל אַתָּה, וְעֹשֵׂה נִפְלָאוֹת; אַתָּה אֱלֹהִים לְבַדֶּךָ.	10 For Thou art great, and doest wondrous things; Thou art God alone.
יא הוֹרֵנִי יְהוָה, דַּרְכֶּךָ־ אֲהַלֵּךְ בַּאֲמִתֶּךָ; יַחֵד לְבָבִי, לְיִרְאָה שְׁמֶךָ.	11 Teach me, O LORD, Thy way, that I may walk in Thy truth; {N} make one my heart to fear Thy name.
יב אוֹדְךָ, אֲדֹנָי אֱלֹהַי־בְּכָל־לְבָבִי; וַאֲכַבְּדָה שִׁמְךָ לְעוֹלָם.	12 I will thank Thee, O Lord my God, with my whole heart; and I will glorify Thy name for evermore.
יג כִּי־חַסְדְּךָ, גָּדוֹל עָלָי; וְהִצַּלְתָּ נַפְשִׁי, מִשְּׁאוֹל תַּחְתִּיָּה.	13 For great is Thy mercy toward me; and Thou hast delivered my soul from the lowest nether-world.
יד אֱלֹהִים, זֵדִים קָמוּ־עָלַי, וַעֲדַת עָרִיצִים, בִּקְשׁוּ נַפְשִׁי; וְלֹא שָׂמוּךָ לְנֶגְדָּם.	14 O God, the proud are risen up against me, and the company of violent men have sought after my soul, {N} and have not set Thee before them.
טו וְאַתָּה אֲדֹנָי, אֵל־רַחוּם וְחַנּוּן; אֶרֶךְ אַפַּיִם, וְרַב־חֶסֶד וֶאֱמֶת.	15 But Thou, O Lord, art a God full of compassion and gracious, slow to anger, and plenteous in mercy and truth.
טז פְּנֵה אֵלַי, וְחָנֵּנִי: תְּנָה־עֻזְּךָ לְעַבְדֶּךָ; וְהוֹשִׁיעָה, לְבֶן־אֲמָתֶךָ.	16 O turn unto me, and be gracious unto me; give Thy strength unto Thy servant, and save the son of Thy handmaid.
יז עֲשֵׂה־עִמִּי אוֹת, לְטוֹבָה: וְיִרְאוּ שֹׂנְאַי וְיֵבֹשׁוּ־ כִּי־אַתָּה יְהוָה, עֲזַרְתַּנִי וְנִחַמְתָּנִי.	17 Work in my behalf a sign for good; {N} that they that hate me may see it, and be put to shame, because Thou, LORD, hast helped me, and comforted me. {P}

Chapter 87

א לִבְנֵי-קֹרַח, מִזְמוֹר שִׁיר: יְסוּדָתוֹ, בְּהַרְרֵי-קֹדֶשׁ.

ב אֹהֵב יְהוָה, שַׁעֲרֵי צִיּוֹן— מִכֹּל, מִשְׁכְּנוֹת יַעֲקֹב.

ג נִכְבָּדוֹת, מְדֻבָּר בָּךְ— עִיר הָאֱלֹהִים סֶלָה.

ד אַזְכִּיר, רַהַב וּבָבֶל— לְיֹדְעָי: הִנֵּה פְלֶשֶׁת וְצֹר עִם-כּוּשׁ; זֶה, יֻלַּד-שָׁם.

ה וּלְצִיּוֹן, יֵאָמַר— אִישׁ וְאִישׁ, יֻלַּד-בָּהּ; וְהוּא יְכוֹנְנֶהָ עֶלְיוֹן.

ו יְהוָה—יִסְפֹּר, בִּכְתוֹב עַמִּים: זֶה יֻלַּד-שָׁם סֶלָה.

ז וְשָׁרִים כְּחֹלְלִים— כָּל-מַעְיָנַי בָּךְ.

1 A Psalm of the sons of Korah; a Song. His foundation is in the holy mountains.

2 The LORD loveth the gates of Zion more than all the dwellings of Jacob.

3 Glorious things are spoken of Thee, O city of God. Selah

4 'I will make mention of Rahab and Babylon as among them that know Me; {N}
behold Philistia, and Tyre, with Ethiopia; this one was born there.'

5 But of Zion it shall be said: 'This man and that was born in her; {N}
and the Most High Himself doth establish her.'

6 The LORD shall count in the register of the peoples: 'This one was born there.' Selah

7 And whether they sing or dance, all my thoughts are in Thee. {P}

Chapter 88

א שִׁיר מִזְמוֹר, לִבְנֵי-קֹרַח: לַמְנַצֵּחַ עַל-מָחֲלַת לְעַנּוֹת; מַשְׂכִּיל, לְהֵימָן הָאֶזְרָחִי.

ב יְהוָה, אֱלֹהֵי יְשׁוּעָתִי— יוֹם-צָעַקְתִּי בַלַּיְלָה נֶגְדֶּךָ.

ג תָּבוֹא לְפָנֶיךָ, תְּפִלָּתִי; הַטֵּה אָזְנְךָ, לְרִנָּתִי.

1 A Song, a Psalm of the sons of Korah; {N}
for the Leader; upon Mahalath Leannoth. Maschil of Heman the Ezrahite.

2 O LORD, God of my salvation, what time I cry in the night before Thee,

3 Let my prayer come before Thee, incline Thine ear unto my cry.

ד כִּי-שָׂבְעָה בְרָעוֹת נַפְשִׁי ; וְחַיַּי, לִשְׁאוֹל הִגִּיעוּ.	4 For my soul is sated with troubles, and my life draweth nigh unto the grave.
ה נֶחְשַׁבְתִּי, עִם-יוֹרְדֵי בוֹר ; הָיִיתִי, כְּגֶבֶר אֵין-אֱיָל.	5 I am counted with them that go down into the pit; I am become as a man that hath no help;
ו בַּמֵּתִים, חָפְשִׁי : כְּמוֹ חֲלָלִים, שֹׁכְבֵי קֶבֶר— אֲשֶׁר לֹא זְכַרְתָּם עוֹד ; וְהֵמָּה, מִיָּדְךָ נִגְזָרוּ.	6 Set apart among the dead, {N} like the slain that lie in the grave, whom Thou rememberest no more; {N} and they are cut off from Thy hand.
ז שַׁתַּנִי, בְּבוֹר תַּחְתִּיּוֹת ; בְּמַחֲשַׁכִּים, בִּמְצֹלוֹת.	7 Thou hast laid me in the nethermost pit, in dark places, in the deeps.
ח עָלַי, סָמְכָה חֲמָתֶךָ ; וְכָל-מִשְׁבָּרֶיךָ, עִנִּיתָ סֶּלָה.	8 Thy wrath lieth hard upon me, and all Thy waves Thou pressest down. Selah
ט הִרְחַקְתָּ מְיֻדָּעַי, מִמֶּנִּי : שַׁתַּנִי תוֹעֵבוֹת לָמוֹ ; כָּלֻא, וְלֹא אֵצֵא.	9 Thou hast put mine acquaintance far from me; Thou hast made me an abomination unto them; I am shut up, and I cannot come forth.
י עֵינִי דָאֲבָה, מִנִּי-עֹנִי : קְרָאתִיךָ יְהוָה בְּכָל-יוֹם ; שִׁטַּחְתִּי אֵלֶיךָ כַפָּי.	10 Mine eye languisheth by reason of affliction; {N} I have called upon Thee, O LORD, every day, I have spread forth my hands unto Thee.
יא הֲלַמֵּתִים תַּעֲשֶׂה-פֶּלֶא : אִם-רְפָאִים, יָקוּמוּ יוֹדוּךָ סֶּלָה.	11 Wilt Thou work wonders for the dead? Or shall the shades arise and give Thee thanks? Selah
יב הַיְסֻפַּר בַּקֶּבֶר חַסְדֶּךָ ; אֱמוּנָתְךָ, בָּאֲבַדּוֹן.	12 Shall Thy mercy be declared in the grave? or Thy faithfulness in destruction?
יג הֲיִוָּדַע בַּחֹשֶׁךְ פִּלְאֶךָ ; וְצִדְקָתְךָ, בְּאֶרֶץ נְשִׁיָּה.	13 Shall Thy wonders be known in the dark? and Thy righteousness in the land of forgetfulness?
יד וַאֲנִי, אֵלֶיךָ יְהוָה שִׁוַּעְתִּי ; וּבַבֹּקֶר, תְּפִלָּתִי תְקַדְּמֶךָּ.	14 But as for me, unto Thee, O LORD, do I cry, and in the morning doth my prayer

come to meet Thee.

15 LORD, why castest Thou off my soul? Why hidest Thou Thy face from me?
טו לָמָה יְהוָה, תִּזְנַח נַפְשִׁי; תַּסְתִּיר פָּנֶיךָ מִמֶּנִּי.

16 I am afflicted and at the point of death from my youth up; I have borne Thy terrors, I am distracted.
טז עָנִי אֲנִי וְגֹוֵעַ מִנֹּעַר; נָשָׂאתִי אֵמֶיךָ אָפוּנָה.

17 Thy fierce wrath is gone over me; Thy terrors have cut me off.
יז עָלַי, עָבְרוּ חֲרוֹנֶיךָ; בִּעוּתֶיךָ, צִמְּתוּתֻנִי.

18 They came round about me like water all the day; they compassed me about together.
יח סַבּוּנִי כַמַּיִם, כָּל-הַיּוֹם; הִקִּיפוּ עָלַי יָחַד.

19 Friend and companion hast Thou put far from me, and mine acquaintance into darkness. {P}
יט הִרְחַקְתָּ מִמֶּנִּי, אֹהֵב וָרֵעַ; מְיֻדָּעַי מַחְשָׁךְ.

Chapter 89

1 Maschil of Ethan the Ezrahite.
א מַשְׂכִּיל, לְאֵיתָן הָאֶזְרָחִי.

2 I will sing of the mercies of the LORD for ever; to all generations will I make known Thy faithfulness with my mouth.
ב חַסְדֵי יְהוָה, עוֹלָם אָשִׁירָה; לְדֹר וָדֹר, אוֹדִיעַ אֱמוּנָתְךָ בְּפִי.

3 For I have said: 'For ever is mercy built; in the very heavens Thou dost establish Thy faithfulness.
ג כִּי-אָמַרְתִּי—עוֹלָם, חֶסֶד יִבָּנֶה; שָׁמַיִם, תָּכִן אֱמוּנָתְךָ בָהֶם.

4 I have made a covenant with My chosen, I have sworn unto David My servant:
ד כָּרַתִּי בְרִית, לִבְחִירִי; נִשְׁבַּעְתִּי, לְדָוִד עַבְדִּי.

5 For ever will I establish thy seed, and build up thy throne to all generations.' Selah
ה עַד-עוֹלָם, אָכִין זַרְעֶךָ; וּבָנִיתִי לְדֹר-וָדוֹר כִּסְאֲךָ סֶלָה.

6 So shall the heavens praise Thy wonders, O LORD, Thy faithfulness also in the assembly of the holy ones.
ו וְיוֹדוּ שָׁמַיִם פִּלְאֲךָ יְהוָה; אַף-אֱמוּנָתְךָ, בִּקְהַל קְדֹשִׁים.

7 For who in the skies can be compared
ז כִּי מִי בַשַּׁחַק, יַעֲרֹךְ

unto the LORD, who among the sons of might can be likened unto the LORD,

8 A God dreaded in the great council of the holy ones, and feared of all them that are about Him?

9 O LORD God of hosts, who is a mighty one, like unto Thee, O LORD? And Thy faithfulness is round about Thee.

10 Thou rulest the proud swelling of the sea; when the waves thereof arise, Thou stillest them.

11 Thou didst crush Rahab, as one that is slain; Thou didst scatter Thine enemies with the arm of Thy strength.

12 Thine are the heavens, Thine also the earth; the world and the fulness thereof, Thou hast founded them.

13 The north and the south, Thou hast created them; Tabor and Hermon rejoice in Thy name.

14 Thine is an arm with might; strong is Thy hand, and exalted is Thy right hand.

15 Righteousness and justice are the foundation of Thy throne; mercy and truth go before Thee.

16 Happy is the people that know the joyful shout; they walk, O LORD, in the light of Thy countenance.

17 In Thy name do they rejoice all the day; and through Thy righteousness are they exalted.

18 For Thou art the glory of their strength; and in Thy favour our horn is exalted.

לַיהוָה; יִדְמֶה לַיהוָה, בִּבְנֵי אֵלִים.

ח אֵל נַעֲרָץ, בְּסוֹד-קְדֹשִׁים רַבָּה; וְנוֹרָא, עַל-כָּל-סְבִיבָיו.

ט יְהוָה, אֱלֹהֵי צְבָאוֹת–מִי-כָמוֹךָ חֲסִין יָהּ; וֶאֱמוּנָתְךָ, סְבִיבוֹתֶיךָ.

י אַתָּה מוֹשֵׁל, בְּגֵאוּת הַיָּם; בְּשׂוֹא גַלָּיו, אַתָּה תְשַׁבְּחֵם.

יא אַתָּה דִכִּאתָ כֶחָלָל רָהַב; בִּזְרוֹעַ עֻזְּךָ, פִּזַּרְתָּ אוֹיְבֶיךָ.

יב לְךָ שָׁמַיִם, אַף-לְךָ אָרֶץ; תֵּבֵל וּמְלֹאָהּ, אַתָּה יְסַדְתָּם.

יג צָפוֹן וְיָמִין, אַתָּה בְרָאתָם; תָּבוֹר וְחֶרְמוֹן, בְּשִׁמְךָ יְרַנֵּנוּ.

יד לְךָ זְרוֹעַ, עִם-גְּבוּרָה; תָּעֹז יָדְךָ, תָּרוּם יְמִינֶךָ.

טו צֶדֶק וּמִשְׁפָּט, מְכוֹן כִּסְאֶךָ; חֶסֶד וֶאֱמֶת, יְקַדְּמוּ פָנֶיךָ.

טז אַשְׁרֵי הָעָם, יֹדְעֵי תְרוּעָה; יְהוָה, בְּאוֹר-פָּנֶיךָ יְהַלֵּכוּן.

יז בְּשִׁמְךָ, יְגִילוּן כָּל-הַיּוֹם; וּבְצִדְקָתְךָ יָרוּמוּ.

יח כִּי-תִפְאֶרֶת עֻזָּמוֹ אָתָּה; וּבִרְצוֹנְךָ, תָּרִים (תָּרוּם)

קַרְנֵינוּ.	
יט כִּי לַיהוָה, מָגִנֵּנוּ; וְלִקְדוֹשׁ יִשְׂרָאֵל מַלְכֵּנוּ.	19 For of the LORD is our shield; and the Holy One of Israel is our king.
כ אָז דִּבַּרְתָּ בְחָזוֹן, לַחֲסִידֶיךָ— וַתֹּאמֶר, שִׁוִּיתִי עֵזֶר עַל-גִּבּוֹר; הֲרִימוֹתִי בָחוּר מֵעָם.	20 Then Thou spokest in vision to Thy godly ones, and saidst: 'I have laid help upon one that is mighty; {N} I have exalted one chosen out of the people.
כא מָצָאתִי, דָּוִד עַבְדִּי; בְּשֶׁמֶן קָדְשִׁי מְשַׁחְתִּיו.	21 I have found David My servant; with My holy oil have I anointed him;
כב אֲשֶׁר יָדִי, תִּכּוֹן עִמּוֹ; אַף-זְרוֹעִי תְאַמְּצֶנּוּ.	22 With whom My hand shall be established; Mine arm also shall strengthen him.
כג לֹא-יַשִּׁיא אוֹיֵב בּוֹ; וּבֶן-עַוְלָה, לֹא יְעַנֶּנּוּ.	23 The enemy shall not exact from him; nor the son of wickedness afflict him.
כד וְכַתּוֹתִי מִפָּנָיו צָרָיו; וּמְשַׂנְאָיו אֶגּוֹף.	24 And I will beat to pieces his adversaries before him, and smite them that hate him.
כה וֶאֱמוּנָתִי וְחַסְדִּי עִמּוֹ; וּבִשְׁמִי, תָּרוּם קַרְנוֹ.	25 But My faithfulness and My mercy shall be with him; and through My name shall his horn be exalted.
כו וְשַׂמְתִּי בַיָּם יָדוֹ; וּבַנְּהָרוֹת יְמִינוֹ.	26 I will set his hand also on the sea, and his right hand on the rivers.
כז הוּא יִקְרָאֵנִי, אָבִי אָתָּה; אֵלִי, וְצוּר יְשׁוּעָתִי.	27 He shall call unto Me: Thou art my Father, my God, and the rock of my salvation.
כח אַף-אָנִי, בְּכוֹר אֶתְּנֵהוּ; עֶלְיוֹן, לְמַלְכֵי-אָרֶץ.	28 I also will appoint him first-born, the highest of the kings of the earth.
כט לְעוֹלָם, אשמור- (אֶשְׁמָר-) לוֹ חַסְדִּי; וּבְרִיתִי, נֶאֱמֶנֶת לוֹ.	29 For ever will I keep for him My mercy, and My covenant shall stand fast with him.
ל וְשַׂמְתִּי לָעַד זַרְעוֹ; וְכִסְאוֹ, כִּימֵי שָׁמָיִם.	30 His seed also will I make to endure for ever, and his throne as the days of heavens.

לא אִם־יַעַזְבוּ בָנָיו, תּוֹרָתִי; וּבְמִשְׁפָּטַי, לֹא יֵלֵכוּן.	31 If his children forsake My law, and walk not in Mine ordinances;
לב אִם־חֻקֹּתַי יְחַלֵּלוּ; וּמִצְוֺתַי, לֹא יִשְׁמֹרוּ.	32 If they profane My statutes, and keep not My commandments;
לג וּפָקַדְתִּי בְשֵׁבֶט פִּשְׁעָם; וּבִנְגָעִים עֲוֺנָם.	33 Then will I visit their transgression with the rod, and their iniquity with strokes.
לד וְחַסְדִּי, לֹא־אָפִיר מֵעִמּוֹ; וְלֹא־אֲשַׁקֵּר, בֶּאֱמוּנָתִי.	34 But My mercy will I not break off from him, nor will I be false to My faithfulness.
לה לֹא־אֲחַלֵּל בְּרִיתִי; וּמוֹצָא שְׂפָתַי, לֹא אֲשַׁנֶּה.	35 My covenant will I not profane, nor alter that which is gone out of My lips.
לו אַחַת, נִשְׁבַּעְתִּי בְקָדְשִׁי: אִם־לְדָוִד אֲכַזֵּב.	36 Once have I sworn by My holiness: Surely I will not be false unto David;
לז זַרְעוֹ, לְעוֹלָם יִהְיֶה; וְכִסְאוֹ כַשֶּׁמֶשׁ נֶגְדִּי.	37 His seed shall endure for ever, and his throne as the sun before Me.
לח כְּיָרֵחַ, יִכּוֹן עוֹלָם; וְעֵד בַּשַּׁחַק, נֶאֱמָן סֶלָה.	38 It shall be established for ever as the moon; and be stedfast as the witness in sky.' Selah
לט וְאַתָּה זָנַחְתָּ, וַתִּמְאָס; הִתְעַבַּרְתָּ, עִם־מְשִׁיחֶךָ.	39 But Thou hast cast off and rejected, Thou hast been wroth with Thine anointed.
מ נֵאַרְתָּה, בְּרִית עַבְדֶּךָ; חִלַּלְתָּ לָאָרֶץ נִזְרוֹ.	40 Thou hast abhorred the covenant of Thy servant; Thou hast profaned his crown even to the ground.
מא פָּרַצְתָּ כָל־גְּדֵרֹתָיו; שַׂמְתָּ מִבְצָרָיו מְחִתָּה.	41 Thou hast broken down all his fences; Thou hast brought his strongholds to ruin.
מב שַׁסֻּהוּ, כָּל־עֹבְרֵי דָרֶךְ; הָיָה חֶרְפָּה, לִשְׁכֵנָיו.	42 All that pass by the way spoil him; he is become a taunt to his neighbours.
מג הֲרִימוֹתָ, יְמִין צָרָיו; הִשְׂמַחְתָּ, כָּל־אוֹיְבָיו.	43 Thou hast exalted the right hand of his adversaries; Thou hast made all his enemies to rejoice.

מד אַף-תָּשִׁיב, צוּר חַרְבּוֹ; וְלֹא הֲקֵימֹתוֹ, בַּמִּלְחָמָה.	44 Yea, Thou turnest back the edge of his sword, and hast not made him to stand in the battle.
מה הִשְׁבַּתָּ מִטְּהָרוֹ; וְכִסְאוֹ, לָאָרֶץ מִגַּרְתָּה.	45 Thou hast made his brightness to cease, and cast his throne down to the ground.
מו הִקְצַרְתָּ, יְמֵי עֲלוּמָיו; הֶעֱטִיתָ עָלָיו בּוּשָׁה סֶלָה.	46 The days of his youth hast Thou shortened; Thou hast covered him with shame. Selah
מז עַד-מָה יְהוָה, תִּסָּתֵר לָנֶצַח; תִּבְעַר כְּמוֹ-אֵשׁ חֲמָתֶךָ.	47 How long, O LORD, wilt Thou hide Thyself for ever? How long shall Thy wrath burn like fire?
מח זְכָר-אֲנִי מֶה-חָלֶד; עַל-מַה-שָּׁוְא, בָּרָאתָ כָל-בְּנֵי-אָדָם.	48 O remember how short my time is; for what vanity hast Thou created all the children of men!
מט מִי גֶבֶר יִחְיֶה, וְלֹא יִרְאֶה-מָּוֶת; יְמַלֵּט נַפְשׁוֹ מִיַּד-שְׁאוֹל סֶלָה.	49 What man is he that liveth and shall not see death, that shall deliver his soul from the power of the grave? Selah
נ אַיֵּה, חֲסָדֶיךָ הָרִאשֹׁנִים אֲדֹנָי: נִשְׁבַּעְתָּ לְדָוִד, בֶּאֱמוּנָתֶךָ.	50 Where are Thy former mercies, O Lord, which Thou didst swear unto David in Thy faithfulness?
נא זְכֹר אֲדֹנָי, חֶרְפַּת עֲבָדֶיךָ; שְׂאֵתִי בְחֵיקִי, כָּל-רַבִּים עַמִּים.	51 Remember, Lord, the taunt of Thy servants; how I do bear in my bosom [the taunt of] so many peoples;
נב אֲשֶׁר חֵרְפוּ אוֹיְבֶיךָ יְהוָה: אֲשֶׁר חֵרְפוּ, עִקְּבוֹת מְשִׁיחֶךָ.	52 Wherewith Thine enemies have taunted, O LORD, wherewith they have taunted the footsteps of Thine anointed.
נג בָּרוּךְ יְהוָה לְעוֹלָם: אָמֵן וְאָמֵן.	53 Blessed be the LORD for evermore. Amen, and Amen. {P}

Chapter 90

א תְּפִלָּה, לְמֹשֶׁה אִישׁ-הָאֱלֹהִים: אֲדֹנָי—מָעוֹן אַתָּה, הָיִיתָ לָּנוּ; בְּדֹר וָדֹר.	1 A Prayer of Moses the man of God. {N} Lord, Thou hast been our dwelling-place in all generations.

ב בְּטֶרֶם, הָרִים יֻלָּדוּ— וַתְּחוֹלֵל אֶרֶץ וְתֵבֵל; וּמֵעוֹלָם עַד-עוֹלָם, אַתָּה אֵל.	2 Before the mountains were brought forth, or ever Thou hadst formed the earth and the world, {N} even from everlasting to everlasting, Thou art God.
ג תָּשֵׁב אֱנוֹשׁ, עַד-דַּכָּא; וַתֹּאמֶר, שׁוּבוּ בְנֵי-אָדָם.	3 Thou turnest man to contrition; and sayest: 'Return, ye children of men.'
ד כִּי אֶלֶף שָׁנִים, בְּעֵינֶיךָ— כְּיוֹם אֶתְמוֹל, כִּי יַעֲבֹר; וְאַשְׁמוּרָה בַלָּיְלָה.	4 For a thousand years in Thy sight are but as yesterday when it is past, {N} and as a watch in the night.
ה זְרַמְתָּם, שֵׁנָה יִהְיוּ; בַּבֹּקֶר, כֶּחָצִיר יַחֲלֹף.	5 Thou carriest them away as with a flood; they are as a sleep; in the morning they are like grass which groweth up.
ו בַּבֹּקֶר, יָצִיץ וְחָלָף; לָעֶרֶב, יְמוֹלֵל וְיָבֵשׁ.	6 In the morning it flourisheth, and groweth up; in the evening it is cut down, and withereth.
ז כִּי-כָלִינוּ בְאַפֶּךָ; וּבַחֲמָתְךָ נִבְהָלְנוּ.	7 For we are consumed in Thine anger, and by Thy wrath are we hurried away.
ח שת (שַׁתָּה) עֲוֺנֹתֵינוּ לְנֶגְדֶּךָ; עֲלֻמֵנוּ, לִמְאוֹר פָּנֶיךָ.	8 Thou hast set our iniquities before Thee, our secret sins in the light of Thy countenance.
ט כִּי כָל-יָמֵינוּ, פָּנוּ בְעֶבְרָתֶךָ; כִּלִּינוּ שָׁנֵינוּ כְמוֹ-הֶגֶה.	9 For all our days are passed away in Thy wrath; we bring our years to an end as a tale that is told.
י יְמֵי-שְׁנוֹתֵינוּ בָהֶם שִׁבְעִים שָׁנָה, וְאִם בִּגְבוּרֹת שְׁמוֹנִים שָׁנָה— וְרָהְבָּם, עָמָל וָאָוֶן: כִּי-גָז חִישׁ, וַנָּעֻפָה.	10 The days of our years are threescore years and ten, or even by reason of strength fourscore years; {N} yet is their pride but travail and vanity; {N} for it is speedily gone, and we fly away.
יא מִי-יוֹדֵעַ, עֹז אַפֶּךָ; וּכְיִרְאָתְךָ, עֶבְרָתֶךָ.	11 Who knoweth the power of Thine anger, and Thy wrath according to the fear that is due unto Thee?
יב לִמְנוֹת יָמֵינוּ, כֵּן הוֹדַע; וְנָבִא,	12 So teach us to number our days, that we may get us a heart of wisdom.

לְבַב חָכְמָה.

יג שׁוּבָה יהוה, עַד־מָתָי; וְהִנָּחֵם, עַל־עֲבָדֶיךָ.

13 Return, O LORD; how long? And let it repent Thee concerning Thy servants.

יד שַׂבְּעֵנוּ בַבֹּקֶר חַסְדֶּךָ; וּנְרַנְּנָה וְנִשְׂמְחָה, בְּכָל־יָמֵינוּ.

14 O satisfy us in the morning with Thy mercy; that we may rejoice and be glad all our days.

טו שַׂמְּחֵנוּ, כִּימוֹת עִנִּיתָנוּ: שְׁנוֹת, רָאִינוּ רָעָה.

15 Make us glad according to the days wherein Thou hast afflicted us, according to the years wherein we have seen evil.

טז יֵרָאֶה אֶל־עֲבָדֶיךָ פָעֳלֶךָ; וַהֲדָרְךָ, עַל־בְּנֵיהֶם.

16 Let Thy work appear unto Thy servants, and Thy glory upon their children.

יז וִיהִי, נֹעַם אֲדֹנָי אֱלֹהֵינוּ— עָלֵינוּ: וּמַעֲשֵׂה יָדֵינוּ, כּוֹנְנָה עָלֵינוּ; וּמַעֲשֵׂה יָדֵינוּ, כּוֹנְנֵהוּ.

17 And let the graciousness of the Lord our God be upon us; {N}
establish Thou also upon us the work of our hands; yea, the work of our hands establish Thou it. {P}

Chapter 91

א יֹשֵׁב, בְּסֵתֶר עֶלְיוֹן; בְּצֵל שַׁדַּי, יִתְלוֹנָן.

1 O thou that dwellest in the covert of the Most High, and abidest in the shadow of the Almighty;

ב אֹמַר—לַיהוה, מַחְסִי וּמְצוּדָתִי; אֱלֹהַי, אֶבְטַח־בּוֹ.

2 I will say of the LORD, who is my refuge and my fortress, my God, in whom I trust,

ג כִּי הוּא יַצִּילְךָ, מִפַּח יָקוּשׁ; מִדֶּבֶר הַוּוֹת.

3 That He will deliver thee from the snare of the fowler, and from the noisome pestilence.

ד בְּאֶבְרָתוֹ, יָסֶךְ לָךְ—וְתַחַת־כְּנָפָיו תֶּחְסֶה; צִנָּה וְסֹחֵרָה אֲמִתּוֹ.

4 He will cover thee with His pinions, and under His wings shalt thou take refuge; His truth is a shield and a buckler.

ה לֹא־תִירָא, מִפַּחַד לָיְלָה; מֵחֵץ, יָעוּף יוֹמָם.

5 Thou shalt not be afraid of the terror by night, nor of the arrow that flieth by day;

ו מִדֶּבֶר, בָּאֹפֶל יַהֲלֹךְ; מִקֶּטֶב, יָשׁוּד צָהֳרָיִם.	6 Of the pestilence that walketh in darkness, nor of the destruction that wasteth at noonday.
ז יִפֹּל מִצִּדְּךָ, אֶלֶף—וּרְבָבָה מִימִינֶךָ: אֵלֶיךָ, לֹא יִגָּשׁ.	7 A thousand may fall at Thy side, and ten thousand at Thy right hand; it shall not come nigh thee.
ח רַק, בְּעֵינֶיךָ תַבִּיט; וְשִׁלֻּמַת רְשָׁעִים תִּרְאֶה.	8 Only with thine eyes shalt thou behold, and see the recompense of the wicked.
ט כִּי-אַתָּה יְהוָה מַחְסִי; עֶלְיוֹן, שַׂמְתָּ מְעוֹנֶךָ.	9 For thou hast made the LORD who is my refuge, even the Most High, thy habitation.
י לֹא-תְאֻנֶּה אֵלֶיךָ רָעָה; וְנֶגַע, לֹא-יִקְרַב בְּאָהֳלֶךָ.	10 There shall no evil befall thee, neither shall any plague come nigh thy tent.
יא כִּי מַלְאָכָיו, יְצַוֶּה-לָּךְ; לִשְׁמָרְךָ, בְּכָל-דְּרָכֶיךָ.	11 For He will give His angels charge over thee, to keep thee in all thy ways.
יב עַל-כַּפַּיִם יִשָּׂאוּנְךָ: פֶּן-תִּגֹּף בָּאֶבֶן רַגְלֶךָ.	12 They shall bear thee upon their hands, lest thou dash thy foot against a stone.
יג עַל-שַׁחַל וָפֶתֶן, תִּדְרֹךְ; תִּרְמֹס כְּפִיר וְתַנִּין.	13 Thou shalt tread upon the lion and asp; the young lion and the serpent shalt thou trample under feet.
יד כִּי בִי חָשַׁק, וַאֲפַלְּטֵהוּ; אֲשַׂגְּבֵהוּ, כִּי-יָדַע שְׁמִי.	14 'Because he hath set his love upon Me, therefore will I deliver him; I will set him on high, because he hath known My name.
טו יִקְרָאֵנִי, וְאֶעֱנֵהוּ—עִמּוֹ-אָנֹכִי בְצָרָה; אֲחַלְּצֵהוּ, וַאֲכַבְּדֵהוּ.	15 He shall call upon Me, and I will answer him; I will be with him in trouble; I will rescue him, and bring him to honour.
טז אֹרֶךְ יָמִים, אַשְׂבִּיעֵהוּ; וְאַרְאֵהוּ, בִּישׁוּעָתִי.	16 With long life will I satisfy him, and make Him to behold My salvation.' {P}

Chapter 92

1 A Psalm, a Song. For the sabbath day.	א מִזְמוֹר שִׁיר, לְיוֹם הַשַּׁבָּת.
2 It is a good thing to give thanks unto the LORD, and to sing praises unto Thy name, O Most High;	ב טוֹב, לְהֹדוֹת לַיהוָה; וּלְזַמֵּר לְשִׁמְךָ עֶלְיוֹן.
3 To declare Thy lovingkindness in the morning, and Thy faithfulness in the night seasons,	ג לְהַגִּיד בַּבֹּקֶר חַסְדֶּךָ; וֶאֱמוּנָתְךָ, בַּלֵּילוֹת.
4 With an instrument of ten strings, and with the psaltery; with a solemn sound upon the harp.	ד עֲלֵי-עָשׂוֹר, וַעֲלֵי-נָבֶל; עֲלֵי הִגָּיוֹן בְּכִנּוֹר.
5 For Thou, LORD, hast made me glad through Thy work; I will exult in the works of Thy hands.	ה כִּי שִׂמַּחְתַּנִי יְהוָה בְּפָעֳלֶךָ; בְּמַעֲשֵׂי יָדֶיךָ אֲרַנֵּן.
6 How great are Thy works, O LORD! Thy thoughts are very deep.	ו מַה-גָּדְלוּ מַעֲשֶׂיךָ יְהוָה; מְאֹד, עָמְקוּ מַחְשְׁבֹתֶיךָ.
7 A brutish man knoweth not, neither doth a fool understand this.	ז אִישׁ-בַּעַר, לֹא יֵדָע; וּכְסִיל, לֹא-יָבִין אֶת-זֹאת.
8 When the wicked spring up as the grass, and when all the workers of iniquity do flourish; it is that they may be destroyed for ever.	ח בִּפְרֹחַ רְשָׁעִים, כְּמוֹ עֵשֶׂב, וַיָּצִיצוּ, כָּל-פֹּעֲלֵי אָוֶן: לְהִשָּׁמְדָם עֲדֵי-עַד.
9 But Thou, O LORD, art on high for evermore.	ט וְאַתָּה מָרוֹם— לְעֹלָם יְהוָה.
10 For, lo, Thine enemies, O LORD, for, lo, Thine enemies shall perish: {N}
all the workers of iniquity shall be scattered.	י כִּי הִנֵּה אֹיְבֶיךָ, יְהוָה— כִּי-הִנֵּה אֹיְבֶיךָ יֹאבֵדוּ: יִתְפָּרְדוּ, כָּל-פֹּעֲלֵי אָוֶן.
11 But my horn hast Thou exalted like the horn of the wild-ox; I am anointed with rich oil.	יא וַתָּרֶם כִּרְאֵים קַרְנִי; בַּלֹּתִי, בְּשֶׁמֶן רַעֲנָן.
12 Mine eye also hath gazed on them that lie in wait for me, {N}
mine ears have heard my desire of the evil-doers that rise up against me.	יב וַתַּבֵּט עֵינִי, בְּשׁוּרָי: בַּקָּמִים עָלַי מְרֵעִים— תִּשְׁמַעְנָה אָזְנָי.

יג צַדִּיק, כַּתָּמָר יִפְרָח; כְּאֶרֶז בַּלְּבָנוֹן יִשְׂגֶּה.	13 The righteous shall flourish like the palm-tree; he shall grow like a cedar in Lebanon.
יד שְׁתוּלִים, בְּבֵית יהוה; בְּחַצְרוֹת אֱלֹהֵינוּ יַפְרִיחוּ.	14 Planted in the house of the LORD, they shall flourish in the courts of our God.
טו עוֹד, יְנוּבוּן בְּשֵׂיבָה; דְּשֵׁנִים וְרַעֲנַנִּים יִהְיוּ.	15 They shall still bring forth fruit in old age; they shall be full of sap and richness;
טז לְהַגִּיד, כִּי-יָשָׁר יהוה; צוּרִי, וְלֹא-עלתה (עַוְלָתָה) בּוֹ.	16 To declare that the LORD is upright, my Rock, in whom there is no unrighteousness. {P}

Chapter 93

א יהוה מָלָךְ, גֵּאוּת לָבֵשׁ: לָבֵשׁ יהוה, עֹז הִתְאַזָּר; אַף-תִּכּוֹן תֵּבֵל, בַּל-תִּמּוֹט.	1 The LORD reigneth; He is clothed in majesty; {N} the LORD is clothed, He hath girded Himself with strength; yea, the world is established, that it cannot be moved.
ב נָכוֹן כִּסְאֲךָ מֵאָז; מֵעוֹלָם אָתָּה.	2 Thy throne is established of old; Thou art from everlasting.
ג נָשְׂאוּ נְהָרוֹת, יהוה—נָשְׂאוּ נְהָרוֹת קוֹלָם; יִשְׂאוּ נְהָרוֹת דָּכְיָם.	3 The floods have lifted up, O LORD, the floods have lifted up their voice; the floods lift up their roaring.
ד מִקֹּלוֹת, מַיִם רַבִּים—אַדִּירִים מִשְׁבְּרֵי-יָם; אַדִּיר בַּמָּרוֹם יהוה.	4 Above the voices of many waters, the mighty breakers of the sea, the LORD on high is mighty.
ה עֵדֹתֶיךָ, נֶאֶמְנוּ מְאֹד-לְבֵיתְךָ נַאֲוָה-קֹדֶשׁ: יהוה, לְאֹרֶךְ יָמִים.	5 Thy testimonies are very sure, holiness becometh Thy house, O LORD, for evermore. {P}

Chapter 94

א אֵל-נְקָמוֹת יהוה; אֵל נְקָמוֹת הוֹפִיעַ.	1 O LORD, Thou God to whom vengeance belongeth, Thou God to whom vengeance belongeth, shine forth.

בהִנָּשֵׂא, שֹׁפֵט הָאָרֶץ; הָשֵׁב גְּמוּל, עַל-גֵּאִים.	2 Lift up Thyself, Thou Judge of the earth; render to the proud their recompense.
ג עַד-מָתַי רְשָׁעִים יְהוָה: עַד-מָתַי, רְשָׁעִים יַעֲלֹזוּ.	3 LORD, how long shall the wicked, how long shall the wicked exult?
ד יַבִּיעוּ יְדַבְּרוּ עָתָק; יִתְאַמְּרוּ, כָּל-פֹּעֲלֵי אָוֶן.	4 They gush out, they speak arrogancy; all the workers of iniquity bear themselves loftily.
ה עַמְּךָ יְהוָה יְדַכְּאוּ; וְנַחֲלָתְךָ יְעַנּוּ.	5 They crush Thy people, O LORD, and afflict Thy heritage.
ו אַלְמָנָה וְגֵר יַהֲרֹגוּ; וִיתוֹמִים יְרַצֵּחוּ.	6 They slay the widow and the stranger, and murder the fatherless.
ז וַיֹּאמְרוּ, לֹא יִרְאֶה-יָּהּ; וְלֹא-יָבִין, אֱלֹהֵי יַעֲקֹב.	7 And they say: 'The LORD will not see, neither will the God of Jacob give heed.'
ח בִּינוּ, בֹּעֲרִים בָּעָם; וּכְסִילִים, מָתַי תַּשְׂכִּילוּ.	8 Consider, ye brutish among the people; and ye fools, when will ye understand?
ט הֲנֹטַע אֹזֶן, הֲלֹא יִשְׁמָע; אִם-יֹצֵר עַיִן, הֲלֹא יַבִּיט.	9 He that planted the ear, shall He not hear? He that formed the eye, shall He not see?
י הֲיֹסֵר גּוֹיִם, הֲלֹא יוֹכִיחַ: הַמְלַמֵּד אָדָם דָּעַת.	10 He that instructeth nations, shall not He correct? even He that teacheth man knowledge?
יא יְהוָה--יֹדֵעַ, מַחְשְׁבוֹת אָדָם: כִּי-הֵמָּה הָבֶל.	11 The LORD knoweth the thoughts of man, that they are vanity.
יב אַשְׁרֵי, הַגֶּבֶר אֲשֶׁר-תְּיַסְּרֶנּוּ יָּהּ; וּמִתּוֹרָתְךָ תְלַמְּדֶנּוּ.	12 Happy is the man whom Thou instructest, O LORD, and teachest out of Thy law;
יג לְהַשְׁקִיט לוֹ, מִימֵי רָע-- עַד יִכָּרֶה לָרָשָׁע שָׁחַת.	13 That Thou mayest give him rest from the days of evil, until the pit be digged for the wicked.
יד כִּי, לֹא-יִטֹּשׁ יְהוָה עַמּוֹ; וְנַחֲלָתוֹ, לֹא יַעֲזֹב.	14 For the LORD will not cast off His people, neither will He forsake His inheritance.

15 For right shall return unto justice, and all the upright in heart shall follow it.

טו כִּי-עַד-צֶדֶק, יָשׁוּב מִשְׁפָּט; וְאַחֲרָיו, כָּל-יִשְׁרֵי-לֵב.

16 Who will rise up for me against the evil-doers? Who will stand up for me against the workers of iniquity?

טז מִי-יָקוּם לִי, עִם-מְרֵעִים; מִי-יִתְיַצֵּב לִי, עִם-פֹּעֲלֵי אָוֶן.

17 Unless the LORD had been my help, my soul had soon dwelt in silence.

יז לוּלֵי יְהוָה, עֶזְרָתָה לִּי— כִּמְעַט, שָׁכְנָה דוּמָה נַפְשִׁי.

18 If I say: 'My foot slippeth', Thy mercy, O LORD, holdeth me up.

יח אִם-אָמַרְתִּי, מָטָה רַגְלִי; חַסְדְּךָ יְהוָה, יִסְעָדֵנִי.

19 When my cares are many within me, Thy comforts delight my soul.

יט בְּרֹב שַׂרְעַפַּי בְּקִרְבִּי— תַּנְחוּמֶיךָ, יְשַׁעַשְׁעוּ נַפְשִׁי.

20 Shall the seat of wickedness have fellowship with Thee, which frameth mischief by statute?

כ הַיְחָבְרְךָ, כִּסֵּא הַוּוֹת; יֹצֵר עָמָל עֲלֵי-חֹק.

21 They gather themselves together against the soul of the righteous, and condemn innocent blood.

כא יָגוֹדּוּ, עַל-נֶפֶשׁ צַדִּיק; וְדָם נָקִי יַרְשִׁיעוּ.

22 But the LORD hath been my high tower, and my God the rock of my refuge.

כב וַיְהִי יְהוָה לִי לְמִשְׂגָּב; וֵאלֹהַי, לְצוּר מַחְסִי.

23 And He hath brought upon them their own iniquity, and will cut them off in their own evil; {N}
the LORD our God will cut them off. {P}

כג וַיָּשֶׁב עֲלֵיהֶם, אֶת אוֹנָם— וּבְרָעָתָם יַצְמִיתֵם; יַצְמִיתֵם, יְהוָה אֱלֹהֵינוּ.

Chapter 95

1 O come, let us sing unto the LORD; let us shout for joy to the Rock of our salvation.

א לְכוּ, נְרַנְּנָה לַיהוָה; נָרִיעָה, לְצוּר יִשְׁעֵנוּ.

2 Let us come before His presence with thanksgiving, let us shout for joy unto Him with psalms.

ב נְקַדְּמָה פָנָיו בְּתוֹדָה; בִּזְמִרוֹת, נָרִיעַ לוֹ.

3 For the LORD is a great God, and a great

ג כִּי אֵל גָּדוֹל יְהוָה; וּמֶלֶךְ גָּדוֹל,

King above all gods; עַל־כָּל־אֱלֹהִים.

4 In whose hand are the depths of the earth; the heights of the mountains are His also. ד אֲשֶׁר בְּיָדוֹ, מֶחְקְרֵי־אָרֶץ; וְתוֹעֲפוֹת הָרִים לוֹ.

5 The sea is His, and He made it; and His hands formed the dry land. ה אֲשֶׁר־לוֹ הַיָּם, וְהוּא עָשָׂהוּ; וְיַבֶּשֶׁת, יָדָיו יָצָרוּ.

6 O come, let us bow down and bend the knee; let us kneel before the LORD our Maker; ו בֹּאוּ, נִשְׁתַּחֲוֶה וְנִכְרָעָה; נִבְרְכָה, לִפְנֵי־יְהוָה עֹשֵׂנוּ.

7 For He is our God, and we are the people of His pasture, and the flock of His hand. {N}
To-day, if ye would but hearken to His voice! ז כִּי הוּא אֱלֹהֵינוּ— וַאֲנַחְנוּ עַם מַרְעִיתוֹ, וְצֹאן יָדוֹ: הַיּוֹם, אִם־בְּקֹלוֹ תִשְׁמָעוּ.

8 'Harden not your heart, as at Meribah, as in the day of Massah in the wilderness; ח אַל־תַּקְשׁוּ לְבַבְכֶם, כִּמְרִיבָה; כְּיוֹם מַסָּה, בַּמִּדְבָּר.

9 When your fathers tried Me, proved Me, even though they saw My work. ט אֲשֶׁר נִסּוּנִי, אֲבוֹתֵיכֶם: בְּחָנוּנִי, גַּם־רָאוּ פָעֳלִי.

10 For forty years was I wearied with that generation, and said: It is a people that do err in their heart, {N}
and they have not known My ways; י אַרְבָּעִים שָׁנָה, אָקוּט בְּדוֹר— וָאֹמַר, עַם תֹּעֵי לֵבָב הֵם; וְהֵם, לֹא־יָדְעוּ דְרָכָי.

11 Wherefore I swore in My wrath, that they should not enter into My rest.' {P} יא אֲשֶׁר־נִשְׁבַּעְתִּי בְאַפִּי; אִם־יְבֹאוּן, אֶל־מְנוּחָתִי.

Chapter 96

1 O sing unto the LORD a new song; sing unto the LORD, all the earth. א שִׁירוּ לַיהוָה, שִׁיר חָדָשׁ; שִׁירוּ לַיהוָה, כָּל־הָאָרֶץ.

2 Sing unto the LORD, bless His name; proclaim His salvation from day to day. ב שִׁירוּ לַיהוָה, בָּרְכוּ שְׁמוֹ; בַּשְּׂרוּ מִיּוֹם־לְיוֹם, יְשׁוּעָתוֹ.

3 Declare His glory among the nations, His marvellous works among all the peoples. ג סַפְּרוּ בַגּוֹיִם כְּבוֹדוֹ; בְּכָל־הָעַמִּים, נִפְלְאוֹתָיו.

4 For great is the LORD, and highly to be praised; He is to be feared above all gods.

ד כִּי גָדוֹל יְהוָה וּמְהֻלָּל מְאֹד; נוֹרָא הוּא, עַל-כָּל-אֱלֹהִים.

5 For all the gods of the peoples are things of nought; but the LORD made the heavens.

ה כִּי, כָּל-אֱלֹהֵי הָעַמִּים אֱלִילִים; וַיהוָה, שָׁמַיִם עָשָׂה.

6 Honour and majesty are before Him; strength and beauty are in His sanctuary.

ו הוֹד-וְהָדָר לְפָנָיו; עֹז וְתִפְאֶרֶת, בְּמִקְדָּשׁוֹ.

7 Ascribe unto the LORD, ye kindreds of the peoples, ascribe unto the LORD glory and strength.

ז הָבוּ לַיהוָה, מִשְׁפְּחוֹת עַמִּים; הָבוּ לַיהוָה, כָּבוֹד וָעֹז.

8 Ascribe unto the LORD the glory due unto His name; bring an offering, and come into His courts.

ח הָבוּ לַיהוָה, כְּבוֹד שְׁמוֹ; שְׂאוּ-מִנְחָה, וּבֹאוּ לְחַצְרוֹתָיו.

9 O worship the LORD in the beauty of holiness; tremble before Him, all the earth.

ט הִשְׁתַּחֲווּ לַיהוָה, בְּהַדְרַת-קֹדֶשׁ; חִילוּ מִפָּנָיו, כָּל-הָאָרֶץ.

10 Say among the nations: 'The LORD reigneth.' The world also is established that it cannot be moved; {N}
He will judge the peoples with equity.

י אִמְרוּ בַגּוֹיִם, יְהוָה מָלָךְ— אַף-תִּכּוֹן תֵּבֵל, בַּל-תִּמּוֹט; יָדִין עַמִּים, בְּמֵישָׁרִים.

11 Let the heavens be glad, and let the earth rejoice; let the sea roar, and the fulness thereof;

יא יִשְׂמְחוּ הַשָּׁמַיִם, וְתָגֵל הָאָרֶץ; יִרְעַם הַיָּם, וּמְלֹאוֹ.

12 Let the field exult; and all that is therein; then shall all the trees of the wood sing for joy;

יב יַעֲלֹז שָׂדַי, וְכָל-אֲשֶׁר-בּוֹ; אָז יְרַנְּנוּ, כָּל-עֲצֵי-יָעַר.

13 Before the LORD, for He is come; for He is come to judge the earth; {N}
He will judge the world with righteousness, and the peoples in His faithfulness. {P}

יג לִפְנֵי יְהוָה, כִּי בָא— כִּי בָא, לִשְׁפֹּט הָאָרֶץ: יִשְׁפֹּט-תֵּבֵל בְּצֶדֶק; וְעַמִּים, בֶּאֱמוּנָתוֹ.

Chapter 97

1 The LORD reigneth; let the earth rejoice;

א יְהוָה מָלָךְ, תָּגֵל הָאָרֶץ; יִשְׂמְחוּ,

let the multitude of isles be glad.	אִיִּים רַבִּים.
2 Clouds and darkness are round about Him; righteousness and justice are the foundation of His throne.	ב עָנָן וַעֲרָפֶל סְבִיבָיו; צֶדֶק וּמִשְׁפָּט, מְכוֹן כִּסְאוֹ.
3 A fire goeth before Him, and burneth up His adversaries round about.	ג אֵשׁ, לְפָנָיו תֵּלֵךְ; וּתְלַהֵט סָבִיב צָרָיו.
4 His lightnings lighted up the world; the earth saw, and trembled.	ד הֵאִירוּ בְרָקָיו תֵּבֵל; רָאֲתָה וַתָּחֵל הָאָרֶץ.
5 The mountains melted like wax at the presence of the LORD, at the presence of the Lord of the whole earth.	ה הָרִים—כַּדּוֹנַג, נָמַסּוּ מִלִּפְנֵי יְהוָה: מִלִּפְנֵי, אֲדוֹן כָּל-הָאָרֶץ.
6 The heavens declared His righteousness, and all the peoples saw His glory.	ו הִגִּידוּ הַשָּׁמַיִם צִדְקוֹ; וְרָאוּ כָל-הָעַמִּים כְּבוֹדוֹ.
7 Ashamed be all they that serve graven images, that boast themselves of things of nought; {N} bow down to Him, all ye gods.	ז יֵבֹשׁוּ, כָּל-עֹבְדֵי פֶסֶל—הַמִּתְהַלְלִים בָּאֱלִילִים; הִשְׁתַּחֲווּ-לוֹ, כָּל-אֱלֹהִים.
8 Zion heard and was glad, and the daughters of Judah rejoiced; {N} because of Thy judgments, O LORD.	ח שָׁמְעָה וַתִּשְׂמַח, צִיּוֹן, וַתָּגֵלְנָה, בְּנוֹת יְהוּדָה— לְמַעַן מִשְׁפָּטֶיךָ יְהוָה.
9 For Thou, LORD, art most high above all the earth; {N} Thou art exalted far above all gods.	ט כִּי-אַתָּה יְהוָה, עֶלְיוֹן עַל-כָּל-הָאָרֶץ; מְאֹד נַעֲלֵיתָ, עַל-כָּל-אֱלֹהִים.
10 O ye that love the LORD, hate evil; {N} He preserveth the souls of His saints; He delivered them out of the hand of the wicked.	י אֹהֲבֵי יְהוָה, שִׂנְאוּ-רָע: שֹׁמֵר, נַפְשׁוֹת חֲסִידָיו; מִיַּד רְשָׁעִים, יַצִּילֵם.
11 Light is sown for the righteous, and gladness for the upright in heart.	יא אוֹר, זָרֻעַ לַצַּדִּיק; וּלְיִשְׁרֵי-לֵב שִׂמְחָה.
12 Be glad in the LORD, ye righteous; and give thanks to His holy name. {P}	יב שִׂמְחוּ צַדִּיקִים, בַּיהוָה; וְהוֹדוּ, לְזֵכֶר קָדְשׁוֹ.

Chapter 98

א מִזְמוֹר, שִׁירוּ לַיהוה שִׁיר חָדָשׁ— כִּי-נִפְלָאוֹת עָשָׂה; הוֹשִׁיעָה-לּוֹ יְמִינוֹ, וּזְרוֹעַ קָדְשׁוֹ.

1 A Psalm. O sing unto the LORD a new song; for He hath done marvellous things; {N}
His right hand, and His holy arm, hath wrought salvation for Him.

ב הוֹדִיעַ יהוה, יְשׁוּעָתוֹ; לְעֵינֵי הַגּוֹיִם, גִּלָּה צִדְקָתוֹ.

2 The LORD hath made known His salvation; His righteousness hath He revealed in the sight of the nations.

ג זָכַר חַסְדּוֹ, וֶאֱמוּנָתוֹ— לְבֵית יִשְׂרָאֵל: רָאוּ כָל-אַפְסֵי-אָרֶץ— אֵת, יְשׁוּעַת אֱלֹהֵינוּ.

3 He hath remembered His mercy and His faithfulness toward the house of Israel; {N}
all the ends of the earth have seen the salvation of our God.

ד הָרִיעוּ לַיהוה, כָּל-הָאָרֶץ; פִּצְחוּ וְרַנְּנוּ וְזַמֵּרוּ.

4 Shout unto the LORD, all the earth; break forth and sing for joy, yea, sing praises.

ה זַמְּרוּ לַיהוה בְּכִנּוֹר; בְּכִנּוֹר, וְקוֹל זִמְרָה.

5 Sing praises unto the LORD with the harp; with the harp and the voice of melody.

ו בַּחֲצֹצְרוֹת, וְקוֹל שׁוֹפָר— הָרִיעוּ, לִפְנֵי הַמֶּלֶךְ יהוה.

6 With trumpets and sound of the horn shout ye before the King, the LORD.

ז יִרְעַם הַיָּם, וּמְלֹאוֹ; תֵּבֵל, וְיֹשְׁבֵי בָהּ.

7 Let the sea roar, and the fulness thereof; the world, and they that dwell therein;

ח נְהָרוֹת יִמְחֲאוּ-כָף; יַחַד, הָרִים יְרַנֵּנוּ.

8 Let the floods clap their hands; let the mountains sing for joy together;

ט לִפְנֵי יהוה— כִּי בָא, לִשְׁפֹּט הָאָרֶץ: יִשְׁפֹּט-תֵּבֵל בְּצֶדֶק; וְעַמִּים, בְּמֵישָׁרִים.

9 Before the LORD, for He is come to judge the earth; {N}
He will judge the world with righteousness, and the peoples with equity. {P}

Chapter 99

א יְהוָה מָלָךְ, יִרְגְּזוּ עַמִּים; יֹשֵׁב כְּרוּבִים, תָּנוּט הָאָרֶץ.	1 The LORD reigneth; let the peoples tremble; He is enthroned upon the cherubim; let the earth quake.
ב יְהוָה, בְּצִיּוֹן גָּדוֹל; וְרָם הוּא, עַל-כָּל-הָעַמִּים.	2 The LORD is great in Zion; and He is high above all the peoples.
ג יוֹדוּ שִׁמְךָ, גָּדוֹל וְנוֹרָא; קָדוֹשׁ הוּא.	3 Let them praise Thy name as great and awful; Holy is He.
ד וְעֹז מֶלֶךְ, מִשְׁפָּט אָהֵב: אַתָּה, כּוֹנַנְתָּ מֵישָׁרִים; מִשְׁפָּט וּצְדָקָה, בְּיַעֲקֹב אַתָּה עָשִׂיתָ.	4 The strength also of the king who loveth justice– {N} Thou hast established equity, Thou hast executed justice and righteousness in Jacob.
ה רוֹמְמוּ, יְהוָה אֱלֹהֵינוּ, וְהִשְׁתַּחֲווּ, לַהֲדֹם רַגְלָיו: קָדוֹשׁ הוּא.	5 Exalt ye the LORD our God, and prostrate yourselves at His footstool; Holy is He.
ו מֹשֶׁה וְאַהֲרֹן, בְּכֹהֲנָיו, וּשְׁמוּאֵל, בְּקֹרְאֵי שְׁמוֹ; קֹרִאים אֶל-יְהוָה, וְהוּא יַעֲנֵם.	6 Moses and Aaron among His priests, and Samuel among them that call upon His name, {N} did call upon the LORD, and He answered them.
ז בְּעַמּוּד עָנָן, יְדַבֵּר אֲלֵיהֶם; שָׁמְרוּ עֵדֹתָיו, וְחֹק נָתַן-לָמוֹ.	7 He spoke unto them in the pillar of cloud; they kept His testimonies, and the statute that He gave them.
ח יְהוָה אֱלֹהֵינוּ, אַתָּה עֲנִיתָם: אֵל נֹשֵׂא, הָיִיתָ לָהֶם; וְנֹקֵם, עַל-עֲלִילוֹתָם.	8 O LORD our God, Thou didst answer them; {N} a forgiving God wast Thou unto them, though Thou tookest vengeance of their misdeeds.
ט רוֹמְמוּ, יְהוָה אֱלֹהֵינוּ, וְהִשְׁתַּחֲווּ, לְהַר קָדְשׁוֹ: כִּי-קָדוֹשׁ, יְהוָה אֱלֹהֵינוּ.	9 Exalt ye the LORD our God, and worship at His holy hill; {N} for the LORD our God is holy. {P}

Chapter 100

א מִזְמוֹר לְתוֹדָה: הָרִיעוּ לַיהוָה,	1 A Psalm of thanksgiving. Shout unto the

כָּל-הָאָרֶץ.	LORD, all the earth.
ב עִבְדוּ אֶת-יְהוָה בְּשִׂמְחָה; בֹּאוּ לְפָנָיו, בִּרְנָנָה.	2 Serve the LORD with gladness; come before His presence with singing.
ג דְּעוּ-- כִּי יְהוָה, הוּא אֱלֹהִים: הוּא-עָשָׂנוּ, ולא (וְלוֹ) אֲנַחְנוּ-- עַמּוֹ, וְצֹאן מַרְעִיתוֹ.	3 Know ye that the LORD He is God; {N} it is He that hath made us, and we are His, His people, and the flock of His pasture.
ד בֹּאוּ שְׁעָרָיו, בְּתוֹדָה--חֲצֵרֹתָיו בִּתְהִלָּה; הוֹדוּ-לוֹ, בָּרְכוּ שְׁמוֹ.	4 Enter into His gates with thanksgiving, and into His courts with praise; give thanks unto Him, and bless His name.
ה כִּי-טוֹב יְהוָה, לְעוֹלָם חַסְדּוֹ; וְעַד-דֹּר וָדֹר, אֱמוּנָתוֹ.	5 For the LORD is good; His mercy endureth for ever; and His faithfulness unto all generations. {P}

Chapter 101

א לְדָוִד, מִזְמוֹר: חֶסֶד-וּמִשְׁפָּט אָשִׁירָה; לְךָ יְהוָה אֲזַמֵּרָה.	1 A Psalm of David. I will sing of mercy and justice; unto Thee, O LORD, will I sing praises.
ב אַשְׂכִּילָה, בְּדֶרֶךְ תָּמִים-- מָתַי, תָּבוֹא אֵלָי; אֶתְהַלֵּךְ בְּתָם-לְבָבִי, בְּקֶרֶב בֵּיתִי.	2 I will give heed unto the way of integrity; oh when wilt Thou come unto me? {N} I will walk within my house in the integrity of my heart.
ג לֹא-אָשִׁית, לְנֶגֶד עֵינַי-- דְּבַר-בְּלִיָּעַל: עֲשֹׂה-סֵטִים שָׂנֵאתִי; לֹא יִדְבַּק בִּי.	3 I will set no base thing before mine eyes; {N} I hate the doing of things crooked; it shall not cleave unto me.
ד לֵבָב עִקֵּשׁ, יָסוּר מִמֶּנִּי; רָע, לֹא אֵדָע.	4 A perverse heart shall depart from me; I will know no evil thing.
ה מלושני (מְלָשְׁנִי) בַסֵּתֶר, רֵעֵהוּ-- אוֹתוֹ אַצְמִית: גְּבַהּ-עֵינַיִם, וּרְחַב לֵבָב-- אֹתוֹ, לֹא אוּכָל.	5 Whoso slandereth his neighbour in secret, him will I destroy; {N} whoso is haughty of eye and proud of heart, him will I not suffer.

ו עֵינַי, בְּנֶאֶמְנֵי-אֶרֶץ— לָשֶׁבֶת עִמָּדִי: הֹלֵךְ, בְּדֶרֶךְ תָּמִים— הוּא, יְשָׁרְתֵנִי.	6 Mine eyes are upon the faithful of the land, that they may dwell with me; {N} he that walketh in a way of integrity, he shall minister unto me.
ז לֹא-יֵשֵׁב, בְּקֶרֶב בֵּיתִי— עֹשֵׂה רְמִיָּה: דֹּבֵר שְׁקָרִים— לֹא-יִכּוֹן, לְנֶגֶד עֵינָי.	7 He that worketh deceit shall not dwell within my house; {N} he that speaketh falsehood shall not be established before mine eyes.
ח לַבְּקָרִים, אַצְמִית כָּל-רִשְׁעֵי-אָרֶץ; לְהַכְרִית מֵעִיר-יְהוָה, כָּל-פֹּעֲלֵי אָוֶן.	8 Morning by morning will I destroy all the wicked of the land; {N} to cut off all the workers of iniquity from the city of the LORD. {P}

Chapter 102

א תְּפִלָּה, לְעָנִי כִי-יַעֲטֹף— וְלִפְנֵי יְהוָה, יִשְׁפֹּךְ שִׂיחוֹ.	1 A Prayer of the afflicted, when he fainteth, and poureth out his complaint before the LORD.
ב יְהוָה, שִׁמְעָה תְפִלָּתִי; וְשַׁוְעָתִי, אֵלֶיךָ תָבוֹא.	2 O LORD, hear my prayer, and let my cry come unto Thee.
ג אַל-תַּסְתֵּר פָּנֶיךָ, מִמֶּנִּי— בְּיוֹם צַר-לִי: הַטֵּה-אֵלַי אָזְנֶךָ; בְּיוֹם אֶקְרָא, מַהֵר עֲנֵנִי.	3 Hide not Thy face from me in the day of my distress; {N} incline Thine ear unto me; in the day when I call answer me speedily.
ד כִּי-כָלוּ בְעָשָׁן יָמָי; וְעַצְמוֹתַי, כְּמוֹקֵד נִחָרוּ.	4 For my days are consumed like smoke, and my bones are burned as a hearth.
ה הוּכָּה-כָעֵשֶׂב וַיִּבַשׁ לִבִּי: כִּי-שָׁכַחְתִּי, מֵאֲכֹל לַחְמִי.	5 My heart is smitten like grass, and withered; for I forget to eat my bread.
ו מִקּוֹל אַנְחָתִי— דָּבְקָה עַצְמִי, לִבְשָׂרִי.	6 By reason of the voice of my sighing my bones cleave to my flesh.
ז דָּמִיתִי, לִקְאַת מִדְבָּר; הָיִיתִי, כְּכוֹס חֳרָבוֹת.	7 I am like a pelican of the wilderness; I am become as an owl of the waste places.

ח שָׁקַדְתִּי וָאֶהְיֶה— כְּצִפּוֹר, בּוֹדֵד עַל-גָּג.	8 I watch, and am become like a sparrow that is alone upon the housetop.
ט כָּל-הַיּוֹם, חֵרְפוּנִי אוֹיְבָי; מְהוֹלָלַי, בִּי נִשְׁבָּעוּ.	9 Mine enemies taunt me all the day; they that are mad against me do curse by me.
י כִּי-אֵפֶר, כַּלֶּחֶם אָכָלְתִּי; וְשִׁקֻּוַי, בִּבְכִי מָסָכְתִּי.	10 For I have eaten ashes like bread, and mingled my drink with weeping,
יא מִפְּנֵי-זַעַמְךָ וְקִצְפֶּךָ— כִּי נְשָׂאתַנִי, וַתַּשְׁלִיכֵנִי.	11 Because of Thine indignation and Thy wrath; for Thou hast taken me up, and cast me away.
יב יָמַי, כְּצֵל נָטוּי; וַאֲנִי, כָּעֵשֶׂב אִיבָשׁ.	12 My days are like a lengthening shadow; and I am withered like grass.
יג וְאַתָּה יְהוָה, לְעוֹלָם תֵּשֵׁב; וְזִכְרְךָ, לְדֹר וָדֹר.	13 But Thou, O LORD, sittest enthroned for ever; and Thy name is unto all generations.
יד אַתָּה תָקוּם, תְּרַחֵם צִיּוֹן: כִּי-עֵת לְחֶנְנָהּ, כִּי-בָא מוֹעֵד.	14 Thou wilt arise, and have compassion upon Zion; for it is time to be gracious unto her, for the appointed time is come.
טו כִּי-רָצוּ עֲבָדֶיךָ, אֶת-אֲבָנֶיהָ; וְאֶת-עֲפָרָהּ, יְחֹנֵנוּ.	15 For Thy servants take pleasure in her stones, and love her dust.
טז וְיִירְאוּ גוֹיִם, אֶת-שֵׁם יְהוָה; וְכָל-מַלְכֵי הָאָרֶץ, אֶת-כְּבוֹדֶךָ.	16 So the nations will fear the name of the LORD, and all the kings of the earth Thy glory;
יז כִּי-בָנָה יְהוָה צִיּוֹן— נִרְאָה, בִּכְבוֹדוֹ.	17 When the LORD hath built up Zion, when He hath appeared in His glory;
יח פָּנָה, אֶל-תְּפִלַּת הָעַרְעָר; וְלֹא-בָזָה, אֶת-תְּפִלָּתָם.	18 When He hath regarded the prayer of the destitute, and hath not despised their prayer.
יט תִּכָּתֶב זֹאת, לְדוֹר אַחֲרוֹן; וְעַם נִבְרָא, יְהַלֶּל-יָהּ.	19 This shall be written for the generation to come; and a people which shall be created shall praise the LORD.
כ כִּי-הִשְׁקִיף, מִמְּרוֹם	20 For He hath looked down from the

height of His sanctuary; from heavens did the LORD behold the earth;

קָדְשׁוֹ; יְהוָה, מִשָּׁמַיִם אֶל-אֶרֶץ הִבִּיט.

21 To hear the groaning of the prisoner; to loose those that are appointed to death;

כא לִשְׁמֹעַ, אֶנְקַת אָסִיר; לְפַתֵּחַ, בְּנֵי תְמוּתָה.

22 That men may tell of the name of the LORD in Zion, and His praise in Jerusalem;

כב לְסַפֵּר בְּצִיּוֹן, שֵׁם יְהוָה; וּתְהִלָּתוֹ, בִּירוּשָׁלִָם.

23 When the peoples are gathered together, and the kingdoms, to serve the LORD.

כג בְּהִקָּבֵץ עַמִּים יַחְדָּו; וּמַמְלָכוֹת, לַעֲבֹד אֶת-יְהוָה.

24 He weakened my strength in the way; He shortened my days.

כד עִנָּה בַדֶּרֶךְ כֹּחוֹ (כֹּחִי); קִצַּר יָמָי.

25 I say: 'O my God, take me not away in the midst of my days, Thou whose years endure throughout all generations.

כה אֹמַר–אֵלִי, אַל תַּעֲלֵנִי בַּחֲצִי יָמָי: בְּדוֹר דּוֹרִים שְׁנוֹתֶיךָ.

26 Of old Thou didst lay the foundation of the earth; and the heavens are the work of Thy hands.

כו לְפָנִים, הָאָרֶץ יָסַדְתָּ; וּמַעֲשֵׂה יָדֶיךָ שָׁמָיִם.

27 They shall perish, but Thou shalt endure; {N}
yea, all of them shall wax old like a garment; as a vesture shalt Thou change them, and they shall pass away;

כז הֵמָּה, יֹאבֵדוּ– וְאַתָּה תַעֲמֹד: וְכֻלָּם, כַּבֶּגֶד יִבְלוּ; כַּלְּבוּשׁ תַּחֲלִיפֵם וְיַחֲלֹפוּ.

28 But Thou art the selfsame, and Thy years shall have no end.

כח וְאַתָּה-הוּא; וּשְׁנוֹתֶיךָ, לֹא יִתָּמּוּ.

29 The children of Thy servants shall dwell securely, and their seed shall be established before Thee.' {P}

כט בְּנֵי-עֲבָדֶיךָ יִשְׁכּוֹנוּ; וְזַרְעָם, לְפָנֶיךָ יִכּוֹן.

Chapter 103

1 [A Psalm] of David. Bless the LORD, O my soul; and all that is within me, bless His holy name.

א לְדָוִד: בָּרְכִי נַפְשִׁי, אֶת-יְהוָה; וְכָל-קְרָבַי, אֶת-שֵׁם קָדְשׁוֹ.

ב בָּרְכִי נַפְשִׁי, אֶת-יְהוָה; וְאַל-תִּשְׁכְּחִי, כָּל-גְּמוּלָיו.	2 Bless the LORD, O my soul, and forget not all His benefits;
ג הַסֹּלֵחַ לְכָל-עֲוֺנֵכִי; הָרֹפֵא, לְכָל-תַּחֲלוּאָיְכִי.	3 Who forgiveth all thine iniquity; who healeth all Thy diseases;
ד הַגּוֹאֵל מִשַּׁחַת חַיָּיְכִי; הַמְעַטְּרֵכִי, חֶסֶד וְרַחֲמִים.	4 Who redeemeth Thy life from the pit; who encompasseth thee with lovingkindness and tender mercies;
ה הַמַּשְׂבִּיעַ בַּטּוֹב עֶדְיֵךְ; תִּתְחַדֵּשׁ כַּנֶּשֶׁר נְעוּרָיְכִי.	5 Who satisfieth thine old age with good things; so that Thy youth is renewed like the eagle.
ו עֹשֵׂה צְדָקוֹת יְהוָה; וּמִשְׁפָּטִים, לְכָל-עֲשׁוּקִים.	6 The LORD executeth righteousness, and acts of justice for all that are oppressed.
ז יוֹדִיעַ דְּרָכָיו לְמֹשֶׁה; לִבְנֵי יִשְׂרָאֵל, עֲלִילוֹתָיו.	7 He made known His ways unto Moses, His doings unto the children of Israel.
ח רַחוּם וְחַנּוּן יְהוָה; אֶרֶךְ אַפַּיִם וְרַב-חָסֶד.	8 The LORD is full of compassion and gracious, slow to anger, and plenteous in mercy.
ט לֹא-לָנֶצַח יָרִיב; וְלֹא לְעוֹלָם יִטּוֹר.	9 He will not always contend; neither will He keep His anger for ever.
י לֹא כַחֲטָאֵינוּ, עָשָׂה לָנוּ; וְלֹא כַעֲוֺנֹתֵינוּ, גָּמַל עָלֵינוּ.	10 He hath not dealt with us after our sins, nor requited us according to our iniquities.
יא כִּי כִגְבֹהַּ שָׁמַיִם, עַל-הָאָרֶץ-- גָּבַר חַסְדּוֹ, עַל-יְרֵאָיו.	11 For as the heavens is high above the earth, so great is His mercy toward them that fear Him.
יב כִּרְחֹק מִזְרָח, מִמַּעֲרָב-- הִרְחִיק מִמֶּנּוּ, אֶת-פְּשָׁעֵינוּ.	12 As far as the east is from the west, so far hath He removed our transgressions from us.
יג כְּרַחֵם אָב, עַל-בָּנִים-- רִחַם יְהוָה, עַל-יְרֵאָיו.	13 Like as a father hath compassion upon his children, so hath the LORD compassion upon them that fear Him.
יד כִּי-הוּא, יָדַע יִצְרֵנוּ; זָכוּר, כִּי-	14 For He knoweth our frame; He remembereth that we are dust.

עָפָר אֲנָחְנוּ.

טו אֱנוֹשׁ, כֶּחָצִיר יָמָיו; כְּצִיץ הַשָּׂדֶה, כֵּן יָצִיץ.

15 As for man, his days are as grass; as a flower of the field, so he flourisheth.

טז כִּי רוּחַ עָבְרָה-בּוֹ וְאֵינֶנּוּ; וְלֹא-יַכִּירֶנּוּ עוֹד מְקוֹמוֹ.

16 For the wind passeth over it, and it is gone; and the place thereof knoweth it no more.

יז וְחֶסֶד יְהוָה, מֵעוֹלָם וְעַד-עוֹלָם-עַל-יְרֵאָיו; וְצִדְקָתוֹ, לִבְנֵי בָנִים.

17 But the mercy of the LORD is from everlasting to everlasting upon them that fear Him, {N}
and His righteousness unto children's children;

יח לְשֹׁמְרֵי בְרִיתוֹ; וּלְזֹכְרֵי פִקֻּדָיו, לַעֲשׂוֹתָם.

18 To such as keep His covenant, and to those that remember His precepts to do them.

יט יְהוָה-בַּשָּׁמַיִם, הֵכִין כִּסְאוֹ; וּמַלְכוּתוֹ, בַּכֹּל מָשָׁלָה.

19 The LORD hath established His throne in the heavens; and His kingdom ruleth over all.

כ בָּרְכוּ יְהוָה, מַלְאָכָיו: גִּבֹּרֵי כֹחַ, עֹשֵׂי דְבָרוֹ; לִשְׁמֹעַ, בְּקוֹל דְּבָרוֹ.

20 Bless the LORD, ye angels of His, {N}
ye mighty in strength, that fulfil His word, hearkening unto the voice of His word.

כא בָּרְכוּ יְהוָה, כָּל-צְבָאָיו-מְשָׁרְתָיו, עֹשֵׂי רְצוֹנוֹ.

21 Bless the LORD, all ye His hosts; ye ministers of His, that do His pleasure.

כב בָּרְכוּ יְהוָה, כָּל-מַעֲשָׂיו-בְּכָל-מְקֹמוֹת מֶמְשַׁלְתּוֹ; בָּרְכִי נַפְשִׁי, אֶת-יְהוָה.

22 Bless the LORD, all ye His works, in all places of His dominion; {N}
bless the LORD, O my soul. {P}

Chapter 104

א בָּרְכִי נַפְשִׁי, אֶת-יְהוָה: יְהוָה אֱלֹהַי, גָּדַלְתָּ מְּאֹד; הוֹד וְהָדָר לָבָשְׁתָּ.

1 Bless the LORD, O my soul. {N}
O LORD my God, Thou art very great; Thou art clothed with glory and majesty.

ב עֹטֶה-אוֹר, כַּשַּׂלְמָה; נוֹטֶה

2 Who coverest Thyself with light as with a

garment, who stretchest out the heavens like a curtain;	שָׁמַיִם, כַּיְרִיעָה.
3 Who layest the beams of Thine upper chambers in the waters, {N} who makest the clouds Thy chariot, who walkest upon the wings of the wind;	ג הַמְקָרֶה בַמַּיִם, עֲלִיּוֹתָיו: הַשָּׂם-עָבִים רְכוּבוֹ; הַמְהַלֵּךְ, עַל-כַּנְפֵי-רוּחַ.
4 Who makest winds Thy messengers, the flaming fire Thy ministers.	ד עֹשֶׂה מַלְאָכָיו רוּחוֹת; מְשָׁרְתָיו, אֵשׁ לֹהֵט.
5 Who didst establish the earth upon its foundations, that it should not be moved for ever and ever;	ה יָסַד-אֶרֶץ, עַל-מְכוֹנֶיהָ; בַּל-תִּמּוֹט, עוֹלָם וָעֶד.
6 Thou didst cover it with the deep as with a vesture; the waters stood above the mountains.	ו תְּהוֹם, כַּלְּבוּשׁ כִּסִּיתוֹ; עַל-הָרִים, יַעַמְדוּ מָיִם.
7 At Thy rebuke they fled, at the voice of Thy thunder they hasted away–	ז מִן-גַּעֲרָתְךָ יְנוּסוּן; מִן-קוֹל רַעַמְךָ, יֵחָפֵזוּן.
8 The mountains rose, the valleys sank down–unto the place which Thou hadst founded for them;	ח יַעֲלוּ הָרִים, יֵרְדוּ בְקָעוֹת– אֶל-מְקוֹם, זֶה יָסַדְתָּ לָהֶם.
9 Thou didst set a bound which they should not pass over, that they might not return to cover the earth.	ט גְּבוּל-שַׂמְתָּ, בַּל-יַעֲבֹרוּן; בַּל-יְשׁוּבוּן, לְכַסּוֹת הָאָרֶץ.
10 Who sendest forth springs into the valleys; they run between the mountains;	י הַמְשַׁלֵּחַ מַעְיָנִים, בַּנְּחָלִים; בֵּין הָרִים, יְהַלֵּכוּן.
11 They give drink to every beast of the field, the wild asses quench their thirst.	יא יַשְׁקוּ, כָּל-חַיְתוֹ שָׂדָי; יִשְׁבְּרוּ פְרָאִים צְמָאָם.
12 Beside them dwell the fowl of the heavens, from among the branches they sing.	יב עֲלֵיהֶם, עוֹף-הַשָּׁמַיִם יִשְׁכּוֹן; מִבֵּין עֳפָאיִם, יִתְּנוּ-קוֹל.
13 Who waterest the mountains from Thine upper chambers; the earth is full of the fruit of Thy works.	יג מַשְׁקֶה הָרִים, מֵעֲלִיּוֹתָיו; מִפְּרִי מַעֲשֶׂיךָ, תִּשְׂבַּע הָאָרֶץ.

יד מַצְמִיחַ חָצִיר, לַבְּהֵמָה, וְעֵשֶׂב, לַעֲבֹדַת הָאָדָם; לְהוֹצִיא לֶחֶם, מִן-הָאָרֶץ.	14 Who causeth the grass to spring up for the cattle, and herb for the service of man; {N} to bring forth bread out of the earth,
טו וְיַיִן, יְשַׂמַּח לְבַב-אֱנוֹשׁ— לְהַצְהִיל פָּנִים מִשָּׁמֶן; וְלֶחֶם, לְבַב-אֱנוֹשׁ יִסְעָד.	15 And wine that maketh glad the heart of man, making the face brighter than oil, {N} and bread that stayeth man's heart.
טז יִשְׂבְּעוּ, עֲצֵי יְהוָה— אַרְזֵי לְבָנוֹן, אֲשֶׁר נָטָע.	16 The trees of the LORD have their fill, the cedars of Lebanon, which He hath planted;
יז אֲשֶׁר-שָׁם, צִפֳּרִים יְקַנֵּנוּ; חֲסִידָה, בְּרוֹשִׁים בֵּיתָהּ.	17 Wherein the birds make their nests; as for the stork, the fir-trees are her house.
יח הָרִים הַגְּבֹהִים, לַיְּעֵלִים; סְלָעִים, מַחְסֶה לַשְׁפַנִּים.	18 The high mountains are for the wild goats; the rocks are a refuge for the conies.
יט עָשָׂה יָרֵחַ, לְמוֹעֲדִים; שֶׁמֶשׁ, יָדַע מְבוֹאוֹ.	19 Who appointedst the moon for seasons; the sun knoweth his going down.
כ תָּשֶׁת-חֹשֶׁךְ, וִיהִי לָיְלָה— בּוֹ-תִרְמֹשׂ, כָּל-חַיְתוֹ-יָעַר.	20 Thou makest darkness, and it is night, wherein all the beasts of the forest do creep forth.
כא הַכְּפִירִים, שֹׁאֲגִים לַטָּרֶף; וּלְבַקֵּשׁ מֵאֵל, אָכְלָם.	21 The young lions roar after their prey, and seek their food from God.
כב תִּזְרַח הַשֶּׁמֶשׁ, יֵאָסֵפוּן; וְאֶל-מְעוֹנֹתָם, יִרְבָּצוּן.	22 The sun ariseth, they slink away, and couch in their dens.
כג יֵצֵא אָדָם לְפָעֳלוֹ; וְלַעֲבֹדָתוֹ עֲדֵי-עָרֶב.	23 Man goeth forth unto his work and to his labour until the evening.
כד מָה-רַבּוּ מַעֲשֶׂיךָ, יְהוָה— כֻּלָּם, בְּחָכְמָה עָשִׂיתָ; מָלְאָה הָאָרֶץ, קִנְיָנֶךָ.	24 How manifold are Thy works, O LORD! In wisdom hast Thou made them all; {N} the earth is full of Thy creatures.
כה זֶה, הַיָּם גָּדוֹל— וּרְחַב יָדָיִם: שָׁם-רֶמֶשׂ, וְאֵין מִסְפָּר; חַיּוֹת	25 Yonder sea, great and wide, {N} therein are creeping things innumerable, living creatures, both small and great.

קְטַנּוֹת, עִם-גְּדֹלוֹת.

כו שָׁם, אֳנִיּוֹת יְהַלֵּכוּן;   לִוְיָתָן, זֶה-יָצַרְתָּ לְשַׂחֶק-בּוֹ.

26 There go the ships; there is leviathan, whom Thou hast formed to sport therein.

כז כֻּלָּם, אֵלֶיךָ יְשַׂבֵּרוּן—   לָתֵת אָכְלָם בְּעִתּוֹ.

27 All of them wait for Thee, that Thou mayest give them their food in due season.

כח תִּתֵּן לָהֶם, יִלְקֹטוּן;   תִּפְתַּח יָדְךָ, יִשְׂבְּעוּן טוֹב.

28 Thou givest it unto them, they gather it; Thou openest Thy hand, they are satisfied with good.

כט תַּסְתִּיר פָּנֶיךָ,   יִבָּהֵלוּן: תֹּסֵף רוּחָם, יִגְוָעוּן;   וְאֶל-עֲפָרָם יְשׁוּבוּן.

29 Thou hidest Thy face, they vanish; {N}
Thou withdrawest their breath, they perish, and return to their dust.

ל תְּשַׁלַּח רוּחֲךָ, יִבָּרֵאוּן;   וּתְחַדֵּשׁ, פְּנֵי אֲדָמָה.

30 Thou sendest forth Thy spirit, they are created; and Thou renewest the face of the earth.

לא יְהִי כְבוֹד יְהוָה לְעוֹלָם;   יִשְׂמַח יְהוָה בְּמַעֲשָׂיו.

31 May the glory of the LORD endure for ever; let the LORD rejoice in His works!

לב הַמַּבִּיט לָאָרֶץ, וַתִּרְעָד;   יִגַּע בֶּהָרִים וְיֶעֱשָׁנוּ.

32 Who looketh on the earth, and it trembleth; He toucheth the mountains, and they smoke.

לג אָשִׁירָה לַיהוָה בְּחַיָּי;   אֲזַמְּרָה לֵאלֹהַי בְּעוֹדִי.

33 I will sing unto the LORD as long as I live; I will sing praise to my God while I have any being.

לד יֶעֱרַב עָלָיו שִׂיחִי;   אָנֹכִי, אֶשְׂמַח בַּיהוָה.

34 Let my musing be sweet unto Him; as for me, I will rejoice in the LORD.

לה יִתַּמּוּ חַטָּאִים מִן-הָאָרֶץ,   וּרְשָׁעִים עוֹד אֵינָם—בָּרְכִי נַפְשִׁי,   אֶת-יְהוָה; הַלְלוּ-יָהּ.

35 Let sinners cease out of the earth, and let the wicked be no more. {N}
Bless the LORD, O my soul. {N}
Hallelujah.

Chapter 105

א הוֹדוּ לַיהוָה, קִרְאוּ בִשְׁמוֹ; הוֹדִיעוּ בָעַמִּים, עֲלִילוֹתָיו.	1 O give thanks unto the LORD, call upon His name; make known His doings among the peoples.
ב שִׁירוּ-לוֹ, זַמְּרוּ-לוֹ; שִׂיחוּ, בְּכָל-נִפְלְאוֹתָיו.	2 Sing unto Him, sing praises unto Him; speak ye of all His marvellous works.
ג הִתְהַלְלוּ, בְּשֵׁם קָדְשׁוֹ; יִשְׂמַח, לֵב מְבַקְשֵׁי יְהוָה.	3 Glory ye in His holy name; let the heart of them rejoice that seek the LORD.
ד דִּרְשׁוּ יְהוָה וְעֻזּוֹ; בַּקְּשׁוּ פָנָיו תָּמִיד.	4 Seek ye the LORD and His strength; seek His face continually.
ה זִכְרוּ--נִפְלְאוֹתָיו אֲשֶׁר-עָשָׂה; מֹפְתָיו, וּמִשְׁפְּטֵי-פִיו.	5 Remember His marvellous works that He hath done, His wonders, and the judgments of His mouth;
ו זֶרַע, אַבְרָהָם עַבְדּוֹ: בְּנֵי יַעֲקֹב בְּחִירָיו.	6 O ye seed of Abraham His servant, ye children of Jacob, His chosen ones.
ז הוּא, יְהוָה אֱלֹהֵינוּ; בְּכָל-הָאָרֶץ, מִשְׁפָּטָיו.	7 He is the LORD our God; His judgments are in all the earth.
ח זָכַר לְעוֹלָם בְּרִיתוֹ; דָּבָר צִוָּה, לְאֶלֶף דּוֹר.	8 He hath remembered His covenant for ever, the word which He commanded to a thousand generations;
ט אֲשֶׁר כָּרַת, אֶת-אַבְרָהָם; וּשְׁבוּעָתוֹ לְיִשְׂחָק.	9 [The covenant] which He made with Abraham, and His oath unto Isaac;
י וַיַּעֲמִידֶהָ לְיַעֲקֹב לְחֹק; לְיִשְׂרָאֵל, בְּרִית עוֹלָם.	10 And He established it unto Jacob for a statute, to Israel for an everlasting covenant;
יא לֵאמֹר--לְךָ, אֶתֵּן אֶת-אֶרֶץ-כְּנָעַן: חֶבֶל, נַחֲלַתְכֶם.	11 Saying: 'Unto thee will I give the land of Canaan, the lot of your inheritance.'
יב בִּהְיוֹתָם, מְתֵי מִסְפָּר; כִּמְעַט, וְגָרִים בָּהּ.	12 When they were but a few men in number. Yea, very few, and sojourners in it,
יג וַיִּתְהַלְּכוּ, מִגּוֹי אֶל-גּוֹי; מִמַּמְלָכָה, אֶל-עַם אַחֵר.	13 And when they went about from nation to nation, from one kingdom to another people,

14 He suffered no man to do them wrong, yea, for their sake He reproved kings: יד לֹא-הִנִּיחַ אָדָם לְעָשְׁקָם; וַיּוֹכַח עֲלֵיהֶם מְלָכִים.

15 'Touch not Mine anointed ones, and do My prophets no harm.' טו אַל-תִּגְּעוּ בִמְשִׁיחָי; וְלִנְבִיאַי, אַל-תָּרֵעוּ.

16 And He called a famine upon the land; He broke the whole staff of bread. טז וַיִּקְרָא רָעָב, עַל-הָאָרֶץ; כָּל-מַטֵּה-לֶחֶם שָׁבָר.

17 He sent a man before them; Joseph was sold for a servant; יז שָׁלַח לִפְנֵיהֶם אִישׁ; לְעֶבֶד, נִמְכַּר יוֹסֵף.

18 His feet they hurt with fetters, his person was laid in iron; יח עִנּוּ בַכֶּבֶל רגליו (רַגְלוֹ); בַּרְזֶל, בָּאָה נַפְשׁוֹ.

19 Until the time that his word came to pass, the word of the LORD tested him. יט עַד-עֵת בֹּא-דְבָרוֹ— אִמְרַת יְהוָה צְרָפָתְהוּ.

20 The king sent and loosed him; even the ruler of the peoples, and set him free. כ שָׁלַח מֶלֶךְ, וַיַּתִּירֵהוּ; מֹשֵׁל עַמִּים, וַיְפַתְּחֵהוּ.

21 He made him lord of his house, and ruler of all his possessions; כא שָׂמוֹ אָדוֹן לְבֵיתוֹ; וּמֹשֵׁל, בְּכָל-קִנְיָנוֹ.

22 To bind his princes at his pleasure, and teach his elders wisdom. כב לֶאְסֹר שָׂרָיו בְּנַפְשׁוֹ; וּזְקֵנָיו יְחַכֵּם.

23 Israel also came into Egypt; and Jacob sojourned in the land of Ham. כג וַיָּבֹא יִשְׂרָאֵל מִצְרָיִם; וְיַעֲקֹב, גָּר בְּאֶרֶץ-חָם.

24 And He increased His people greatly, and made them too mighty for their adversaries. כד וַיֶּפֶר אֶת-עַמּוֹ מְאֹד; וַיַּעֲצִמֵהוּ, מִצָּרָיו.

25 He turned their heart to hate His people, to deal craftily with His servants. כה הָפַךְ לִבָּם, לִשְׂנֹא עַמּוֹ; לְהִתְנַכֵּל, בַּעֲבָדָיו.

26 He sent Moses His servant, and Aaron whom He had chosen. כו שָׁלַח, מֹשֶׁה עַבְדּוֹ; אַהֲרֹן, אֲשֶׁר בָּחַר-בּוֹ.

27 They wrought among them His manifold signs, and wonders in the land of Ham. כז שָׂמוּ-בָם, דִּבְרֵי

אֹתוֹתָ֑יו וּ֝מֹפְתִ֗ים בְּאֶ֣רֶץ חָֽם׃	
כח שָׁ֣לַֽח חֹ֭שֶׁךְ וַיַּחְשִׁ֑ךְ וְלֹֽא־מָ֝ר֗וּ אֶת־דבריו (דְּבָרֽוֹ)׃	28 He sent darkness, and it was dark; and they rebelled not against His word.
כט הָפַ֣ךְ אֶת־מֵימֵיהֶ֣ם לְדָ֑ם וַ֝יָּ֗מֶת אֶת־דְּגָתָֽם׃	29 He turned their waters into blood, and slew their fish.
ל שָׁרַ֣ץ אַרְצָ֣ם צְפַרְדְּעִ֑ים בְּ֝חַדְרֵ֗י מַלְכֵיהֶֽם׃	30 Their land swarmed with frogs, in the chambers of their kings.
לא אָ֭מַר וַיָּבֹ֣א עָרֹ֑ב כִּ֝נִּ֗ים בְּכָל־גְּבוּלָֽם׃	31 He spoke, and there came swarms of flies, and gnats in all their borders.
לב נָתַ֣ן גִּשְׁמֵיהֶ֣ם בָּרָ֑ד אֵ֖שׁ לֶהָב֣וֹת בְּאַרְצָֽם׃	32 He gave them hail for rain, and flaming fire in their land.
לג וַיַּ֣ךְ גַּ֭פְנָם וּתְאֵנָתָ֑ם וַ֝יְשַׁבֵּ֗ר עֵ֣ץ גְּבוּלָֽם׃	33 He smote their vines also and their fig-trees; and broke the trees of their borders.
לד אָ֭מַר וַיָּבֹ֣א אַרְבֶּ֑ה וְ֝יֶ֗לֶק וְאֵ֣ין מִסְפָּֽר׃	34 He spoke, and the locust came, and the canker-worm without number,
לה וַיֹּ֣אכַל כָּל־עֵ֣שֶׂב בְּאַרְצָ֑ם וַ֝יֹּ֗אכַל פְּרִ֣י אַדְמָתָֽם׃	35 And did eat up every herb in their land, and did eat up the fruit of their ground.
לו וַיַּ֣ךְ כָּל־בְּכ֣וֹר בְּאַרְצָ֑ם רֵ֝אשִׁ֗ית לְכָל־אוֹנָֽם׃	36 He smote also all the first-born in their land, the first-fruits of all their strength.
לז וַֽ֭יּוֹצִיאֵם בְּכֶ֣סֶף וְזָהָ֑ב וְאֵ֖ין בִּשְׁבָטָ֣יו כּוֹשֵֽׁל׃	37 And He brought them forth with silver and gold; and there was none that stumbled among His tribes.
לח שָׂמַ֣ח מִצְרַ֣יִם בְּצֵאתָ֑ם כִּֽי־נָפַ֖ל פַּחְדָּ֣ם עֲלֵיהֶֽם׃	38 Egypt was glad when they departed; for the fear of them had fallen upon them.
לט פָּרַ֣שׂ עָנָ֣ן לְמָסָ֑ךְ וְ֝אֵ֗שׁ לְהָאִ֥יר לָֽיְלָה׃	39 He spread a cloud for a screen; and fire to give light in the night.
מ שָׁאַ֣ל וַיָּבֵ֣א שְׂלָ֑ו וְלֶ֥חֶם שָׁ֝מַ֗יִם יַשְׂבִּיעֵֽם׃	40 They asked, and He brought quails, and gave them in plenty the bread of heavens.

41 He opened the rock, and waters gushed out; they ran, a river in the dry places. מא פָּתַח צוּר, וַיָּזוּבוּ מָיִם; הָלְכוּ, בַּצִּיּוֹת נָהָר.

42 For He remembered His holy word unto Abraham His servant; מב כִּי-זָכַר, אֶת-דְּבַר קָדְשׁוֹ; אֶת-אַבְרָהָם עַבְדּוֹ.

43 And He brought forth His people with joy, His chosen ones with singing. מג וַיּוֹצִא עַמּוֹ בְשָׂשׂוֹן; בְּרִנָּה, אֶת-בְּחִירָיו.

44 And He gave them the lands of the nations, and they took the labour of the peoples in possession; מד וַיִּתֵּן לָהֶם, אַרְצוֹת גּוֹיִם; וַעֲמַל לְאֻמִּים יִירָשׁוּ.

45 That they might keep His statutes, and observe His laws. {N}
Hallelujah. מה בַּעֲבוּר, יִשְׁמְרוּ חֻקָּיו— וְתוֹרֹתָיו יִנְצֹרוּ; הַלְלוּ-יָהּ.

Chapter 106

1 Hallelujah. {N}
O give thanks unto the LORD; for He is good; for His mercy endureth for ever. א הַלְלוּ-יָהּ: הוֹדוּ לַיהוָה כִּי-טוֹב— כִּי לְעוֹלָם חַסְדּוֹ.

2 Who can express the mighty acts of the LORD, or make all His praise to be heard? ב מִי-יְמַלֵּל, גְּבוּרוֹת יְהוָה; יַשְׁמִיעַ, כָּל-תְּהִלָּתוֹ.

3 Happy are they that keep justice, that do righteousness at all times. ג אַשְׁרֵי, שֹׁמְרֵי מִשְׁפָּט; עֹשֵׂה צְדָקָה בְכָל-עֵת.

4 Remember me, O LORD, when Thou favourest Thy people; O think of me at Thy salvation; ד זָכְרֵנִי יְהוָה, בִּרְצוֹן עַמֶּךָ; פָּקְדֵנִי, בִּישׁוּעָתֶךָ.

5 That I may behold the prosperity of Thy chosen, that I may rejoice in the gladness of Thy nation, {N}
that I may glory with Thine inheritance. ה לִרְאוֹת, בְּטוֹבַת בְּחִירֶיךָ— לִשְׂמֹחַ, בְּשִׂמְחַת גּוֹיֶךָ; לְהִתְהַלֵּל, עִם-נַחֲלָתֶךָ.

6 We have sinned with our fathers, we have done iniquitously, we have dealt wickedly. ו חָטָאנוּ עִם-אֲבוֹתֵינוּ; הֶעֱוִינוּ הִרְשָׁעְנוּ.

ז אֲבוֹתֵינוּ בְמִצְרַיִם, לֹא-הִשְׂכִּילוּ נִפְלְאוֹתֶיךָ— לֹא זָכְרוּ, אֶת-רֹב חֲסָדֶיךָ; וַיַּמְרוּ עַל-יָם בְּיַם-סוּף.	7 Our fathers in Egypt gave no heed unto Thy wonders; {N} they remembered not the multitude of Thy mercies; {N} but were rebellious at the sea, even at the Red Sea.
ח וַיּוֹשִׁיעֵם, לְמַעַן שְׁמוֹ— לְהוֹדִיעַ, אֶת-גְּבוּרָתוֹ.	8 Nevertheless He saved them for His name's sake, that He might make His mighty power to be known.
ט וַיִּגְעַר בְּיַם-סוּף, וַיֶּחֱרָב; וַיּוֹלִיכֵם בַּתְּהֹמוֹת, כַּמִּדְבָּר.	9 And He rebuked the Red Sea, and it was dried up; and He led them through the depths, as through a wilderness.
י וַיּוֹשִׁיעֵם, מִיַּד שׂוֹנֵא; וַיִּגְאָלֵם, מִיַּד אוֹיֵב.	10 And He saved them from the hand of him that hated them, and redeemed them from the hand of the enemy.
יא וַיְכַסּוּ-מַיִם צָרֵיהֶם; אֶחָד מֵהֶם, לֹא נוֹתָר.	11 And the waters covered their adversaries; there was not one of them left.
יב וַיַּאֲמִינוּ בִדְבָרָיו; יָשִׁירוּ, תְּהִלָּתוֹ.	12 Then believed they His words; they sang His praise.
יג מִהֲרוּ, שָׁכְחוּ מַעֲשָׂיו; לֹא-חִכּוּ, לַעֲצָתוֹ.	13 They soon forgot His works; they waited not for His counsel;
יד וַיִּתְאַוּוּ תַאֲוָה, בַּמִּדְבָּר; וַיְנַסּוּ-אֵל, בִּישִׁימוֹן.	14 But lusted exceedingly in the wilderness, and tried God in the desert.
טו וַיִּתֵּן לָהֶם, שֶׁאֱלָתָם; וַיְשַׁלַּח רָזוֹן בְּנַפְשָׁם.	15 And He gave them their request; but sent leanness into their soul.
טז וַיְקַנְאוּ לְמֹשֶׁה, בַּמַּחֲנֶה; לְאַהֲרֹן, קְדוֹשׁ יְהוָה.	16 They were jealous also of Moses in the camp, and of Aaron the holy one of the LORD.
יז תִּפְתַּח-אֶרֶץ, וַתִּבְלַע דָּתָן; וַתְּכַס, עַל-עֲדַת אֲבִירָם.	17 The earth opened and swallowed up Dathan, and covered the company of Abiram.
יח וַתִּבְעַר-אֵשׁ בַּעֲדָתָם; לֶהָבָה, תְּלַהֵט רְשָׁעִים.	18 And a fire was kindled in their company; the flame burned up the wicked.

יט יַעֲשׂוּ-עֵגֶל בְּחֹרֵב; וַיִּשְׁתַּחֲווּ, לְמַסֵּכָה.	19 They made a calf in Horeb, and worshipped a molten image.
כ וַיָּמִירוּ אֶת-כְּבוֹדָם; בְּתַבְנִית שׁוֹר, אֹכֵל עֵשֶׂב.	20 Thus they exchanged their glory for the likeness of an ox that eateth grass.
כא שָׁכְחוּ, אֵל מוֹשִׁיעָם— עֹשֶׂה גְדֹלוֹת בְּמִצְרָיִם.	21 They forgot God their saviour, who had done great things in Egypt;
כב נִפְלָאוֹת, בְּאֶרֶץ חָם; נוֹרָאוֹת, עַל-יַם-סוּף.	22 Wondrous works in the land of Ham, terrible things by the Red Sea.
כג וַיֹּאמֶר, לְהַשְׁמִידָם: לוּלֵי, מֹשֶׁה בְחִירוֹ— עָמַד בַּפֶּרֶץ לְפָנָיו; לְהָשִׁיב חֲמָתוֹ, מֵהַשְׁחִית.	23 Therefore He said that He would destroy them, {N} had not Moses His chosen stood before Him in the breach, {N} to turn back His wrath, lest He should destroy them.
כד וַיִּמְאֲסוּ, בְּאֶרֶץ חֶמְדָּה; לֹא-הֶאֱמִינוּ, לִדְבָרוֹ.	24 Moreover, they scorned the desirable land, they believed not His word;
כה וַיֵּרָגְנוּ בְאָהֳלֵיהֶם; לֹא שָׁמְעוּ, בְּקוֹל יְהוָה.	25 And they murmured in their tents, they hearkened not unto the voice of the LORD.
כו וַיִּשָּׂא יָדוֹ לָהֶם— לְהַפִּיל אוֹתָם, בַּמִּדְבָּר.	26 Therefore He swore concerning them, that He would overthrow them in the wilderness;
כז וּלְהַפִּיל זַרְעָם, בַּגּוֹיִם; וּלְזָרוֹתָם, בָּאֲרָצוֹת.	27 And that He would cast out their seed among the nations, and scatter them in the lands.
כח וַיִּצָּמְדוּ, לְבַעַל פְּעוֹר; וַיֹּאכְלוּ, זִבְחֵי מֵתִים.	28 They joined themselves also unto Baal of Peor, and ate the sacrifices of the dead.
כט וַיַּכְעִיסוּ, בְּמַעַלְלֵיהֶם; וַתִּפְרָץ-בָּם, מַגֵּפָה.	29 Thus they provoked Him with their doings, and the plague broke in upon them.
ל וַיַּעֲמֹד פִּינְחָס, וַיְפַלֵּל; וַתֵּעָצַר, הַמַּגֵּפָה.	30 Then stood up Phinehas, and wrought judgment, and so the plague was stayed.
לא וַתֵּחָשֶׁב לוֹ, לִצְדָקָה; לְדֹר וָדֹר,	31 And that was counted unto him for

righteousness, unto all generations for ever.	עַד־עוֹלָם.
32 They angered Him also at the waters of Meribah, and it went ill with Moses because of them;	**לב** וַיַּקְצִיפוּ, עַל־מֵי מְרִיבָה; וַיֵּרַע לְמֹשֶׁה, בַּעֲבוּרָם.
33 For they embittered his spirit, and he spoke rashly with his lips.	**לג** כִּי־הִמְרוּ אֶת־רוּחוֹ; וַיְבַטֵּא, בִּשְׂפָתָיו.
34 They did not destroy the peoples, as the LORD commanded them;	**לד** לֹא־הִשְׁמִידוּ, אֶת־הָעַמִּים— אֲשֶׁר אָמַר יְהוָה לָהֶם.
35 But mingled themselves with the nations, and learned their works;	**לה** וַיִּתְעָרְבוּ בַגּוֹיִם; וַיִּלְמְדוּ, מַעֲשֵׂיהֶם.
36 And they served their idols, which became a snare unto them;	**לו** וַיַּעַבְדוּ אֶת־עֲצַבֵּיהֶם; וַיִּהְיוּ לָהֶם לְמוֹקֵשׁ.
37 Yea, they sacrificed their sons and their daughters unto demons,	**לז** וַיִּזְבְּחוּ אֶת־בְּנֵיהֶם, וְאֶת־בְּנוֹתֵיהֶם— לַשֵּׁדִים.
38 And shed innocent blood, even the blood of their sons and of their daughters, whom they sacrificed unto the idols of Canaan; {N} and the land was polluted with blood.	**לח** וַיִּשְׁפְּכוּ דָם נָקִי, דַּם־בְּנֵיהֶם וּבְנוֹתֵיהֶם— אֲשֶׁר זִבְּחוּ, לַעֲצַבֵּי כְנָעַן; וַתֶּחֱנַף הָאָרֶץ, בַּדָּמִים.
39 Thus were they defiled with their works, and went astray in their doings.	**לט** וַיִּטְמְאוּ בְמַעֲשֵׂיהֶם; וַיִּזְנוּ, בְּמַעַלְלֵיהֶם.
40 Therefore was the wrath of the LORD kindled against His people, and He abhorred His inheritance.	**מ** וַיִּחַר־אַף יְהוָה בְּעַמּוֹ; וַיְתָעֵב, אֶת־נַחֲלָתוֹ.
41 And He gave them into the hand of the nations; and they that hated them ruled over them.	**מא** וַיִּתְּנֵם בְּיַד־גּוֹיִם; וַיִּמְשְׁלוּ בָהֶם, שֹׂנְאֵיהֶם.
42 Their enemies also oppressed them, and they were subdued under their hand.	**מב** וַיִּלְחָצוּם אוֹיְבֵיהֶם; וַיִּכָּנְעוּ, תַּחַת יָדָם.
43 Many times did He deliver them; {N} but they were rebellious in their counsel,	**מג** פְּעָמִים רַבּוֹת, יַצִּילֵם: וְהֵמָּה, יַמְרוּ בַעֲצָתָם; וַיָּמֹכּוּ,

בַּעֲוֹנָם.	and sank low through their iniquity.
מד וַיַּרְא, בַּצַּר לָהֶם— בְּשָׁמְעוֹ, אֶת-רִנָּתָם.	44 Nevertheless He looked upon their distress, when He heard their cry;
מה וַיִּזְכֹּר לָהֶם בְּרִיתוֹ; וַיִּנָּחֶם, כְּרֹב חֲסָדָו.	45 And He remembered for them His covenant, and repented according to the multitude of His mercies.
מו וַיִּתֵּן אוֹתָם לְרַחֲמִים— לִפְנֵי, כָּל-שׁוֹבֵיהֶם.	46 He made them also to be pitied of all those that carried them captive.
מז הוֹשִׁיעֵנוּ, יְהוָה אֱלֹהֵינוּ, וְקַבְּצֵנוּ, מִן-הַגּוֹיִם: לְהֹדוֹת, לְשֵׁם קָדְשֶׁךָ; לְהִשְׁתַּבֵּחַ, בִּתְהִלָּתֶךָ.	47 Save us, O LORD our God, and gather us from among the nations, {N} that we may give thanks unto Thy holy name, that we may triumph in Thy praise.
מח בָּרוּךְ יְהוָה אֱלֹהֵי יִשְׂרָאֵל, מִן-הָעוֹלָם וְעַד הָעוֹלָם— וְאָמַר כָּל-הָעָם אָמֵן: הַלְלוּ-יָהּ.	48 Blessed be the LORD, the God of Israel, from everlasting even to everlasting, {N} and let all the people say: 'Amen.' {N} Hallelujah. {P}

Chapter 107

א הֹדוּ לַיהוָה כִּי-טוֹב: כִּי לְעוֹלָם חַסְדּוֹ.	1 'O give thanks unto the LORD, for He is good, for His mercy endureth for ever.'
ב יֹאמְרוּ, גְּאוּלֵי יְהוָה— אֲשֶׁר גְּאָלָם, מִיַּד-צָר.	2 So let the redeemed of the LORD say, whom He hath redeemed from the hand of the adversary;
ג וּמֵאֲרָצוֹת, קִבְּצָם: מִמִּזְרָח וּמִמַּעֲרָב; מִצָּפוֹן וּמִיָּם.	3 And gathered them out of the lands, from the east and from the west, from the north and from the sea.
ד תָּעוּ בַמִּדְבָּר, בִּישִׁימוֹן דָּרֶךְ; עִיר מוֹשָׁב, לֹא מָצָאוּ.	4 They wandered in the wilderness in a desert way; they found no city of habitation.
ה רְעֵבִים גַּם-צְמֵאִים— נַפְשָׁם,	5 Hungry and thirsty, their soul fainted in

them. | בָּהֶם תִּתְעַטָּף.

6 Then they cried unto the LORD in their trouble, and He delivered them out of their distresses. | **ו** וַיִּצְעֲקוּ אֶל-יְהוָה, בַּצַּר לָהֶם; מִמְּצוּקוֹתֵיהֶם, יַצִּילֵם.

7 And He led them by a straight way, that they might go to a city of habitation. | **ז** וַיַּדְרִיכֵם, בְּדֶרֶךְ יְשָׁרָה— לָלֶכֶת, אֶל-עִיר מוֹשָׁב.

8 Let them give thanks unto the LORD for His mercy, and for His wonderful works to the children of men! | **ח** יוֹדוּ לַיהוָה חַסְדּוֹ; וְנִפְלְאוֹתָיו, לִבְנֵי אָדָם.

9 For He hath satisfied the longing soul, and the hungry soul He hath filled with good. | **ט** כִּי-הִשְׂבִּיעַ, נֶפֶשׁ שֹׁקֵקָה; וְנֶפֶשׁ רְעֵבָה, מִלֵּא-טוֹב.

10 Such as sat in darkness and in the shadow of death, being bound in affliction and iron– | **י** יֹשְׁבֵי, חֹשֶׁךְ וְצַלְמָוֶת; אֲסִירֵי עֳנִי וּבַרְזֶל.

11 Because they rebelled against the words of God, and contemned the counsel of the Most High. | **יא** כִּי-הִמְרוּ אִמְרֵי-אֵל; וַעֲצַת עֶלְיוֹן נָאָצוּ.

12 Therefore He humbled their heart with travail, they stumbled, and there was none to help– | **יב** וַיַּכְנַע בֶּעָמָל לִבָּם; כָּשְׁלוּ, וְאֵין עֹזֵר.

13 They cried unto the LORD in their trouble, and He saved them out of their distresses. | **יג** וַיִּזְעֲקוּ אֶל-יְהוָה, בַּצַּר לָהֶם; מִמְּצֻקוֹתֵיהֶם, יוֹשִׁיעֵם.

14 He brought them out of darkness and the shadow of death, and broke their bands in sunder. | **יד** יוֹצִיאֵם, מֵחֹשֶׁךְ וְצַלְמָוֶת; וּמוֹסְרוֹתֵיהֶם יְנַתֵּק.

15 Let them give thanks unto the LORD for His mercy, and for His wonderful works to the children of men! | **טו** יוֹדוּ לַיהוָה חַסְדּוֹ; וְנִפְלְאוֹתָיו, לִבְנֵי אָדָם.

16 For He hath broken the gates of brass, and cut the bars of iron in sunder. | **טז** כִּי-שִׁבַּר, דַּלְתוֹת נְחֹשֶׁת; וּבְרִיחֵי בַרְזֶל גִּדֵּעַ.

17 Crazed because of the way of their | **יז** אֱוִלִים, מִדֶּרֶךְ

transgression, and afflicted because of their iniquities—	פִּשְׁעָם; וּמֵעֲוֹנֹתֵיהֶם, יִתְעַנּוּ.
18 Their soul abhorred all manner of food, and they drew near unto the gates of death—	יח כָּל-אֹכֶל, תְּתַעֵב נַפְשָׁם; וַיַּגִּיעוּ, עַד-שַׁעֲרֵי מָוֶת.
19 They cried unto the LORD in their trouble, and He saved them out of their distresses;	יט וַיִּזְעֲקוּ אֶל-יְהוָה, בַּצַּר לָהֶם; מִמְּצֻקוֹתֵיהֶם יוֹשִׁיעֵם.
20 He sent His word, and healed them, and delivered them from their graves.	כ יִשְׁלַח דְּבָרוֹ, וְיִרְפָּאֵם; וִימַלֵּט, מִשְּׁחִיתוֹתָם.
21 Let them give thanks unto the LORD for His mercy, and for His wonderful works to the children of men!	כא יוֹדוּ לַיהוָה חַסְדּוֹ; וְנִפְלְאוֹתָיו, לִבְנֵי אָדָם.
22 And let them offer the sacrifices of thanksgiving, and declare His works with singing.	כב וְיִזְבְּחוּ, זִבְחֵי תוֹדָה; וִיסַפְּרוּ מַעֲשָׂיו בְּרִנָּה.
23 They that go down to the sea in ships, that do business in great waters—	כג] יוֹרְדֵי הַיָּם, בָּאֳנִיּוֹת; עֹשֵׂי מְלָאכָה, בְּמַיִם רַבִּים.
24 These saw the works of the LORD, and His wonders in the deep;	כד] הֵמָּה רָאוּ, מַעֲשֵׂי יְהוָה; וְנִפְלְאוֹתָיו, בִּמְצוּלָה.
25 For He commanded, and raised the stormy wind, which lifted up the waves thereof;	כה] וַיֹּאמֶר—וַיַּעֲמֵד, רוּחַ סְעָרָה; וַתְּרוֹמֵם גַּלָּיו.
26 They mounted up to the heavens, they went down to the deeps; their soul melted away because of trouble;	כו] יַעֲלוּ שָׁמַיִם, יֵרְדוּ תְהוֹמוֹת; נַפְשָׁם, בְּרָעָה תִתְמוֹגָג.
27 They reeled to and fro, and staggered like a drunken man, and all their wisdom was swallowed up—	כז] יָחוֹגּוּ וְיָנוּעוּ, כַּשִּׁכּוֹר; וְכָל-חָכְמָתָם, תִּתְבַּלָּע.
28 They cried unto the LORD in their trouble, and He brought them out of their distresses.	כח] וַיִּצְעֲקוּ אֶל-יְהוָה, בַּצַּר לָהֶם; וּמִמְּצוּקֹתֵיהֶם, יוֹצִיאֵם.
29 He made the storm a calm, so that the waves thereof were still.	כט יָקֵם סְעָרָה, לִדְמָמָה; וַיֶּחֱשׁוּ, גַּלֵּיהֶם.

ל וַיִּשְׂמְחוּ כִי-יִשְׁתֹּקוּ; וַיַּנְחֵם, אֶל-מְחוֹז חֶפְצָם.	30 Then were they glad because they were quiet, and He led them unto their desired haven.
לא יוֹדוּ לַיהוָה חַסְדּוֹ; וְנִפְלְאוֹתָיו, לִבְנֵי אָדָם.	31 Let them give thanks unto the LORD for His mercy, and for His wonderful works to the children of men!
לב וִירֹמְמוּהוּ, בִּקְהַל-עָם; וּבְמוֹשַׁב זְקֵנִים יְהַלְלוּהוּ.	32 Let them exalt Him also in the assembly of the people, and praise Him in the seat of the elders.
לג יָשֵׂם נְהָרוֹת לְמִדְבָּר; וּמֹצָאֵי מַיִם, לְצִמָּאוֹן.	33 He turneth rivers into a wilderness, and watersprings into a thirsty ground;
לד אֶרֶץ פְּרִי, לִמְלֵחָה; מֵרָעַת, יוֹשְׁבֵי בָהּ.	34 A fruitful land into a salt waste, for the wickedness of them that dwell therein.
לה יָשֵׂם מִדְבָּר, לַאֲגַם-מַיִם; וְאֶרֶץ צִיָּה, לְמֹצָאֵי מָיִם.	35 He turneth a wilderness into a pool of water, and a dry land into watersprings.
לו וַיּוֹשֶׁב שָׁם רְעֵבִים; וַיְכוֹנְנוּ, עִיר מוֹשָׁב.	36 And there He maketh the hungry to dwell, and they establish a city of habitation;
לז וַיִּזְרְעוּ שָׂדוֹת, וַיִּטְּעוּ כְרָמִים; וַיַּעֲשׂוּ, פְּרִי תְבוּאָה.	37 And sow fields, and plant vineyards, which yield fruits of increase.
לח וַיְבָרְכֵם וַיִּרְבּוּ מְאֹד; וּבְהֶמְתָּם, לֹא יַמְעִיט.	38 He blesseth them also, so that they are multiplied greatly, and suffereth not their cattle to decrease.
לט וַיִּמְעֲטוּ וַיָּשֹׁחוּ— מֵעֹצֶר רָעָה וְיָגוֹן.	39 Again, they are minished and dwindle away through oppression of evil and sorrow.
מ] שֹׁפֵךְ בּוּז, עַל-נְדִיבִים; וַיַּתְעֵם, בְּתֹהוּ לֹא-דָרֶךְ.	40 He poureth contempt upon princes, and causeth them to wander in the waste, where there is no way.
מא וַיְשַׂגֵּב אֶבְיוֹן מֵעוֹנִי; וַיָּשֶׂם כַּצֹּאן, מִשְׁפָּחוֹת.	41 Yet setteth He the needy on high from affliction, and maketh his families like a flock.
מב יִרְאוּ יְשָׁרִים וְיִשְׂמָחוּ; וְכָל-	42 The upright see it, and are glad; and all

iniquity stoppeth her mouth.

43 Whoso is wise, let him observe these things, and let them consider the mercies of the LORD. {P}

Chapter 108

1 A Song, a Psalm of David. **2** My heart is steadfast, O God; I will sing, yea, I will sing praises, even with my glory.

3 Awake, psaltery and harp; I will awake the dawn.

4 I will give thanks unto Thee, O LORD, among the peoples; and I will sing praises unto Thee among the nations.

5 For Thy mercy is great above the heavens, and Thy truth reacheth unto the skies.

6 Be Thou exalted, O God, above the heavens; and Thy glory be above all the earth.

7 That Thy beloved may be delivered, save with Thy right hand, and answer me.

8 God spoke in His holiness, that I would exult; that I would divide Shechem, and mete out the valley of Succoth.

9 Gilead is mine, Manasseh is mine; Ephraim also is the defence of my head; Judah is my sceptre.

10 Moab is my washpot; upon Edom do I cast my shoe; over Philistia do I cry aloud.

11 Who will bring me into the fortified

city? Who will lead me unto Edom? עַד-אֱדוֹם.

12 Hast not Thou cast us off, O God? and Thou goest not forth, O God, with our hosts? **יב** הֲלֹא-אֱלֹהִים זְנַחְתָּנוּ; וְלֹא-תֵצֵא אֱלֹהִים, בְּצִבְאוֹתֵינוּ.

13 Give us help against the adversary; for vain is the help of man. **יג** הָבָה-לָּנוּ עֶזְרָת מִצָּר; וְשָׁוְא, תְּשׁוּעַת אָדָם.

14 Through God we shall do valiantly; for He it is that will tread down our adversaries. {P} **יד** בֵּאלֹהִים נַעֲשֶׂה-חָיִל; וְהוּא, יָבוּס צָרֵינוּ.

Chapter 109

1 For the Leader. A Psalm of David. {N} O God of my praise, keep not silence; **א** לַמְנַצֵּחַ, לְדָוִד מִזְמוֹר: אֱלֹהֵי תְהִלָּתִי, אַל-תֶּחֱרַשׁ.

2 For the mouth of the wicked and the mouth of deceit have they opened against me; they have spoken unto me with a lying tongue. **ב** כִּי פִי רָשָׁע, וּפִי-מִרְמָה-עָלַי פָּתָחוּ; דִּבְּרוּ אִתִּי, לְשׁוֹן שָׁקֶר.

3 They compassed me about also with words of hatred, and fought against me without a cause. **ג** וְדִבְרֵי שִׂנְאָה סְבָבוּנִי; וַיִּלָּחֲמוּנִי חִנָּם.

4 In return for my love they are my adversaries; but I am all prayer. **ד** תַּחַת-אַהֲבָתִי יִשְׂטְנוּנִי; וַאֲנִי תְפִלָּה.

5 And they have laid upon me evil for good, and hatred for my love: **ה** וַיָּשִׂימוּ עָלַי רָעָה, תַּחַת טוֹבָה; וְשִׂנְאָה, תַּחַת אַהֲבָתִי.

6 'set Thou a wicked man over him; and let an adversary stand at his right hand. **ו** הַפְקֵד עָלָיו רָשָׁע; וְשָׂטָן, יַעֲמֹד עַל-יְמִינוֹ.

7 When he is judged, let him go forth condemned; and let his prayer be turned into sin. **ז** בְּהִשָּׁפְטוֹ, יֵצֵא רָשָׁע; וּתְפִלָּתוֹ, תִּהְיֶה לַחֲטָאָה.

8 Let his days be few; let another take his charge. **ח** יִהְיוּ-יָמָיו מְעַטִּים; פְּקֻדָּתוֹ, יִקַּח אַחֵר.

ט יִהְיוּ-בָנָיו יְתוֹמִים; וְאִשְׁתּוֹ, אַלְמָנָה.	9 Let his children be fatherless, and his wife a widow.
י וְנוֹעַ יָנוּעוּ בָנָיו וְשִׁאֵלוּ; וְדָרְשׁוּ, מֵחָרְבוֹתֵיהֶם.	10 Let his children be vagabonds, and beg; and let them seek their bread out of their desolate places.
יא יְנַקֵּשׁ נוֹשֶׁה, לְכָל-אֲשֶׁר-לוֹ; וְיָבֹזּוּ זָרִים יְגִיעוֹ.	11 Let the creditor distrain all that he hath; and let strangers make spoil of his labour.
יב אַל-יְהִי-לוֹ, מֹשֵׁךְ חָסֶד; וְאַל-יְהִי חוֹנֵן, לִיתוֹמָיו.	12 Let there be none to extend kindness unto him; neither let there be any to be gracious unto his fatherless children.
יג יְהִי-אַחֲרִיתוֹ לְהַכְרִית; בְּדוֹר אַחֵר, יִמַּח שְׁמָם.	13 Let his posterity be cut off; in the generation following let their name be blotted out.
יד יִזָּכֵר, עֲוֺן אֲבֹתָיו-אֶל-יְהוָה; וְחַטַּאת אִמּוֹ, אַל-תִּמָּח.	14 Let the iniquity of his fathers be brought to remembrance unto the LORD; and let not the sin of his mother be blotted out.
טו יִהְיוּ נֶגֶד-יְהוָה תָּמִיד; וְיַכְרֵת מֵאֶרֶץ זִכְרָם.	15 Let them be before the LORD continually, that He may cut off the memory of them from the earth.
טז יַעַן-- אֲשֶׁר לֹא זָכַר, עֲשׂוֹת חָסֶד: וַיִּרְדֹּף, אִישׁ-עָנִי וְאֶבְיוֹן--וְנִכְאֵה לֵבָב; לְמוֹתֵת.	16 Because that he remembered not to do kindness, {N} but persecuted the poor and needy man, and the broken in heart he was ready to slay.
יז וַיֶּאֱהַב קְלָלָה, וַתְּבוֹאֵהוּ; וְלֹא-חָפֵץ בִּבְרָכָה, וַתִּרְחַק מִמֶּנּוּ.	17 Yea, he loved cursing, and it came unto him; and he delighted not in blessing, and it is far from him.
יח וַיִּלְבַּשׁ קְלָלָה, כְּמַדּוֹ: וַתָּבֹא כַמַּיִם בְּקִרְבּוֹ; וְכַשֶּׁמֶן, בְּעַצְמוֹתָיו.	18 He clothed himself also with cursing as with his raiment, and it is come into his inward parts like water, and like oil into his bones.
יט תְּהִי-לוֹ, כְּבֶגֶד יַעְטֶה; וּלְמֵזַח, תָּמִיד יַחְגְּרֶהָ.	19 Let it be unto him as the garment which he putteth on, and for the girdle wherewith he is girded continually.'

כ זֹאת פְּעֻלַּת שֹׂטְנַי, מֵאֵת יהוה; וְהַדֹּבְרִים רָע, עַל-נַפְשִׁי.	20 This would mine adversaries effect from the LORD, and they that speak evil against my soul.
כא וְאַתָּה, יהוה אֲדֹנָי— עֲשֵׂה-אִתִּי, לְמַעַן שְׁמֶךָ; כִּי-טוֹב חַסְדְּךָ, הַצִּילֵנִי.	21 But Thou, O GOD the Lord, deal with me for Thy name's sake; {N} because Thy mercy is good, deliver Thou me.
כב כִּי-עָנִי וְאֶבְיוֹן אָנֹכִי; וְלִבִּי, חָלַל בְּקִרְבִּי.	22 For I am poor and needy, and my heart is wounded within me.
כג כְּצֵל-כִּנְטוֹתוֹ נֶהֱלָכְתִּי; נִנְעַרְתִּי, כָּאַרְבֶּה.	23 I am gone like the shadow when it lengtheneth; I am shaken off as the locust.
כד בִּרְכַּי, כָּשְׁלוּ מִצּוֹם; וּבְשָׂרִי, כָּחַשׁ מִשָּׁמֶן.	24 My knees totter through fasting; and my flesh is lean, and hath no fatness.
כה וַאֲנִי, הָיִיתִי חֶרְפָּה לָהֶם; יִרְאוּנִי, יְנִיעוּן רֹאשָׁם.	25 I am become also a taunt unto them; when they see me, they shake their head.
כו עָזְרֵנִי, יהוה אֱלֹהָי; הוֹשִׁיעֵנִי כְחַסְדֶּךָ.	26 Help me, O LORD my God; O save me according to Thy mercy;
כז וְיֵדְעוּ, כִּי-יָדְךָ זֹּאת; אַתָּה יהוה עֲשִׂיתָהּ.	27 That they may know that this is Thy hand; that Thou, LORD, hast done it.
כח יְקַלְלוּ-הֵמָּה, וְאַתָּה תְבָרֵךְ: קָמוּ, וַיֵּבֹשׁוּ—וְעַבְדְּךָ יִשְׂמָח.	28 Let them curse, but bless Thou; when they arise, they shall be put to shame, but Thy servant shall rejoice.
כט יִלְבְּשׁוּ שׂוֹטְנַי כְּלִמָּה; וְיַעֲטוּ כַמְעִיל בָּשְׁתָּם.	29 Mine adversaries shall be clothed with confusion, and shall put on their own shame as a robe.
ל אוֹדֶה יהוה מְאֹד בְּפִי; וּבְתוֹךְ רַבִּים אֲהַלְלֶנּוּ.	30 I will give great thanks unto the LORD with my mouth; yea, I will praise Him among the multitude;
לא כִּי-יַעֲמֹד, לִימִין אֶבְיוֹן— לְהוֹשִׁיעַ, מִשֹּׁפְטֵי נַפְשׁוֹ.	31 Because He standeth at the right hand of the needy, to save him from them that judge his soul. {P}

Chapter 110

א לְדָוִד, מִזְמוֹר:
נְאֻם יְהוָה, לַאדֹנִי–שֵׁב לִימִינִי;   עַד-אָשִׁית אֹיְבֶיךָ, הֲדֹם לְרַגְלֶיךָ.

1 A Psalm of David. {N}
The LORD saith unto my lord: 'sit thou at My right hand, until I make thine enemies thy footstool.'

ב מַטֵּה-עֻזְּךָ–יִשְׁלַח יְהוָה, מִצִּיּוֹן;   רְדֵה, בְּקֶרֶב אֹיְבֶיךָ.

2 The rod of Thy strength the LORD will send out of Zion: 'Rule thou in the midst of thine enemies.'

ג עַמְּךָ נְדָבֹת,   בְּיוֹם חֵילֶךָ:
בְּהַדְרֵי-קֹדֶשׁ, מֵרֶחֶם מִשְׁחָר;   לְךָ, טַל יַלְדֻתֶיךָ.

3 Thy people offer themselves willingly in the day of thy warfare; {N}
in adornments of holiness, from the womb of the dawn, thine is the dew of thy youth.

ד נִשְׁבַּע יְהוָה, וְלֹא יִנָּחֵם–   אַתָּה-כֹהֵן לְעוֹלָם;
עַל-דִּבְרָתִי,   מַלְכִּי-צֶדֶק.

4 The LORD hath sworn, and will not repent: 'Thou art a priest for ever {N}
after the manner of Melchizedek.'

ה אֲדֹנָי עַל-יְמִינְךָ;   מָחַץ בְּיוֹם-אַפּוֹ מְלָכִים.

5 The Lord at thy right hand doth crush kings in the day of His wrath.

ו יָדִין בַּגּוֹיִם, מָלֵא גְוִיּוֹת;   מָחַץ רֹאשׁ, עַל-אֶרֶץ רַבָּה.

6 He will judge among the nations; He filleth it with dead bodies, He crusheth the head over a wide land.

ז מִנַּחַל, בַּדֶּרֶךְ יִשְׁתֶּה;   עַל-כֵּן, יָרִים רֹאשׁ.

7 He will drink of the brook in the way; therefore will he lift up the head. {P}

Chapter 111

א הַלְלוּ-יָהּ:
אוֹדֶה יְהוָה, בְּכָל-לֵבָב;   בְּסוֹד יְשָׁרִים וְעֵדָה.

1 Hallelujah. {N}
I will give thanks unto the LORD with my whole heart, in the council of the upright, and in the congregation.

ב גְּדֹלִים, מַעֲשֵׂי יְהוָה;   דְּרוּשִׁים, לְכָל-חֶפְצֵיהֶם.

2 The works of the LORD are great, sought out of all them that have delight therein.

ג הוֹד-וְהָדָר פָּעֳלוֹ;   וְצִדְקָתוֹ, עֹמֶדֶת

3 His work is glory and majesty; and His

righteousness endureth for ever. לָעַד.

4 He hath made a memorial for His wonderful works; the LORD is gracious and full of compassion. ד זֵכֶר עָשָׂה, לְנִפְלְאוֹתָיו; חַנּוּן וְרַחוּם יְהוָה.

5 He hath given food unto them that fear Him; He will ever be mindful of His covenant. ה טֶרֶף, נָתַן לִירֵאָיו; יִזְכֹּר לְעוֹלָם בְּרִיתוֹ.

6 He hath declared to His people the power of His works, in giving them the heritage of the nations. ו כֹּחַ מַעֲשָׂיו, הִגִּיד לְעַמּוֹ— לָתֵת לָהֶם, נַחֲלַת גּוֹיִם.

7 The works of His hands are truth and justice; all His precepts are sure. ז מַעֲשֵׂי יָדָיו, אֱמֶת וּמִשְׁפָּט; נֶאֱמָנִים, כָּל-פִּקּוּדָיו.

8 They are established for ever and ever, they are done in truth and uprightness. ח סְמוּכִים לָעַד לְעוֹלָם; עֲשׂוּיִם, בֶּאֱמֶת וְיָשָׁר.

9 He hath sent redemption unto His people; He hath commanded His covenant for ever; {N}
Holy and awful is His name. ט פְּדוּת, שָׁלַח לְעַמּוֹ— צִוָּה-לְעוֹלָם בְּרִיתוֹ; קָדוֹשׁ וְנוֹרָא שְׁמוֹ.

10 The fear of the LORD is the beginning of wisdom; a good understanding have all they that do thereafter; {N}
His praise endureth for ever. {P} י רֵאשִׁית חָכְמָה, יִרְאַת יְהוָה— שֵׂכֶל טוֹב, לְכָל-עֹשֵׂיהֶם; תְּהִלָּתוֹ, עֹמֶדֶת לָעַד.

Chapter 112

1 Hallelujah. {N}
Happy is the man that feareth the LORD, that delighteth greatly in His commandments. א הַלְלוּ-יָהּ: אַשְׁרֵי-אִישׁ, יָרֵא אֶת-יְהוָה; בְּמִצְוֺתָיו, חָפֵץ מְאֹד.

2 His seed shall be mighty upon earth; the generation of the upright shall be blessed. ב גִּבּוֹר בָּאָרֶץ, יִהְיֶה זַרְעוֹ; דּוֹר יְשָׁרִים יְבֹרָךְ.

3 Wealth and riches are in his house; and his merit endureth for ever. ג הוֹן-וָעֹשֶׁר בְּבֵיתוֹ; וְצִדְקָתוֹ, עֹמֶדֶת לָעַד.

ד זָרַח בַּחֹשֶׁךְ אוֹר, לַיְשָׁרִים; חַנּוּן וְרַחוּם וְצַדִּיק.	4 Unto the upright He shineth as a light in the darkness, gracious, and full of compassion, and righteous.
ה טוֹב-אִישׁ, חוֹנֵן וּמַלְוֶה; יְכַלְכֵּל דְּבָרָיו בְּמִשְׁפָּט.	5 Well is it with the man that dealeth graciously and lendeth, that ordereth his affairs rightfully.
ו כִּי-לְעוֹלָם לֹא-יִמּוֹט; לְזֵכֶר עוֹלָם, יִהְיֶה צַדִּיק.	6 For he shall never be moved; the righteous shall be had in everlasting remembrance.
ז מִשְּׁמוּעָה רָעָה, לֹא יִירָא; נָכוֹן לִבּוֹ, בָּטֻחַ בַּיהוָה.	7 He shall not be afraid of evil tidings; his heart is stedfast, trusting in the LORD.
ח סָמוּךְ לִבּוֹ, לֹא יִירָא; עַד אֲשֶׁר-יִרְאֶה בְצָרָיו.	8 His heart is established, he shall not be afraid, until he gaze upon his adversaries.
ט פִּזַּר, נָתַן לָאֶבְיוֹנִים-- צִדְקָתוֹ, עֹמֶדֶת לָעַד; קַרְנוֹ, תָּרוּם בְּכָבוֹד.	9 He hath scattered abroad, he hath given to the needy; his righteousness endureth for ever; {N} his horn shall be exalted in honour.
י רָשָׁע יִרְאֶה, וְכָעָס-- שִׁנָּיו יַחֲרֹק וְנָמָס; תַּאֲוַת רְשָׁעִים תֹּאבֵד.	10 The wicked shall see it, and be vexed; he shall gnash with his teeth, and melt away; {N} the desire of the wicked shall perish. {P}

Chapter 113

א הַלְלוּ-יָהּ: הַלְלוּ, עַבְדֵי יְהוָה; הַלְלוּ, אֶת-שֵׁם יְהוָה.	1 Hallelujah. {N} Praise, O ye servants of the LORD, praise the name of the LORD.
ב יְהִי שֵׁם יְהוָה מְבֹרָךְ-- מֵעַתָּה, וְעַד-עוֹלָם.	2 Blessed be the name of the LORD from this time forth and for ever.
ג מִמִּזְרַח-שֶׁמֶשׁ עַד-מְבוֹאוֹ-- מְהֻלָּל, שֵׁם יְהוָה.	3 From the rising of the sun unto the going down thereof the LORD'S name is to be praised.
ד רָם עַל-כָּל-גּוֹיִם יְהוָה; עַל	4 The LORD is high above all nations, His

הַשָּׁמַיִם כְּבוֹדוֹ.	glory is above the heavens.
ה מִי, כַּיהוָה אֱלֹהֵינוּ— הַמַּגְבִּיהִי לָשָׁבֶת.	5 Who is like unto the LORD our God, that is enthroned on high,
ו הַמַּשְׁפִּילִי לִרְאוֹת— בַּשָּׁמַיִם וּבָאָרֶץ.	6 That looketh down low upon heavens and upon the earth?
ז מְקִימִי מֵעָפָר דָּל; מֵאַשְׁפֹּת, יָרִים אֶבְיוֹן.	7 Who raiseth up the poor out of the dust, and lifteth up the needy out of the dunghill;
ח לְהוֹשִׁיבִי עִם-נְדִיבִים; עִם, נְדִיבֵי עַמּוֹ.	8 That He may set him with princes, even with the princes of His people.
ט מוֹשִׁיבִי, עֲקֶרֶת הַבַּיִת— אֵם-הַבָּנִים שְׂמֵחָה: הַלְלוּ-יָהּ.	9 Who maketh the barren woman to dwell in her house as a joyful mother of children. {N} Hallelujah.

Chapter 114

א בְּצֵאת יִשְׂרָאֵל, מִמִּצְרָיִם; בֵּית יַעֲקֹב, מֵעַם לֹעֵז.	1 When Israel came forth out of Egypt, the house of Jacob from a people of strange language;
ב הָיְתָה יְהוּדָה לְקָדְשׁוֹ; יִשְׂרָאֵל, מַמְשְׁלוֹתָיו.	2 Judah became His sanctuary, Israel His dominion.
ג הַיָּם רָאָה, וַיָּנֹס; הַיַּרְדֵּן, יִסֹּב לְאָחוֹר.	3 The sea saw it, and fled; the Jordan turned backward.
ד הֶהָרִים, רָקְדוּ כְאֵילִים; גְּבָעוֹת, כִּבְנֵי-צֹאן.	4 The mountains skipped like rams, the hills like young sheep.
ה מַה-לְּךָ הַיָּם, כִּי תָנוּס; הַיַּרְדֵּן, תִּסֹּב לְאָחוֹר.	5 What aileth thee, O thou sea, that thou fleest? thou Jordan, that thou turnest backward?
ו הֶהָרִים, תִּרְקְדוּ כְאֵילִים; גְּבָעוֹת, כִּבְנֵי-צֹאן.	6 Ye mountains, that ye skip like rams; ye hills, like young sheep?

ז מִלִּפְנֵי אָדוֹן, חוּלִי אָרֶץ; מִלִּפְנֵי, אֱלוֹהַּ יַעֲקֹב.

7 Tremble, thou earth, at the presence of the Lord, at the presence of the God of Jacob;

ח הַהֹפְכִי הַצּוּר אֲגַם-מָיִם; חַלָּמִישׁ, לְמַעְיְנוֹ-מָיִם.

8 Who turned the rock into a pool of water, the flint into a fountain of waters.

Chapter 115

א לֹא לָנוּ יְהוָה, לֹא-לָנוּ: כִּי-לְשִׁמְךָ, תֵּן כָּבוֹד—עַל-חַסְדְּךָ, עַל-אֲמִתֶּךָ.

1 Not unto us, O LORD, not unto us, but unto Thy name give glory, for Thy mercy, and for Thy truth's sake.

ב לָמָּה, יֹאמְרוּ הַגּוֹיִם: אַיֵּה-נָא, אֱלֹהֵיהֶם.

2 Wherefore should the nations say: 'Where is now their God?'

ג וֵאלֹהֵינוּ בַשָּׁמָיִם— כֹּל אֲשֶׁר-חָפֵץ עָשָׂה.

3 But our God is in the heavens; whatsoever pleased Him He hath done.

ד עֲצַבֵּיהֶם, כֶּסֶף וְזָהָב; מַעֲשֵׂה, יְדֵי אָדָם.

4 Their idols are silver and gold, the work of men's hands.

ה פֶּה-לָהֶם, וְלֹא יְדַבֵּרוּ; עֵינַיִם לָהֶם, וְלֹא יִרְאוּ.

5 They have mouths, but they speak not; eyes have they, but they see not;

ו אָזְנַיִם לָהֶם, וְלֹא יִשְׁמָעוּ; אַף לָהֶם, וְלֹא יְרִיחוּן.

6 They have ears, but they hear not; noses have they, but they smell not;

ז יְדֵיהֶם, וְלֹא יְמִישׁוּן—רַגְלֵיהֶם, וְלֹא יְהַלֵּכוּ; לֹא-יֶהְגּוּ, בִּגְרוֹנָם.

7 They have hands, but they handle not; feet have they, but they walk not; neither speak they with their throat.

ח כְּמוֹהֶם, יִהְיוּ עֹשֵׂיהֶם— כֹּל אֲשֶׁר-בֹּטֵחַ בָּהֶם.

8 They that make them shall be like unto them; yea, every one that trusteth in them.

ט יִשְׂרָאֵל, בְּטַח בַּיהוָה; עֶזְרָם וּמָגִנָּם הוּא.

9 O Israel, trust thou in the LORD! He is their help and their shield!

י בֵּית אַהֲרֹן, בִּטְחוּ בַיהוָה; עֶזְרָם וּמָגִנָּם הוּא.

10 O house of Aaron, trust ye in the LORD! He is their help and their shield!

11 Ye that fear the LORD, trust in the LORD! He is their help and their shield.

יא יִרְאֵי יהוה, בִּטְחוּ בַיהוָה; עֶזְרָם וּמָגִנָּם הוּא.

12 The LORD hath been mindful of us, He will bless– {N}
He will bless the house of Israel; He will bless the house of Aaron.

יב יהוה, זְכָרָנוּ יְבָרֵךְ: יְבָרֵךְ, אֶת-בֵּית יִשְׂרָאֵל; יְבָרֵךְ, אֶת-בֵּית אַהֲרֹן.

13 He will bless them that fear the LORD, both small and great.

יג יְבָרֵךְ, יִרְאֵי יהוה– הַקְּטַנִּים, עִם-הַגְּדֹלִים.

14 The LORD increase you more and more, you and your children.

יד יֹסֵף יהוה עֲלֵיכֶם; עֲלֵיכֶם, וְעַל בְּנֵיכֶם.

15 Blessed be ye of the LORD who made heavens and earth.

טו בְּרוּכִים אַתֶּם, לַיהוָה– עֹשֵׂה, שָׁמַיִם וָאָרֶץ.

16 The heavens are the heavens of the LORD; but the earth hath He given to the children of men.

טז הַשָּׁמַיִם שָׁמַיִם, לַיהוָה; וְהָאָרֶץ, נָתַן לִבְנֵי-אָדָם.

17 The dead praise not the LORD, neither any that go down into silence;

יז לֹא הַמֵּתִים, יְהַלְלוּ-יָהּ; וְלֹא, כָּל-יֹרְדֵי דוּמָה.

18 But we will bless the LORD from this time forth and for ever. {N} Hallelujah.

יח וַאֲנַחְנוּ, נְבָרֵךְ יָהּ– מֵעַתָּה וְעַד-עוֹלָם: הַלְלוּ-יָהּ.

Chapter 116

1 I love that the LORD should hear my voice and my supplications.

א אָהַבְתִּי, כִּי-יִשְׁמַע יהוה– אֶת-קוֹלִי, תַּחֲנוּנָי.

2 Because He hath inclined His ear unto me, therefore will I call upon Him all my days.

ב כִּי-הִטָּה אָזְנוֹ לִי; וּבְיָמַי אֶקְרָא.

3 The cords of death compassed me, and the straits of the nether-world got hold upon me; I found trouble and sorrow.

ג אֲפָפוּנִי, חֶבְלֵי-מָוֶת–וּמְצָרֵי שְׁאוֹל מְצָאוּנִי; צָרָה וְיָגוֹן אֶמְצָא.

ד וּבְשֵׁם-יהוה אֶקְרָא: אָנָּה יהוה, מַלְּטָה נַפְשִׁי.	4 But I called upon the name of the LORD: 'I beseech thee, O LORD, deliver my soul.'
ה חַנּוּן יהוה וְצַדִּיק; וֵאלֹהֵינוּ מְרַחֵם.	5 Gracious is the LORD, and righteous; yea, our God is compassionate.
ו שֹׁמֵר פְּתָאיִם יהוה; דַּלֹּתִי, וְלִי יְהוֹשִׁיעַ.	6 The LORD preserveth the simple; I was brought low, and He saved me.
ז שׁוּבִי נַפְשִׁי, לִמְנוּחָיְכִי: כִּי-יהוה, גָּמַל עָלָיְכִי.	7 Return, O my soul, unto Thy rest; for the LORD hath dealt bountifully with thee.
ח כִּי חִלַּצְתָּ נַפְשִׁי, מִמָּוֶת: אֶת-עֵינִי מִן-דִּמְעָה; אֶת-רַגְלִי מִדֶּחִי.	8 For thou hast delivered my soul from death, mine eyes from tears, and my feet from stumbling.
ט אֶתְהַלֵּךְ, לִפְנֵי יהוה– בְּאַרְצוֹת, הַחַיִּים.	9 I shall walk before the LORD in the lands of the living.
י הֶאֱמַנְתִּי, כִּי אֲדַבֵּר; אֲנִי, עָנִיתִי מְאֹד.	10 I trusted even when I spoke: 'I am greatly afflicted.'
יא אֲנִי, אָמַרְתִּי בְחָפְזִי: כָּל-הָאָדָם כֹּזֵב.	11 I said in my haste: 'All men are liars.'
יב מָה-אָשִׁיב לַיהוה– כָּל-תַּגְמוּלוֹהִי עָלָי.	12 How can I repay unto the LORD all His bountiful dealings toward me?
יג כּוֹס-יְשׁוּעוֹת אֶשָּׂא; וּבְשֵׁם יהוה אֶקְרָא.	13 I will lift up the cup of salvation, and call upon the name of the LORD.
יד נְדָרַי, לַיהוה אֲשַׁלֵּם; נֶגְדָה-נָּא, לְכָל-עַמּוֹ.	14 My vows will I pay unto the LORD, yea, in the presence of all His people.
טו יָקָר, בְּעֵינֵי יהוה– הַמָּוְתָה, לַחֲסִידָיו.	15 Precious in the sight of the LORD is the death of His saints.
טז אָנָּה יהוה, כִּי-אֲנִי עַבְדֶּךָ: אֲנִי-עַבְדְּךָ, בֶּן-אֲמָתֶךָ; פִּתַּחְתָּ, לְמוֹסֵרָי.	16 I beseech Thee, O LORD, for I am Thy servant; {N} I am Thy servant, the son of Thy handmaid; Thou hast loosed my bands.

17 I will offer to thee the sacrifice of thanksgiving, and will call upon the name of the LORD.

יז לְךָ-אֶזְבַּח, זֶבַח תּוֹדָה;   וּבְשֵׁם יהוה אֶקְרָא.

18 I will pay my vows unto the LORD, yea, in the presence of all His people;

יח נְדָרַי, לַיהוה אֲשַׁלֵּם;   נֶגְדָה-נָּא, לְכָל-עַמּוֹ.

19 In the courts of the LORD'S house, in the midst of thee, O Jerusalem. {N} Hallelujah.

יט בְּחַצְרוֹת, בֵּית יהוה–   בְּתוֹכֵכִי יְרוּשָׁלִָם:
הַלְלוּ-יָהּ.

Chapter 117

1 O praise the LORD, all ye nations; laud Him, all ye peoples.

א הַלְלוּ אֶת-יהוה, כָּל-גּוֹיִם;   שַׁבְּחוּהוּ, כָּל-הָאֻמִּים.

2 For His mercy is great toward us; and the truth of the LORD endureth for ever. {N} Hallelujah.

ב כִּי גָבַר עָלֵינוּ, חַסְדּוֹ–   וֶאֱמֶת-יהוה לְעוֹלָם:
הַלְלוּ-יָהּ.

Chapter 118

1 'O give thanks unto the LORD, for He is good, for His mercy endureth for ever.'

א הוֹדוּ לַיהוה כִּי-טוֹב: כִּי לְעוֹלָם חַסְדּוֹ.

2 So let Israel now say, for His mercy endureth for ever,

ב יֹאמַר-נָא יִשְׂרָאֵל: כִּי לְעוֹלָם חַסְדּוֹ.

3 So let the house of Aaron now say, for His mercy endureth for ever.

ג יֹאמְרוּ-נָא בֵית-אַהֲרֹן: כִּי לְעוֹלָם חַסְדּוֹ.

4 So let them now that fear the LORD say, for His mercy endureth for ever.

ד יֹאמְרוּ-נָא יִרְאֵי יהוה: כִּי לְעוֹלָם חַסְדּוֹ.

5 Out of my straits I called upon the LORD; He answered me with great enlargement.

ה מִן-הַמֵּצַר, קָרָאתִי יָּהּ;   עָנָנִי בַמֶּרְחָב יָהּ.

6 The LORD is for me; I will not fear; what

ו יהוה לִי, לֹא אִירָא;   מַה-יַּעֲשֶׂה לִי

can man do unto me?	אָדָם.
7 The LORD is for me as my helper; and I shall gaze upon them that hate me.	ז יְהוָה לִי, בְּעֹזְרָי; וַאֲנִי, אֶרְאֶה בְשֹׂנְאָי.
8 It is better to take refuge in the LORD than to trust in man.	ח טוֹב, לַחֲסוֹת בַּיהוָה— מִבְּטֹחַ, בָּאָדָם.
9 It is better to take refuge in the LORD than to trust in princes.	ט טוֹב, לַחֲסוֹת בַּיהוָה— מִבְּטֹחַ, בִּנְדִיבִים.
10 All nations compass me about; verily, in the name of the LORD I will cut them off.	י כָּל-גּוֹיִם סְבָבוּנִי; בְּשֵׁם יְהוָה, כִּי אֲמִילַם.
11 They compass me about, yea, they compass me about; verily, in the name of the LORD I will cut them off.	יא סַבּוּנִי גַם-סְבָבוּנִי; בְּשֵׁם יְהוָה, כִּי אֲמִילַם.
12 They compass me about like bees; they are quenched as the fire of thorns; {N} verily, in the name of the LORD I will cut them off.	יב סַבּוּנִי כִדְבוֹרִים— דֹּעֲכוּ, כְּאֵשׁ קוֹצִים; בְּשֵׁם יְהוָה, כִּי אֲמִילַם.
13 Thou didst thrust sore at me that I might fall; but the LORD helped me.	יג דַּחֹה דְחִיתַנִי לִנְפֹּל; וַיהוָה עֲזָרָנִי.
14 The LORD is my strength and song; and He is become my salvation.	יד עָזִּי וְזִמְרָת יָהּ; וַיְהִי-לִי, לִישׁוּעָה.
15 The voice of rejoicing and salvation is in the tents of the righteous; the right hand of the LORD doeth valiantly.	טו קוֹל, רִנָּה וִישׁוּעָה—בְּאָהֳלֵי צַדִּיקִים; יְמִין יְהוָה, עֹשָׂה חָיִל.
16 The right hand of the LORD is exalted; the right hand of the LORD doeth valiantly.	טז יְמִין יְהוָה, רוֹמֵמָה; יְמִין יְהוָה, עֹשָׂה חָיִל.
17 I shall not die, but live, and declare the works of the LORD.	יז לֹא-אָמוּת כִּי-אֶחְיֶה; וַאֲסַפֵּר, מַעֲשֵׂי יָהּ.
18 The LORD hath chastened me sore; but He hath not given me over unto death.	יח יַסֹּר יִסְּרַנִּי יָּהּ; וְלַמָּוֶת, לֹא נְתָנָנִי.
19 Open to me the gates of righteousness; I	יט פִּתְחוּ-לִי שַׁעֲרֵי-צֶדֶק; אָבֹא-

will enter into them, I will give thanks unto the LORD.

20 This is the gate of the LORD; the righteous shall enter into it.

21 I will give thanks unto Thee, for Thou hast answered me, and art become my salvation.

22 The stone which the builders rejected is become the chief corner-stone.

23 This is the LORD'S doing; it is marvellous in our eyes.

24 This is the day which the LORD hath made; we will rejoice and be glad in it.

25 We beseech Thee, O LORD, save now! We beseech Thee, O LORD, make us now to prosper!

26 Blessed be he that cometh in the name of the LORD; we bless you out of the house of the LORD.

27 The LORD is God, and hath given us light; order the festival procession with boughs, even unto the horns of the altar.

28 Thou art my God, and I will give thanks unto Thee; Thou art my God, I will exalt Thee.

29 O give thanks unto the LORD, for He is good, for His mercy endureth for ever. {P}

Chapter 119

1 ALEPH. Happy are they that are upright in the way, who walk in the law of the LORD.

ב אַשְׁרֵי, נֹצְרֵי עֵדֹתָיו; בְּכָל-לֵב יִדְרְשׁוּהוּ.	2 Happy are they that keep His testimonies, that seek Him with the whole heart.
ג אַף, לֹא-פָעֲלוּ עַוְלָה; בִּדְרָכָיו הָלָכוּ.	3 Yea, they do no unrighteousness; they walk in His ways.
ד אַתָּה, צִוִּיתָה פִקֻּדֶיךָ-- לִשְׁמֹר מְאֹד.	4 Thou hast ordained Thy precepts, that we should observe them diligently.
ה אַחֲלַי, יִכֹּנוּ דְרָכָי-- לִשְׁמֹר חֻקֶּיךָ.	5 Oh that my ways were directed to observe Thy statutes!
ו אָז לֹא-אֵבוֹשׁ-- בְּהַבִּיטִי, אֶל-כָּל-מִצְוֹתֶיךָ.	6 Then should I not be ashamed, when I have regard unto all Thy commandments.
ז אוֹדְךָ, בְּיֹשֶׁר לֵבָב-- בְּלָמְדִי, מִשְׁפְּטֵי צִדְקֶךָ.	7 I will give thanks unto Thee with uprightness of heart, when I learn Thy righteous ordinances.
ח אֶת-חֻקֶּיךָ אֶשְׁמֹר; אַל-תַּעַזְבֵנִי עַד-מְאֹד.	8 I will observe Thy statutes; O forsake me not utterly. {P}
ט בַּמֶּה יְזַכֶּה-נַּעַר, אֶת-אָרְחוֹ-- לִשְׁמֹר, כִּדְבָרֶךָ.	9 BETH. Wherewithal shall a young man keep his way pure? By taking heed thereto according to Thy word.
י בְּכָל-לִבִּי דְרַשְׁתִּיךָ; אַל-תַּשְׁגֵּנִי, מִמִּצְוֹתֶיךָ.	10 With my whole heart have I sought Thee; O let me not err from Thy commandments.
יא בְּלִבִּי, צָפַנְתִּי אִמְרָתֶךָ-- לְמַעַן, לֹא אֶחֱטָא-לָךְ.	11 Thy word have I laid up in my heart, that I might not sin against Thee.
יב בָּרוּךְ אַתָּה יְהוָה-- לַמְּדֵנִי חֻקֶּיךָ.	12 Blessed art Thou, O LORD; teach me Thy statutes.
יג בִּשְׂפָתַי סִפַּרְתִּי-- כֹּל, מִשְׁפְּטֵי-פִיךָ.	13 With my lips have I told all the ordinances of Thy mouth.
יד בְּדֶרֶךְ עֵדְוֹתֶיךָ שַׂשְׂתִּי-- כְּעַל כָּל-הוֹן.	14 I have rejoiced in the way of Thy testimonies, as much as in all riches.

טו בְּפִקּוּדֶיךָ אָשִׂיחָה; וְאַבִּיטָה, אֹרְחֹתֶיךָ.	15 I will meditate in Thy precepts, and have respect unto Thy ways.
טז בְּחֻקֹּתֶיךָ אֶשְׁתַּעֲשָׁע; לֹא אֶשְׁכַּח דְּבָרֶךָ.	16 I will delight myself in Thy statutes; I will not forget Thy word. {P}
יז גְּמֹל עַל-עַבְדְּךָ אֶחְיֶה; וְאֶשְׁמְרָה דְבָרֶךָ.	17 GIMEL. Deal bountifully with Thy servant that I may live, and I will observe Thy word.
יח גַּל-עֵינַי וְאַבִּיטָה— נִפְלָאוֹת, מִתּוֹרָתֶךָ.	18 Open Thou mine eyes, that I may behold wondrous things out of Thy law.
יט גֵּר אָנֹכִי בָאָרֶץ; אַל-תַּסְתֵּר מִמֶּנִּי, מִצְוֺתֶיךָ.	19 I am a sojourner in the earth; hide not Thy commandments from me.
כ גָּרְסָה נַפְשִׁי לְתַאֲבָה— אֶל-מִשְׁפָּטֶיךָ בְכָל-עֵת.	20 My soul breaketh for the longing that it hath unto Thine ordinances at all times.
כא גָּעַרְתָּ, זֵדִים אֲרוּרִים— הַשֹּׁגִים, מִמִּצְוֺתֶיךָ.	21 Thou hast rebuked the proud that are cursed, that do err from Thy commandments.
כב גַּל מֵעָלַי, חֶרְפָּה וָבוּז: כִּי עֵדֹתֶיךָ נָצָרְתִּי.	22 Take away from me reproach and contempt; for I have kept Thy testimonies.
כג גַּם יָשְׁבוּ שָׂרִים, בִּי נִדְבָּרוּ— עַבְדְּךָ, יָשִׂיחַ בְּחֻקֶּיךָ.	23 Even though princes sit and talk against me, thy servant doth meditate in Thy statutes.
כד גַּם-עֵדֹתֶיךָ, שַׁעֲשֻׁעָי— אַנְשֵׁי עֲצָתִי.	24 Yea, Thy testimonies are my delight, they are my counsellors. {P}
כה דָּבְקָה לֶעָפָר נַפְשִׁי; חַיֵּנִי, כִּדְבָרֶךָ.	25 DALETH. My soul cleaveth unto the dust; quicken Thou me according to Thy word.
כו דְּרָכַי סִפַּרְתִּי, וַתַּעֲנֵנִי; לַמְּדֵנִי חֻקֶּיךָ.	26 I told of my ways, and Thou didst answer me; teach me Thy statutes.

כז דֶּרֶךְ־פִּקּוּדֶיךָ הֲבִינֵנִי; וְאָשִׂיחָה, בְּנִפְלְאוֹתֶיךָ.	27 Make me to understand the way of Thy precepts, that I may talk of Thy wondrous works.
כח דָּלְפָה נַפְשִׁי, מִתּוּגָה; קַיְּמֵנִי, כִּדְבָרֶךָ.	28 My soul melteth away for heaviness; sustain me according unto Thy word.
כט דֶּרֶךְ־שֶׁקֶר, הָסֵר מִמֶּנִּי; וְתוֹרָתְךָ חָנֵּנִי.	29 Remove from me the way of falsehood; and grant me Thy law graciously.
ל דֶּרֶךְ־אֱמוּנָה בָחָרְתִּי; מִשְׁפָּטֶיךָ שִׁוִּיתִי.	30 I have chosen the way of faithfulness; Thine ordinances have I set [before me].
לא דָּבַקְתִּי בְעֵדְוֺתֶיךָ; יְהוָה, אַל־תְּבִישֵׁנִי.	31 I cleave unto Thy testimonies; O LORD, put me not to shame.
לב דֶּרֶךְ־מִצְוֺתֶיךָ אָרוּץ: כִּי תַרְחִיב לִבִּי.	32 I will run the way of Thy commandments, for Thou dost enlarge my heart. {P}
לג הוֹרֵנִי יְהוָה, דֶּרֶךְ חֻקֶּיךָ; וְאֶצְּרֶנָּה עֵקֶב.	33 HE. Teach me, O LORD, the way of Thy statutes; and I will keep it at every step.
לד הֲבִינֵנִי, וְאֶצְּרָה תוֹרָתֶךָ; וְאֶשְׁמְרֶנָּה בְכָל־לֵב.	34 Give me understanding, that I keep Thy law and observe it with my whole heart.
לה הַדְרִיכֵנִי, בִּנְתִיב מִצְוֺתֶיךָ: כִּי־בוֹ חָפָצְתִּי.	35 Make me to tread in the path of Thy commandments; for therein do I delight.
לו הַט־לִבִּי, אֶל־עֵדְוֺתֶיךָ; וְאַל אֶל־בָּצַע.	36 Incline my heart unto Thy testimonies, and not to covetousness.
לז הַעֲבֵר עֵינַי, מֵרְאוֹת שָׁוְא; בִּדְרָכֶךָ חַיֵּנִי.	37 Turn away mine eyes from beholding vanity, and quicken me in Thy ways.
לח הָקֵם לְעַבְדְּךָ, אִמְרָתֶךָ— אֲשֶׁר, לְיִרְאָתֶךָ.	38 Confirm Thy word unto Thy servant, which pertaineth unto the fear of Thee.
לט הַעֲבֵר חֶרְפָּתִי, אֲשֶׁר יָגֹרְתִּי: כִּי	39 Turn away my reproach which I dread; for Thine ordinances are good.

מִשְׁפָּטֶיךָ טוֹבִים.

מ הִנֵּה, תָּאַבְתִּי לְפִקֻּדֶיךָ; בְּצִדְקָתְךָ חַיֵּנִי.	40 Behold, I have longed after Thy precepts; quicken me in Thy righteousness. {P}
מא וִיבֹאֻנִי חֲסָדֶךָ יְהוָה; תְּשׁוּעָתְךָ, כְּאִמְרָתֶךָ.	41 VAV. Let Thy mercies also come unto me, O LORD, even Thy salvation, according to Thy word;
מב וְאֶעֱנֶה חֹרְפִי דָבָר: כִּי-בָטַחְתִּי, בִּדְבָרֶךָ.	42 That I may have an answer for him that taunteth me; for I trust in Thy word.
מג וְאַל-תַּצֵּל מִפִּי דְבַר-אֱמֶת עַד-מְאֹד: כִּי לְמִשְׁפָּטֶךָ, יִחָלְתִּי.	43 And take not the word of truth utterly out of my mouth; for I hope in Thine ordinances;
מד וְאֶשְׁמְרָה תוֹרָתְךָ תָמִיד—לְעוֹלָם וָעֶד.	44 So shall I observe Thy law continually for ever and ever;
מה וְאֶתְהַלְּכָה בָרְחָבָה: כִּי פִקֻּדֶיךָ דָרָשְׁתִּי.	45 And I will walk at ease, for I have sought Thy precepts;
מו וַאֲדַבְּרָה בְעֵדֹתֶיךָ, נֶגֶד מְלָכִים; וְלֹא אֵבוֹשׁ.	46 I will also speak of Thy testimonies before kings, and will not be ashamed.
מז וְאֶשְׁתַּעֲשַׁע בְּמִצְוֹתֶיךָ, אֲשֶׁר אָהָבְתִּי.	47 And I will delight myself in Thy commandments, which I have loved.
מח וְאֶשָּׂא-כַפַּי—אֶל-מִצְוֹתֶיךָ, אֲשֶׁר אָהָבְתִּי; וְאָשִׂיחָה בְחֻקֶּיךָ.	48 I will lift up my hands also unto Thy commandments, which I have loved; and I will meditate in Thy statutes. {P}
מט זְכֹר-דָּבָר, לְעַבְדֶּךָ— עַל, אֲשֶׁר יִחַלְתָּנִי.	49 ZAIN. Remember the word unto Thy servant, because Thou hast made me to hope.
נ זֹאת נֶחָמָתִי בְעָנְיִי: כִּי אִמְרָתְךָ חִיָּתְנִי.	50 This is my comfort in my affliction, that Thy word hath quickened me.
נא זֵדִים, הֱלִיצֻנִי עַד-מְאֹד; מִתּוֹרָתְךָ, לֹא נָטִיתִי.	51 The proud have had me greatly in derision; yet have I not turned aside from

Thy law.

נב זָכַרְתִּי מִשְׁפָּטֶיךָ מֵעוֹלָם יהוה; וָאֶתְנֶחָם.

52 I have remembered Thine ordinances which are of old, O LORD, and have comforted myself.

נג זַלְעָפָה אֲחָזַתְנִי, מֵרְשָׁעִים— עֹזְבֵי, תּוֹרָתֶךָ.

53 Burning indignation hath taken hold upon me, because of the wicked that forsake Thy law.

נד זְמִרוֹת, הָיוּ-לִי חֻקֶּיךָ— בְּבֵית מְגוּרָי.

54 Thy statutes have been my songs in the house of my pilgrimage.

נה זָכַרְתִּי בַלַּיְלָה שִׁמְךָ יהוה; וָאֶשְׁמְרָה, תּוֹרָתֶךָ.

55 I have remembered Thy name, O LORD, in the night, and have observed Thy law.

נו זֹאת הָיְתָה-לִּי: כִּי פִקֻּדֶיךָ נָצָרְתִּי.

56 This I have had, that I have kept Thy precepts. {P}

נז חֶלְקִי יהוה אָמַרְתִּי— לִשְׁמֹר דְּבָרֶיךָ.

57 HETH. My portion is the LORD, I have said that I would observe Thy words.

נח חִלִּיתִי פָנֶיךָ בְכָל-לֵב; חָנֵּנִי, כְּאִמְרָתֶךָ.

58 I have entreated Thy favour with my whole heart; be gracious unto me according to Thy word.

נט חִשַּׁבְתִּי דְרָכָי; וָאָשִׁיבָה רַגְלַי, אֶל-עֵדֹתֶיךָ.

59 I considered my ways, and turned my feet unto Thy testimonies.

ס חַשְׁתִּי, וְלֹא הִתְמַהְמָהְתִּי— לִשְׁמֹר, מִצְוֺתֶיךָ.

60 I made haste, and delayed not, to observe Thy commandments.

סא חֶבְלֵי רְשָׁעִים עִוְּדֻנִי; תּוֹרָתְךָ, לֹא שָׁכָחְתִּי.

61 The bands of the wicked have enclosed me; but I have not forgotten Thy law.

סב חֲצוֹת-לַיְלָה—אָקוּם, לְהוֹדוֹת לָךְ: עַל, מִשְׁפְּטֵי צִדְקֶךָ.

62 At midnight I will rise to give thanks unto Thee because of Thy righteous ordinances.

סג חָבֵר אָנִי, לְכָל-אֲשֶׁר יְרֵאוּךָ; וּלְשֹׁמְרֵי, פִּקּוּדֶיךָ.

63 I am a companion of all them that fear Thee, and of them that observe Thy precepts.

סד חַסְדְּךָ יהוה, מָלְאָה הָאָרֶץ; חֻקֶּיךָ לַמְּדֵנִי.	64 The earth, O LORD, is full of Thy mercy; teach me Thy statutes. {P}
סה טוֹב, עָשִׂיתָ עִם-עַבְדְּךָ— יהוה, כִּדְבָרֶךָ.	65 TETH. Thou hast dealt well with Thy servant, O LORD, according unto Thy word.
סו טוּב טַעַם וָדַעַת לַמְּדֵנִי: כִּי בְמִצְוֹתֶיךָ הֶאֱמָנְתִּי.	66 Teach me good discernment and knowledge; for I have believed Thy commandments.
סז טֶרֶם אֶעֱנֶה, אֲנִי שֹׁגֵג; וְעַתָּה, אִמְרָתְךָ שָׁמָרְתִּי.	67 Before I was afflicted, I did err; but now I observe Thy word.
סח טוֹב-אַתָּה וּמֵטִיב; לַמְּדֵנִי חֻקֶּיךָ.	68 Thou art good, and doest good; teach me Thy statutes.
סט טָפְלוּ עָלַי שֶׁקֶר זֵדִים; אֲנִי, בְּכָל-לֵב אֶצֹּר פִּקּוּדֶיךָ.	69 The proud have forged a lie against me; but I with my whole heart will keep Thy precepts.
ע טָפַשׁ כַּחֵלֶב לִבָּם; אֲנִי, תּוֹרָתְךָ שִׁעֲשָׁעְתִּי.	70 Their heart is gross like fat; but I delight in Thy law.
עא טוֹב-לִי כִי-עֻנֵּיתִי— לְמַעַן, אֶלְמַד חֻקֶּיךָ.	71 It is good for me that I have been afflicted, in order that I might learn Thy statutes.
עב טוֹב-לִי תוֹרַת-פִּיךָ— מֵאַלְפֵי, זָהָב וָכָסֶף.	72 The law of Thy mouth is better unto me than thousands of gold and silver. {P}
עג יָדֶיךָ עָשׂוּנִי, וַיְכוֹנְנוּנִי; הֲבִינֵנִי, וְאֶלְמְדָה מִצְוֹתֶיךָ.	73 IOD. Thy hands have made me and fashioned me; give me understanding, that I may learn Thy commandments.
עד יְרֵאֶיךָ, יִרְאוּנִי וְיִשְׂמָחוּ: כִּי לִדְבָרְךָ יִחָלְתִּי.	74 They that fear Thee shall see me and be glad, because I have hope in Thy word.
עה יָדַעְתִּי יהוה, כִּי-צֶדֶק מִשְׁפָּטֶיךָ; וֶאֱמוּנָה, עִנִּיתָנִי.	75 I know, O LORD, that Thy judgments are righteous, and that in faithfulness Thou hast afflicted me.

עו יְהִי-נָא חַסְדְּךָ לְנַחֲמֵנִי— כְּאִמְרָתְךָ לְעַבְדֶּךָ.	76 Let, I pray Thee, Thy lovingkindness be ready to comfort me, according to Thy promise unto Thy servant.
עז יְבֹאוּנִי רַחֲמֶיךָ וְאֶחְיֶה: כִּי-תוֹרָתְךָ, שַׁעֲשֻׁעָי.	77 Let Thy tender mercies come unto me, that I may live; for Thy law is my delight.
עח יֵבֹשׁוּ זֵדִים, כִּי-שֶׁקֶר עִוְּתוּנִי; אֲנִי, אָשִׂיחַ בְּפִקּוּדֶיךָ.	78 Let the proud be put to shame, for they have distorted my cause with falsehood; but I will meditate in Thy precepts.
עט יָשׁוּבוּ לִי יְרֵאֶיךָ; וידעו (וְיֹדְעֵי), עֵדֹתֶיךָ.	79 Let those that fear Thee return unto me, and they that know Thy testimonies.
פ יְהִי-לִבִּי תָמִים בְּחֻקֶּיךָ— לְמַעַן, לֹא אֵבוֹשׁ.	80 Let my heart be undivided in Thy statutes, in order that I may not be put to shame. {P}
פא כָּלְתָה לִתְשׁוּעָתְךָ נַפְשִׁי; לִדְבָרְךָ יִחָלְתִּי.	81 CAPH. My soul pineth for Thy salvation; in Thy word do I hope.
פב כָּלוּ עֵינַי, לְאִמְרָתֶךָ— לֵאמֹר, מָתַי תְּנַחֲמֵנִי.	82 Mine eyes fail for Thy word, saying: 'When wilt Thou comfort me?'
פג כִּי-הָיִיתִי, כְּנֹאד בְּקִיטוֹר— חֻקֶּיךָ, לֹא שָׁכָחְתִּי.	83 For I am become like a wine-skin in the smoke; yet do I not forget Thy statutes.
פד כַּמָּה יְמֵי-עַבְדֶּךָ; מָתַי תַּעֲשֶׂה בְרֹדְפַי מִשְׁפָּט.	84 How many are the days of Thy servant? When wilt Thou execute judgment on them that persecute me?
פה כָּרוּ-לִי זֵדִים שִׁיחוֹת— אֲשֶׁר, לֹא כְתוֹרָתֶךָ.	85 The proud have digged pits for me, which is not according to Thy law.
פו כָּל-מִצְוֹתֶיךָ אֱמוּנָה; שֶׁקֶר רְדָפוּנִי עָזְרֵנִי.	86 All Thy commandments are faithful; they persecute me for nought; help Thou me.
פז כִּמְעַט, כִּלּוּנִי בָאָרֶץ; וַאֲנִי, לֹא-עָזַבְתִּי פִקֻּדֶיךָ.	87 They had almost consumed me upon earth; but as for me, I forsook not Thy precepts.

פח כְּחַסְדְּךָ חַיֵּנִי; וְאֶשְׁמְרָה, עֵדוּת פִּיךָ.	88 Quicken me after Thy lovingkindness, and I will observe the testimony of Thy mouth. {P}
פט לְעוֹלָם יְהוָה— דְּבָרְךָ, נִצָּב בַּשָּׁמָיִם.	89 LAMED. For ever, O LORD, Thy word standeth fast in heavens.
צ לְדֹר וָדֹר, אֱמוּנָתֶךָ; כּוֹנַנְתָּ אֶרֶץ, וַתַּעֲמֹד.	90 Thy faithfulness is unto all generations; Thou hast established the earth, and it standeth.
צא לְמִשְׁפָּטֶיךָ, עָמְדוּ הַיּוֹם: כִּי הַכֹּל עֲבָדֶיךָ.	91 They stand this day according to Thine ordinances; for all things are Thy servants.
צב לוּלֵי תוֹרָתְךָ, שַׁעֲשֻׁעָי— אָז, אָבַדְתִּי בְעָנְיִי.	92 Unless Thy law had been my delight, I should then have perished in mine affliction.
צג לְעוֹלָם, לֹא-אֶשְׁכַּח פִּקּוּדֶיךָ: כִּי בָם, חִיִּיתָנִי.	93 I will never forget Thy precepts; for with them Thou hast quickened me.
צד לְךָ-אֲנִי, הוֹשִׁיעֵנִי: כִּי פִקּוּדֶיךָ דָרָשְׁתִּי.	94 I am Thine, save me; for I have sought Thy precepts.
צה לִי קִוּוּ רְשָׁעִים לְאַבְּדֵנִי; עֵדֹתֶיךָ, אֶתְבּוֹנָן.	95 The wicked have waited for me to destroy me; but I will consider Thy testimonies.
צו לְכָל-תִּכְלָה, רָאִיתִי קֵץ; רְחָבָה מִצְוָתְךָ מְאֹד.	96 I have seen an end to every purpose; but Thy commandment is exceeding broad. {P}
צז מָה-אָהַבְתִּי תוֹרָתֶךָ: כָּל-הַיּוֹם, הִיא שִׂיחָתִי.	97 MEM. O how love I Thy law! It is my meditation all the day.
צח מֵאֹיְבַי, תְּחַכְּמֵנִי מִצְוֺתֶךָ: כִּי לְעוֹלָם הִיא-לִי.	98 Thy commandments make me wiser than mine enemies: for they are ever with me.
צט מִכָּל-מְלַמְּדַי הִשְׂכַּלְתִּי: כִּי עֵדְוֺתֶיךָ, שִׂיחָה לִי.	99 I have more understanding than all my teachers; for Thy testimonies are my meditation.

ק מִזְּקֵנִים אֶתְבּוֹנָן: כִּי פִקּוּדֶיךָ נָצָרְתִּי.	**100** I understand more than mine elders, because I have keep Thy precepts.
קא מִכָּל־אֹרַח רָע, כָּלִאתִי רַגְלָי— לְמַעַן, אֶשְׁמֹר דְּבָרֶךָ.	**101** I have refrained my feet from every evil way, in order that I might observe Thy word.
קב מִמִּשְׁפָּטֶיךָ לֹא־סָרְתִּי: כִּי־אַתָּה, הוֹרֵתָנִי.	**102** I have not turned aside from Thine ordinances; for Thou hast instructed me.
קג מַה־נִּמְלְצוּ לְחִכִּי, אִמְרָתֶךָ— מִדְּבַשׁ לְפִי.	**103** How sweet are Thy words unto my palate! yea, sweeter than honey to my mouth!
קד מִפִּקּוּדֶיךָ אֶתְבּוֹנָן; עַל כֵּן, שָׂנֵאתִי כָּל־אֹרַח שָׁקֶר.	**104** From Thy precepts I get understanding; therefore I hate every false way. {P}
קה נֵר־לְרַגְלִי דְבָרֶךָ; וְאוֹר, לִנְתִיבָתִי.	**105** NUN. Thy word is a lamp unto my feet, and a light unto my path.
קו נִשְׁבַּעְתִּי וָאֲקַיֵּמָה— לִשְׁמֹר, מִשְׁפְּטֵי צִדְקֶךָ.	**106** I have sworn, and have confirmed it, to observe Thy righteous ordinances.
קז נַעֲנֵיתִי עַד־מְאֹד; יהוה, חַיֵּנִי כִדְבָרֶךָ.	**107** I am afflicted very much; quicken me, O LORD, according unto Thy word.
קח נִדְבוֹת פִּי, רְצֵה־נָא יהוה; וּמִשְׁפָּטֶיךָ לַמְּדֵנִי.	**108** Accept, I beseech Thee, the freewill-offerings of my mouth, O LORD, and teach me Thine ordinances.
קט נַפְשִׁי בְכַפִּי תָמִיד; וְתוֹרָתְךָ, לֹא שָׁכָחְתִּי.	**109** My soul is continually in my hand; yet have I not forgotten Thy law.
קי נָתְנוּ רְשָׁעִים פַּח לִי; וּמִפִּקּוּדֶיךָ, לֹא תָעִיתִי.	**110** The wicked have laid a snare for me; yet went I not astray from Thy precepts.
קיא נָחַלְתִּי עֵדְוֺתֶיךָ לְעוֹלָם: כִּי־שְׂשׂוֹן לִבִּי הֵמָּה.	**111** Thy testimonies have I taken as a heritage for ever; for they are the rejoicing of my heart.
קיב נָטִיתִי לִבִּי, לַעֲשׂוֹת חֻקֶּיךָ—	**112** I have inclined my heart to perform

Thy statutes, for ever, at every step. {P}	לְעוֹלָם עֵקֶב.
113 SAMECH. I hate them that are of a double mind; but Thy law do I love.	**קיג** סֵעֲפִים שָׂנֵאתִי; וְתוֹרָתְךָ אָהָבְתִּי.
114 Thou art my covert and my shield; in Thy word do I hope.	**קיד** סִתְרִי וּמָגִנִּי אָתָּה; לִדְבָרְךָ יִחָלְתִּי.
115 Depart from me, ye evildoers; that I may keep the commandments of my God.	**קטו** סוּרוּ-מִמֶּנִּי מְרֵעִים; וְאֶצְּרָה, מִצְו‍ֹת אֱלֹהָי.
116 Uphold me according unto Thy word, that I may live; and put me not to shame in my hope.	**קטז** סָמְכֵנִי כְאִמְרָתְךָ וְאֶחְיֶה; וְאַל-תְּבִישֵׁנִי, מִשִּׂבְרִי.
117 Support Thou me, and I shall be saved; and I will occupy myself with Thy statutes continually.	**קיז** סְעָדֵנִי וְאִוָּשֵׁעָה; וְאֶשְׁעָה בְחֻקֶּיךָ תָמִיד.
118 Thou hast made light of all them that err from Thy statutes; for their deceit is vain.	**קיח** סָלִיתָ, כָּל-שׁוֹגִים מֵחֻקֶּיךָ: כִּי-שֶׁקֶר, תַּרְמִיתָם.
119 Thou puttest away all the wicked of the earth like dross; therefore I love Thy testimonies.	**קיט** סִגִים—הִשְׁבַּתָּ כָל-רִשְׁעֵי-אָרֶץ; לָכֵן, אָהַבְתִּי עֵדֹתֶיךָ.
120 My flesh shuddereth for fear of Thee; and I am afraid of Thy judgments. {P}	**קכ** סָמַר מִפַּחְדְּךָ בְשָׂרִי; וּמִמִּשְׁפָּטֶיךָ יָרֵאתִי.
121 AIN. I have done justice and righteousness; leave me not to mine oppressors.	**קכא** עָשִׂיתִי, מִשְׁפָּט וָצֶדֶק; בַּל-תַּנִּיחֵנִי, לְעֹשְׁקָי.
122 Be surety for Thy servant for good; let not the proud oppress me.	**קכב** עֲרֹב עַבְדְּךָ לְטוֹב; אַל-יַעַשְׁקֻנִי זֵדִים.
123 Mine eyes fail for Thy salvation, and for Thy righteous word.	**קכג** עֵינַי, כָּלוּ לִישׁוּעָתֶךָ; וּלְאִמְרַת צִדְקֶךָ.
124 Deal with Thy servant according unto Thy mercy, and teach me Thy statutes.	**קכד** עֲשֵׂה עִם-עַבְדְּךָ

כְּחַסְדֶּךָ; וְחֻקֶּיךָ לַמְּדֵנִי.

קכה עַבְדְּךָ־אָנִי הֲבִינֵנִי; וְאֵדְעָה, עֵדֹתֶיךָ.

125 I am Thy servant, give me understanding, that I may know Thy testimonies.

קכו עֵת, לַעֲשׂוֹת לַיהוָה־ הֵפֵרוּ, תּוֹרָתֶךָ.

126 It is time for the LORD to work; they have made void Thy law.

קכז עַל־כֵּן, אָהַבְתִּי מִצְוֹתֶיךָ־ מִזָּהָב וּמִפָּז.

127 Therefore I love Thy commandments above gold, yea, above fine gold.

קכח עַל־כֵּן, כָּל־פִּקּוּדֵי כֹל יִשָּׁרְתִּי; כָּל־אֹרַח שֶׁקֶר שָׂנֵאתִי.

128 Therefore I esteem all [Thy] precepts concerning all things to be right; every false way I hate. {P}

קכט פְּלָאוֹת עֵדְוֹתֶיךָ; עַל־כֵּן, נְצָרָתַם נַפְשִׁי.

129 PE. Thy testimonies are wonderful; therefore doth my soul keep them.

קל פֵּתַח דְּבָרֶיךָ יָאִיר; מֵבִין פְּתָיִים.

130 The opening of Thy words giveth light; it giveth understanding unto the simple.

קלא פִּי־פָעַרְתִּי, וָאֶשְׁאָפָה: כִּי לְמִצְוֹתֶיךָ יָאָבְתִּי.

131 I opened wide my mouth, and panted; for I longed for Thy commandments.

קלב פְּנֵה־אֵלַי וְחָנֵּנִי־ כְּמִשְׁפָּט, לְאֹהֲבֵי שְׁמֶךָ.

132 Turn Thee towards me, and be gracious unto me, as is Thy wont to do unto those that love Thy name.

קלג פְּעָמַי, הָכֵן בְּאִמְרָתֶךָ; וְאַל־תַּשְׁלֶט־בִּי כָל־אָוֶן.

133 Order my footsteps by Thy word; and let not any iniquity have dominion over me.

קלד פְּדֵנִי, מֵעֹשֶׁק אָדָם; וְאֶשְׁמְרָה, פִּקּוּדֶיךָ.

134 Redeem me from the oppression of man, and I will observe Thy precepts.

קלה פָּנֶיךָ, הָאֵר בְּעַבְדֶּךָ; וְלַמְּדֵנִי, אֶת־חֻקֶּיךָ.

135 Make Thy face to shine upon Thy servant; and teach me Thy statutes.

קלו פַּלְגֵי־מַיִם, יָרְדוּ עֵינָי־ עַל, לֹא־שָׁמְרוּ תוֹרָתֶךָ.

136 Mine eyes run down with rivers of water, because they observe not Thy law. {P}

קלז צַדִּיק אַתָּה יְהוָה; וְיָשָׁר, מִשְׁפָּטֶיךָ.	**137** TZADE. Righteous art Thou, O LORD, and upright are Thy judgments.
קלח צִוִּיתָ, צֶדֶק עֵדֹתֶיךָ; וֶאֱמוּנָה מְאֹד.	**138** Thou hast commanded Thy testimonies in righteousness and exceeding faithfulness.
קלט צִמְּתַתְנִי קִנְאָתִי: כִּי-שָׁכְחוּ דְבָרֶיךָ צָרָי.	**139** My zeal hath undone me, because mine adversaries have forgotten Thy words.
קמ צְרוּפָה אִמְרָתְךָ מְאֹד; וְעַבְדְּךָ אֲהֵבָהּ.	**140** Thy word is tried to the uttermost, and Thy servant loveth it.
קמא צָעִיר אָנֹכִי וְנִבְזֶה; פִּקֻּדֶיךָ, לֹא שָׁכָחְתִּי.	**141** I am small and despised; yet have I not forgotten Thy precepts.
קמב צִדְקָתְךָ צֶדֶק לְעוֹלָם; וְתוֹרָתְךָ אֱמֶת.	**142** Thy righteousness is an everlasting righteousness, and Thy law is the truth.
קמג צַר-וּמָצוֹק מְצָאוּנִי; מִצְוֹתֶיךָ, שַׁעֲשֻׁעָי.	**143** Trouble and anguish have overtaken me; yet Thy commandments are my delight.
קמד צֶדֶק עֵדְוֺתֶיךָ לְעוֹלָם; הֲבִינֵנִי וְאֶחְיֶה.	**144** Thy testimonies are righteous for ever; give me understanding, and I shall live. {P}
קמה קָרָאתִי בְכָל-לֵב, עֲנֵנִי יְהוָה; חֻקֶּיךָ אֶצֹּרָה.	**145** KOPH. I have called with my whole heart; answer me, O LORD; I will keep Thy statutes.
קמו קְרָאתִיךָ הוֹשִׁיעֵנִי; וְאֶשְׁמְרָה, עֵדֹתֶיךָ.	**146** I have called Thee, save me, and I will observe Thy testimonies.
קמז קִדַּמְתִּי בַנֶּשֶׁף, וָאֲשַׁוֵּעָה; לדבריך (לִדְבָרְךָ) יִחָלְתִּי.	**147** I rose early at dawn, and cried; I hoped in Thy word.
קמח קִדְּמוּ עֵינַי, אַשְׁמֻרוֹת— לָשִׂיחַ, בְּאִמְרָתֶךָ.	**148** Mine eyes forestalled the night-watches, that I might meditate in Thy word.
קמט קוֹלִי, שִׁמְעָה כְחַסְדֶּךָ; יְהוָה,	**149** Hear my voice according unto Thy lovingkindness; quicken me, O LORD, as

כְּמִשְׁפָּטֶךָ חַיֵּנִי. Thou art wont.

קנ קָרְבוּ, רֹדְפֵי זִמָּה;   מִתּוֹרָתְךָ רָחָקוּ. 150 They draw nigh that follow after wickedness; they are far from Thy law.

קנא קָרוֹב אַתָּה יְהוָה;   וְכָל-מִצְוֺתֶיךָ אֱמֶת. 151 Thou art nigh, O LORD; and all Thy commandments are truth.

קנב קֶדֶם יָדַעְתִּי, מֵעֵדֹתֶיךָ:   כִּי לְעוֹלָם יְסַדְתָּם. 152 Of old have I known from Thy testimonies that Thou hast founded them for ever. {P}

קנג רְאֵה-עָנְיִי וְחַלְּצֵנִי: כִּי-תוֹרָתְךָ, לֹא שָׁכָחְתִּי. 153 RESH. O see mine affliction, and rescue me; for I do not forget Thy law.

קנד רִיבָה רִיבִי, וּגְאָלֵנִי;   לְאִמְרָתְךָ חַיֵּנִי. 154 Plead Thou my cause, and redeem me; quicken me according to Thy word.

קנה רָחוֹק מֵרְשָׁעִים יְשׁוּעָה: כִּי חֻקֶּיךָ, לֹא דָרָשׁוּ. 155 Salvation is far from the wicked; for they seek not Thy statutes.

קנו רַחֲמֶיךָ רַבִּים יְהוָה;   כְּמִשְׁפָּטֶיךָ חַיֵּנִי. 156 Great are Thy compassions, O LORD; quicken me as Thou art wont.

קנז רַבִּים, רֹדְפַי וְצָרָי;   מֵעֵדְוֺתֶיךָ, לֹא נָטִיתִי. 157 Many are my persecutors and mine adversaries; yet have I not turned aside from Thy testimonies.

קנח רָאִיתִי בֹגְדִים, וָאֶתְקוֹטָטָה—   אֲשֶׁר אִמְרָתְךָ, לֹא שָׁמָרוּ. 158 I beheld them that were faithless, and strove with them; because they observed not Thy word.

קנט רְאֵה, כִּי-פִקּוּדֶיךָ אָהָבְתִּי;   יְהוָה, כְּחַסְדְּךָ חַיֵּנִי. 159 O see how I love Thy precepts; quicken me, O LORD, according to Thy lovingkindness.

קס רֹאשׁ-דְּבָרְךָ אֱמֶת;   וּלְעוֹלָם, כָּל-מִשְׁפַּט צִדְקֶךָ. 160 The beginning of Thy word is truth; and all Thy righteous ordinance endureth for ever. {P}

קסא שָׂרִים, רְדָפוּנִי חִנָּם;   ומדבריך (וּמִדְּבָרְךָ), פָּחַד 161 SHIN. Princes have persecuted me without a cause; but my heart standeth in

awe of Thy words.	לִבִּי.
162 I rejoice at Thy word, as one that findeth great spoil.	**קסב** שָׂשׂ אָנֹכִי, עַל-אִמְרָתֶךָ— כְּמוֹצֵא, שָׁלָל רָב.
163 I hate and abhor falsehood; Thy law do I love.	**קסג** שֶׁקֶר שָׂנֵאתִי, וַאֲתַעֵבָה; תּוֹרָתְךָ אָהָבְתִּי.
164 Seven times a day do I praise Thee, because of Thy righteous ordinances.	**קסד** שֶׁבַע בַּיּוֹם, הִלַּלְתִּיךָ— עַל, מִשְׁפְּטֵי צִדְקֶךָ.
165 Great peace have they that love Thy law; and there is no stumbling for them.	**קסה** שָׁלוֹם רָב, לְאֹהֲבֵי תוֹרָתֶךָ; וְאֵין-לָמוֹ מִכְשׁוֹל.
166 I have hoped for Thy salvation, O LORD, and have done Thy commandments.	**קסו** שִׂבַּרְתִּי לִישׁוּעָתְךָ יְהוָה; וּמִצְוֺתֶיךָ עָשִׂיתִי.
167 My soul hath observed Thy testimonies; and I love them exceedingly.	**קסז** שָׁמְרָה נַפְשִׁי, עֵדֹתֶיךָ; וָאֹהֲבֵם מְאֹד.
168 I have observed Thy precepts and Thy testimonies; for all my ways are before Thee. {P}	**קסח** שָׁמַרְתִּי פִקּוּדֶיךָ, וְעֵדֹתֶיךָ: כִּי כָל-דְּרָכַי נֶגְדֶּךָ.
169 TAU. Let my cry come near before Thee, O LORD; give me understanding according to Thy word.	**קסט** תִּקְרַב רִנָּתִי לְפָנֶיךָ יְהוָה; כִּדְבָרְךָ הֲבִינֵנִי.
170 Let my supplication come before Thee; deliver me according to Thy word.	**קע** תָּבוֹא תְּחִנָּתִי לְפָנֶיךָ; כְּאִמְרָתְךָ, הַצִּילֵנִי.
171 Let my lips utter praise: because Thou teachest me Thy statutes.	**קעא** תַּבַּעְנָה שְׂפָתַי תְּהִלָּה: כִּי תְלַמְּדֵנִי חֻקֶּיךָ.
172 Let my tongue sing of Thy word; for all Thy commandments are righteousness.	**קעב** תַּעַן לְשׁוֹנִי, אִמְרָתֶךָ: כִּי כָל-מִצְוֺתֶיךָ צֶּדֶק.
173 Let Thy hand be ready to help me; for I have chosen Thy precepts.	**קעג** תְּהִי-יָדְךָ לְעָזְרֵנִי: כִּי פִקּוּדֶיךָ בָחָרְתִּי.

קעד תָּאַבְתִּי לִישׁוּעָתְךָ יהוה; וְתוֹרָתְךָ, שַׁעֲשֻׁעָי.

174 I have longed for Thy salvation, O LORD; and Thy law is my delight.

קעה תְּחִי-נַפְשִׁי, וּתְהַלְלֶךָּ; וּמִשְׁפָּטֶךָ יַעֲזְרֻנִי.

175 Let my soul live, and it shall praise Thee; and let Thine ordinances help me.

קעו תָּעִיתִי-- כְּשֶׂה אֹבֵד, בַּקֵּשׁ עַבְדֶּךָ: כִּי מִצְוֹתֶיךָ, לֹא שָׁכָחְתִּי.

176 I have gone astray like a lost sheep; seek Thy servant; {N}
for I have not forgotten Thy commandments. {P}

Chapter 120

א שִׁיר, הַמַּעֲלוֹת: אֶל-יְהוָה, בַּצָּרָתָה לִּי-- קָרָאתִי, וַיַּעֲנֵנִי.

1 A Song of Ascents. {N}
In my distress I called unto the LORD, and He answered me.

ב יְהוָה--הַצִּילָה נַפְשִׁי, מִשְּׂפַת-שֶׁקֶר: מִלָּשׁוֹן רְמִיָּה.

2 O LORD, deliver my soul from lying lips, from a deceitful tongue.

ג מַה-יִּתֵּן לְךָ, וּמַה-יֹּסִיף לָךְ-- לָשׁוֹן רְמִיָּה.

3 What shall be given unto thee, and what shall be done more unto thee, thou deceitful tongue?

ד חִצֵּי גִבּוֹר שְׁנוּנִים; עִם, גַּחֲלֵי רְתָמִים.

4 Sharp arrows of the mighty, with coals of broom.

ה אוֹיָה-לִי, כִּי-גַרְתִּי מֶשֶׁךְ; שָׁכַנְתִּי, עִם-אָהֳלֵי קֵדָר.

5 Woe is me, that I sojourn with Meshech, that I dwell beside the tents of Kedar!

ו רַבַּת, שָׁכְנָה-לָּהּ נַפְשִׁי-- עִם, שׂוֹנֵא שָׁלוֹם.

6 My soul hath full long had her dwelling with him that hateth peace.

ז אֲנִי-שָׁלוֹם, וְכִי אֲדַבֵּר; הֵמָּה, לַמִּלְחָמָה.

7 I am all peace; but when I speak, they are for war. {P}

Chapter 121

1 A Song of Ascents. {N}
I will lift up mine eyes unto the mountains: from whence shall my help come?
א שִׁיר, לַמַּעֲלוֹת:
אֶשָּׂא עֵינַי, אֶל-הֶהָרִים—   מֵאַיִן, יָבֹא עֶזְרִי.

2 My help cometh from the LORD, who made heavens and earth.
ב עֶזְרִי, מֵעִם יְהוָה—   עֹשֵׂה, שָׁמַיִם וָאָרֶץ.

3 He will not suffer thy foot to be moved; He that keepeth thee will not slumber.
ג אַל-יִתֵּן לַמּוֹט רַגְלֶךָ;   אַל-יָנוּם, שֹׁמְרֶךָ.

4 Behold, He that keepeth Israel doth neither slumber nor sleep.
ד הִנֵּה לֹא-יָנוּם, וְלֹא יִישָׁן—   שׁוֹמֵר, יִשְׂרָאֵל.

5 The LORD is thy keeper; the LORD is thy shade upon thy right hand.
ה יְהוָה שֹׁמְרֶךָ;   יְהוָה צִלְּךָ, עַל-יַד יְמִינֶךָ.

6 The sun shall not smite thee by day, nor the moon by night.
ו יוֹמָם, הַשֶּׁמֶשׁ לֹא-יַכֶּכָּה;   וְיָרֵחַ בַּלָּיְלָה.

7 The LORD shall keep thee from all evil; He shall keep thy soul.
ז יְהוָה, יִשְׁמָרְךָ מִכָּל-רָע: יִשְׁמֹר, אֶת-נַפְשֶׁךָ.

8 The LORD shall guard thy going out and thy coming in, from this time forth and for ever. {P}
ח יְהוָה, יִשְׁמָר-צֵאתְךָ וּבוֹאֶךָ—   מֵעַתָּה, וְעַד-עוֹלָם.

Chapter 122

1 A Song of Ascents; of David. {N}
I rejoiced when they said unto me: 'Let us go unto the house of the LORD.'
א שִׁיר הַמַּעֲלוֹת, לְדָוִד:
שָׂמַחְתִּי, בְּאֹמְרִים לִי—   בֵּית יְהוָה נֵלֵךְ.

2 Our feet are standing within thy gates, O Jerusalem;
ב עֹמְדוֹת, הָיוּ רַגְלֵינוּ—   בִּשְׁעָרַיִךְ, יְרוּשָׁלִָם.

3 Jerusalem, that art builded as a city that is compact together;
ג יְרוּשָׁלִַם הַבְּנוּיָה—   כְּעִיר, שֶׁחֻבְּרָה-לָּהּ יַחְדָּו.

ד שָׁשָּׁם עָלוּ שְׁבָטִים, שִׁבְטֵי־יָהּ— עֵדוּת לְיִשְׂרָאֵל: לְהֹדוֹת, לְשֵׁם יְהוָה.

4 Whither the tribes went up, even the tribes of the LORD, as a testimony unto Israel, to give thanks unto the name of the LORD.

ה כִּי שָׁמָּה, יָשְׁבוּ כִסְאוֹת לְמִשְׁפָּט: כִּסְאוֹת, לְבֵית דָּוִד.

5 For there were set thrones for judgment, the thrones of the house of David.

ו שַׁאֲלוּ, שְׁלוֹם יְרוּשָׁלִָם;   יִשְׁלָיוּ, אֹהֲבָיִךְ.

6 Pray for the peace of Jerusalem; may they prosper that love thee.

ז יְהִי־שָׁלוֹם בְּחֵילֵךְ;   שַׁלְוָה, בְּאַרְמְנוֹתָיִךְ.

7 Peace be within thy walls, and prosperity within thy palaces.

ח לְמַעַן, אַחַי וְרֵעָי—   אֲדַבְּרָה־נָּא שָׁלוֹם בָּךְ.

8 For my brethren and companions' sakes, I will now say: 'Peace be within thee.'

ט לְמַעַן, בֵּית־יְהוָה אֱלֹהֵינוּ—   אֲבַקְשָׁה טוֹב לָךְ.

9 For the sake of the house of the LORD our God I will seek thy good. {P}

Chapter 123

א שִׁיר, הַמַּעֲלוֹת:
אֵלֶיךָ, נָשָׂאתִי אֶת־עֵינַי—   הַיֹּשְׁבִי, בַּשָּׁמָיִם.

1 A Song of Ascents. {N}
Unto Thee I lift up mine eyes, O Thou that art enthroned in the heavens.

ב הִנֵּה כְעֵינֵי עֲבָדִים,   אֶל־יַד אֲדוֹנֵיהֶם—
כְּעֵינֵי שִׁפְחָה,   אֶל־יַד גְּבִרְתָּהּ:
כֵּן עֵינֵינוּ, אֶל־יְהוָה אֱלֹהֵינוּ—   עַד, שֶׁיְּחָנֵּנוּ.

2 Behold, as the eyes of servants unto the hand of their master, {N}
as the eyes of a maiden unto the hand of her mistress; {N}
so our eyes look unto the LORD our God, until He be gracious unto us.

ג חָנֵּנוּ יְהוָה חָנֵּנוּ:   כִּי־רַב, שָׂבַעְנוּ בוּז.

3 Be gracious unto us, O LORD, be gracious unto us; for we are full sated with contempt.

ד רַבַּת,   שָׂבְעָה־לָּהּ נַפְשֵׁנוּ:
הַלַּעַג הַשַּׁאֲנַנִּים;   הַבּוּז, לִגְאֵיוֹנִים.

4 Our soul is full sated {N}
with the scorning of those that are at ease,

(לִגְאֵי יוֹנִים). and with the contempt of the proud oppressors. {P}

Chapter 124

א שִׁיר הַמַּעֲלוֹת, לְדָוִד:
לוּלֵי יְהוָה, שֶׁהָיָה לָנוּ—   יֹאמַר-נָא, יִשְׂרָאֵל.

1 A Song of Ascents; of David. {N}
'If it had not been the LORD who was for us', let Israel now say;

ב לוּלֵי יְהוָה, שֶׁהָיָה לָנוּ—   בְּקוּם עָלֵינוּ אָדָם.

2 'If it had not been the LORD who was for us, when men rose up against us,

ג אֲזַי, חַיִּים בְּלָעוּנוּ—   בַּחֲרוֹת אַפָּם בָּנוּ.

3 Then they had swallowed us up alive, when their wrath was kindled against us;

ד אֲזַי, הַמַּיִם שְׁטָפוּנוּ—   נַחְלָה, עָבַר עַל-נַפְשֵׁנוּ.

4 Then the waters had overwhelmed us, the stream had gone over our soul;

ה אֲזַי, עָבַר עַל-נַפְשֵׁנוּ—   הַמַּיִם, הַזֵּידוֹנִים.

5 Then the proud waters had gone over our soul.'

ו בָּרוּךְ יְהוָה—   שֶׁלֹּא נְתָנָנוּ טֶרֶף, לְשִׁנֵּיהֶם.

6 Blessed be the LORD, who hath not given us as a prey to their teeth.

ז נַפְשֵׁנוּ—   כְּצִפּוֹר נִמְלְטָה, מִפַּח יוֹקְשִׁים:
הַפַּח נִשְׁבָּר,   וַאֲנַחְנוּ נִמְלָטְנוּ.

7 Our soul is escaped as a bird out of the snare of the fowlers; {N}
the snare is broken, and we are escaped.

ח עֶזְרֵנוּ, בְּשֵׁם יְהוָה—   עֹשֵׂה, שָׁמַיִם וָאָרֶץ.

8 Our help is in the name of the LORD, who made heavens and earth. {P}

Chapter 125

א שִׁיר, הַמַּעֲלוֹת:
הַבֹּטְחִים בַּיהוָה—   כְּהַר-צִיּוֹן לֹא-יִמּוֹט, לְעוֹלָם יֵשֵׁב.

1 A Song of Ascents. {N}
They that trust in the LORD are as mount Zion, which cannot be moved, but abideth for ever.

ב יְרוּשָׁלִַם—   הָרִים, סָבִיב לָהּ:
וַיהוָה, סָבִיב לְעַמּוֹ—   מֵעַתָּה, וְעַד-עוֹלָם.

2 As the mountains are round about Jerusalem, {N}
so the LORD is round about His people, from this time forth and for ever.

ג כִּי לֹא יָנוּחַ, שֵׁבֶט הָרֶשַׁע—   עַל, גּוֹרַל הַצַּדִּיקִים:
לְמַעַן, לֹא-יִשְׁלְחוּ הַצַּדִּיקִים בְּעַוְלָתָה   יְדֵיהֶם.

3 For the rod of wickedness shall not rest upon the lot of the righteous; {N}
that the righteous put not forth their hands unto iniquity.

ד הֵיטִיבָה יהוה, לַטּוֹבִים;   וְלִישָׁרִים, בְּלִבּוֹתָם.

4 Do good, O LORD, unto the good, and to them that are upright in their hearts.

ה וְהַמַּטִּים עֲקַלְקַלּוֹתָם—   יוֹלִיכֵם יְהוָה, אֶת-פֹּעֲלֵי הָאָוֶן:
שָׁלוֹם,   עַל-יִשְׂרָאֵל.

5 But as for such as turn aside unto their crooked ways, the LORD will lead them away with the workers of iniquity. {N}
Peace be upon Israel. {P}

Chapter 126

א שִׁיר, הַמַּעֲלוֹת:
בְּשׁוּב יְהוָה, אֶת-שִׁיבַת צִיּוֹן—   הָיִינוּ, כְּחֹלְמִים.

1 A Song of Ascents. {N}
When the LORD brought back those that returned to Zion, we were like unto them that dream.

ב אָז יִמָּלֵא שְׂחוֹק פִּינוּ—   וּלְשׁוֹנֵנוּ רִנָּה:
אָז, יֹאמְרוּ בַגּוֹיִם—   הִגְדִּיל יְהוָה, לַעֲשׂוֹת עִם-אֵלֶּה.

2 Then was our mouth filled with laughter, and our tongue with singing; {N}
then said they among the nations: 'The LORD hath done great things with these.'

ג הִגְדִּיל יְהוָה, לַעֲשׂוֹת עִמָּנוּ—   הָיִינוּ שְׂמֵחִים.

3 The LORD hath done great things with us; we are rejoiced.

ד שׁוּבָה יְהוָה, אֶת-שבותנו (שְׁבִיתֵנוּ)—   כַּאֲפִיקִים בַּנֶּגֶב.

4 Turn our captivity, O LORD, as the streams in the dry land.

ה הַזֹּרְעִים בְּדִמְעָה—   בְּרִנָּה יִקְצֹרוּ.

5 They that sow in tears shall reap in joy.

ו הָלוֹךְ יֵלֵךְ, וּבָכֹה—   נֹשֵׂא מֶשֶׁךְ-

6 Though he goeth on his way weeping that beareth the measure of seed, {N} he shall come home with joy, bearing his sheaves. {P}

בֹּא-יָבֹא בְרִנָּה— נֹשֵׂא, אֲלֻמֹּתָיו. הַזָּרַע:

Chapter 127

1 A Song of Ascents; of Solomon. {N}
Except the LORD build the house, they labour in vain that build it; {N}
except the LORD keep the city, the watchman waketh but in vain.

א שִׁיר הַמַּעֲלוֹת, לִשְׁלֹמֹה: אִם-יְהוָה, לֹא-יִבְנֶה בַיִת— שָׁוְא עָמְלוּ בוֹנָיו בּוֹ; אִם-יְהוָה לֹא-יִשְׁמָר-עִיר, שָׁוְא שָׁקַד שׁוֹמֵר.

2 It is vain for you that ye rise early, and sit up late, {N}
ye that eat the bread of toil; {N}
so He giveth unto His beloved in sleep.

ב שָׁוְא לָכֶם מַשְׁכִּימֵי קוּם, מְאַחֲרֵי-שֶׁבֶת— אֹכְלֵי, לֶחֶם הָעֲצָבִים; כֵּן יִתֵּן לִידִידוֹ שֵׁנָא.

3 Lo, children are a heritage of the LORD; the fruit of the womb is a reward.

ג הִנֵּה נַחֲלַת יְהוָה בָּנִים: שָׂכָר, פְּרִי הַבָּטֶן.

4 As arrows in the hand of a mighty man, so are the children of one's youth.

ד כְּחִצִּים בְּיַד-גִּבּוֹר— כֵּן, בְּנֵי הַנְּעוּרִים.

5 Happy is the man that hath his quiver full of them; {N}
they shall not be put to shame, when they speak with their enemies in the gate. {P}

ה אַשְׁרֵי הַגֶּבֶר— אֲשֶׁר מִלֵּא אֶת-אַשְׁפָּתוֹ, מֵהֶם: לֹא-יֵבֹשׁוּ— כִּי-יְדַבְּרוּ אֶת-אוֹיְבִים בַּשָּׁעַר.

Chapter 128

1 A Song of Ascents. {N}
Happy is every one that feareth the LORD, that walketh in His ways.

א שִׁיר, הַמַּעֲלוֹת: אַשְׁרֵי, כָּל-יְרֵא יְהוָה— הַהֹלֵךְ, בִּדְרָכָיו.

2 When thou eatest the labour of thy hands, happy shalt thou be, and it shall be well with thee.

ב יְגִיעַ כַּפֶּיךָ, כִּי תֹאכֵל; אַשְׁרֶיךָ, וְטוֹב לָךְ.

3 Thy wife shall be as a fruitful vine, in the innermost parts of thy house; {N}
thy children like olive plants, round about thy table.

ג אֶשְׁתְּךָ, כְּגֶפֶן פֹּרִיָּה— בְּיַרְכְּתֵי בֵיתֶךָ:
בָּנֶיךָ, כִּשְׁתִלֵי זֵיתִים— סָבִיב, לְשֻׁלְחָנֶךָ.

4 Behold, surely thus shall the man be blessed that feareth the LORD.

ד הִנֵּה כִי-כֵן, יְבֹרַךְ גָּבֶר— יְרֵא יְהוָה.

5 The LORD bless thee out of Zion; and see thou the good of Jerusalem all the days of thy life;

ה יְבָרֶכְךָ יְהוָה, מִצִּיּוֹן: וּרְאֵה, בְּטוּב יְרוּשָׁלִָם—כֹּל, יְמֵי חַיֶּיךָ.

6 And see thy children's children. Peace be upon Israel! {P}

ו וּרְאֵה-בָנִים לְבָנֶיךָ: שָׁלוֹם, עַל-יִשְׂרָאֵל.

Chapter 129

1 A Song of Ascents. {N}
'Much have they afflicted me from my youth up', let Israel now say;

א שִׁיר, הַמַּעֲלוֹת:
רַבַּת, צְרָרוּנִי מִנְּעוּרַי— יֹאמַר-נָא, יִשְׂרָאֵל.

2 'Much have they afflicted me from my youth up; but they have not prevailed against me.

ב רַבַּת, צְרָרוּנִי מִנְּעוּרָי; גַּם, לֹא-יָכְלוּ לִי.

3 The plowers plowed upon my back; they made long their furrows.

ג עַל-גַּבִּי, חָרְשׁוּ חֹרְשִׁים; הֶאֱרִיכוּ, למענותם (לְמַעֲנִיתָם).

4 The LORD is righteous; He hath cut asunder the cords of the wicked.'

ד יְהוָה צַדִּיק; קִצֵּץ, עֲבוֹת רְשָׁעִים.

5 Let them be ashamed and turned backward, all they that hate Zion.

ה יֵבֹשׁוּ, וְיִסֹּגוּ אָחוֹר— כֹּל, שֹׂנְאֵי צִיּוֹן.

6 Let them be as the grass upon the housetops, which withereth afore it springeth up;

ו יִהְיוּ, כַּחֲצִיר גַּגּוֹת— שֶׁקַּדְמַת שָׁלַף יָבֵשׁ.

7 Wherewith the reaper filleth not his hand, nor he that bindeth sheaves his bosom.

ז שֶׁלֹּא מִלֵּא כַפּוֹ קוֹצֵר; וְחִצְנוֹ

מַעֲמָר.

ח וְלֹא אָמְרוּ, הָעֹבְרִים— בִּרְכַּת-יהוה אֲלֵיכֶם; בֵּרַכְנוּ אֶתְכֶם, בְּשֵׁם יהוה.

8 Neither do they that go by say: 'The blessing of the LORD be upon you; {N} we bless you in the name of the LORD.' {P}

Chapter 130

א שִׁיר הַמַּעֲלוֹת: מִמַּעֲמַקִּים קְרָאתִיךָ יהוה.

1 A Song of Ascents. {N}
Out of the depths have I called Thee, O LORD.

ב אֲדֹנָי, שִׁמְעָה בְקוֹלִי: תִּהְיֶינָה אָזְנֶיךָ, קַשֻּׁבוֹת— לְקוֹל, תַּחֲנוּנָי.

2 Lord, hearken unto my voice; {N}
let Thine ears be attentive to the voice of my supplications.

ג אִם-עֲו‍ֹנוֹת תִּשְׁמָר-יָהּ— אֲדֹנָי, מִי יַעֲמֹד.

3 If Thou, LORD, shouldest mark iniquities, O Lord, who could stand?

ד כִּי-עִמְּךָ הַסְּלִיחָה— לְמַעַן, תִּוָּרֵא.

4 For with Thee there is forgiveness, that Thou mayest be feared.

ה קִוִּיתִי יהוה, קִוְּתָה נַפְשִׁי; וְלִדְבָרוֹ הוֹחָלְתִּי.

5 I wait for the LORD, my soul doth wait, and in His word do I hope.

ו נַפְשִׁי לַאדֹנָי— מִשֹּׁמְרִים לַבֹּקֶר, שֹׁמְרִים לַבֹּקֶר.

6 My soul waiteth for the Lord, more than watchmen for the morning; yea, more than watchmen for the morning.

ז יַחֵל יִשְׂרָאֵל, אֶל-יהוה: כִּי-עִם-יהוה הַחֶסֶד; וְהַרְבֵּה עִמּוֹ פְדוּת.

7 O Israel, hope in the LORD; for with the LORD there is mercy, and with Him is plenteous redemption.

ח וְהוּא, יִפְדֶּה אֶת-יִשְׂרָאֵל— מִכֹּל, עֲו‍ֹנֹתָיו.

8 And He will redeem Israel from all his iniquities. {P}

Chapter 131

א שִׁיר הַמַּעֲלוֹת, לְדָוִד:

1 A Song of Ascents; of David. {N}
LORD, my heart is not haughty, nor mine

יְהוָה, לֹא־גָבַהּ לִבִּי—   וְלֹא־רָמוּ עֵינַי;
וְלֹא־הִלַּכְתִּי,   בִּגְדֹלוֹת וּבְנִפְלָאוֹת מִמֶּנִּי.

eyes lofty; {N}
neither do I exercise myself in things too great, or in things too wonderful for me.

ב אִם־לֹא שִׁוִּיתִי, וְדוֹמַמְתִּי—   נַפְשִׁי:
כְּגָמֻל, עֲלֵי אִמּוֹ;   כַּגָּמֻל עָלַי נַפְשִׁי.

2 Surely I have stilled and quieted my soul; {N}
like a weaned child with his mother; my soul is with me like a weaned child.

ג יַחֵל יִשְׂרָאֵל, אֶל־יְהוָה—   מֵעַתָּה, וְעַד־עוֹלָם.

3 O Israel, hope in the LORD from this time forth and for ever. {P}

Chapter 132

א שִׁיר, הַמַּעֲלוֹת:
זְכוֹר־יְהוָה לְדָוִד—   אֵת, כָּל־עֻנּוֹתוֹ.

1 A Song of Ascents. {N}
LORD, remember unto David all his affliction;

ב אֲשֶׁר נִשְׁבַּע, לַיהוָה;   נָדַר, לַאֲבִיר יַעֲקֹב.

2 How he swore unto the LORD, and vowed unto the Mighty One of Jacob:

ג אִם־אָבֹא, בְּאֹהֶל בֵּיתִי;   אִם־אֶעֱלֶה, עַל־עֶרֶשׂ יְצוּעָי.

3 'surely I will not come into the tent of my house, nor go up into the bed that is spread for me;

ד אִם אֶתֵּן שְׁנַת לְעֵינָי;   לְעַפְעַפַּי תְּנוּמָה.

4 I will not give sleep to mine eyes, nor slumber to mine eyelids;

ה עַד־אֶמְצָא מָקוֹם, לַיהוָה;   מִשְׁכָּנוֹת, לַאֲבִיר יַעֲקֹב.

5 Until I find out a place for the LORD, a dwelling-place for the Mighty One of Jacob.'

ו הִנֵּה־שְׁמַעֲנוּהָ בְאֶפְרָתָה;   מְצָאנוּהָ, בִּשְׂדֵי־יָעַר.

6 Lo, we heard of it as being in Ephrath; we found it in the field of the wood.

ז נָבוֹאָה לְמִשְׁכְּנוֹתָיו;   נִשְׁתַּחֲוֶה, לַהֲדֹם רַגְלָיו.

7 Let us go into His dwelling-place; let us worship at His footstool.

ח קוּמָה יְהוָה, לִמְנוּחָתֶךָ:   אַתָּה,

8 Arise, O LORD, unto Thy resting-place; Thou, and the ark of Thy strength.

וַאֲרוֹן עֻזֶּךָ.

ט כֹּהֲנֶיךָ יִלְבְּשׁוּ־צֶדֶק; וַחֲסִידֶיךָ יְרַנֵּנוּ.
9 Let Thy priests be clothed with righteousness; and let Thy saints shout for joy.

י בַּעֲבוּר, דָּוִד עַבְדֶּךָ— אַל־תָּשֵׁב, פְּנֵי מְשִׁיחֶךָ.
10 For Thy servant David's sake turn not away the face of Thine anointed.

יא נִשְׁבַּע־יְהוָה, לְדָוִד אֱמֶת— לֹא־יָשׁוּב מִמֶּנָּה: מִפְּרִי בִטְנְךָ— אָשִׁית, לְכִסֵּא־לָךְ.
11 The LORD swore unto David in truth; He will not turn back from it: {N}
'Of the fruit of thy body will I set upon thy throne.

יב אִם־יִשְׁמְרוּ בָנֶיךָ, בְּרִיתִי— וְעֵדֹתִי זוֹ, אֲלַמְּדֵם: גַּם־בְּנֵיהֶם עֲדֵי־עַד— יֵשְׁבוּ, לְכִסֵּא־לָךְ.
12 If thy children keep My covenant and My testimony that I shall teach them, {N} their children also for ever shall sit upon thy throne.'

יג כִּי־בָחַר יְהוָה בְּצִיּוֹן; אִוָּהּ, לְמוֹשָׁב לוֹ.
13 For the LORD hath chosen Zion; He hath desired it for His habitation:

יד זֹאת־מְנוּחָתִי עֲדֵי־עַד: פֹּה־אֵשֵׁב, כִּי אִוִּתִיהָ.
14 'This is My resting-place for ever; here will I dwell; for I have desired it.

טו צֵידָהּ, בָּרֵךְ אֲבָרֵךְ; אֶבְיוֹנֶיהָ, אַשְׂבִּיעַ לָחֶם.
15 I will abundantly bless her provision; I will give her needy bread in plenty.

טז וְכֹהֲנֶיהָ, אַלְבִּישׁ יֶשַׁע; וַחֲסִידֶיהָ, רַנֵּן יְרַנֵּנוּ.
16 Her priests also will I clothe with salvation; and her saints shall shout aloud for joy.

יז שָׁם אַצְמִיחַ קֶרֶן לְדָוִד; עָרַכְתִּי נֵר, לִמְשִׁיחִי.
17 There will I make a horn to shoot up unto David, there have I ordered a lamp for Mine anointed.

יח אוֹיְבָיו, אַלְבִּישׁ בֹּשֶׁת; וְעָלָיו, יָצִיץ נִזְרוֹ.
18 His enemies will I clothe with shame; but upon himself shall his crown shine.' {P}

Chapter 133

א שִׁיר הַמַּעֲלוֹת, לְדָוִד:
הִנֵּה מַה-טּוֹב, וּמַה-נָּעִים— שֶׁבֶת אַחִים גַּם-יָחַד.

ב כַּשֶּׁמֶן הַטּוֹב, עַל-הָרֹאשׁ— יֹרֵד, עַל-הַזָּקָן זְקַן-אַהֲרֹן: שֶׁיֹּרֵד, עַל-פִּי מִדּוֹתָיו.

ג כְּטַל-חֶרְמוֹן— שֶׁיֹּרֵד, עַל-הַרְרֵי צִיּוֹן:
כִּי שָׁם צִוָּה יְהוָה, אֶת-הַבְּרָכָה— חַיִּים, עַד-הָעוֹלָם.

1 A Song of Ascents; of David. {N}
Behold, how good and how pleasant it is for brethren to dwell together in unity!

2 It is like the precious oil upon the head, {N}
coming down upon the beard; even Aaron's beard, {N}
that cometh down upon the collar of his garments;

3 Like the dew of Hermon, that cometh down upon the mountains of Zion; {N}
for there the LORD commanded the blessing, {N}
even life for ever. {P}

Chapter 134

א שִׁיר, הַמַּעֲלוֹת:
הִנֵּה בָּרְכוּ אֶת-יְהוָה, כָּל-עַבְדֵי יְהוָה—
הָעֹמְדִים בְּבֵית-יְהוָה, בַּלֵּילוֹת.

ב שְׂאוּ-יְדֵכֶם קֹדֶשׁ; וּבָרְכוּ, אֶת-יְהוָה.

ג יְבָרֶכְךָ יְהוָה, מִצִּיּוֹן: עֹשֵׂה, שָׁמַיִם וָאָרֶץ.

1 A Song of Ascents. {N}
Behold, bless ye the LORD, all ye servants of the LORD, {N}
that stand in the house of the LORD in the night seasons.

2 Lift up your hands to the sanctuary, and bless ye the LORD.

3 The LORD bless thee out of Zion; even He that made heavens and earth. {P}

Chapter 135

א הַלְלוּ-יָהּ:
הַלְלוּ, אֶת-שֵׁם יְהוָה; הַלְלוּ, עַבְדֵי יְהוָה.

ב שֶׁעֹמְדִים, בְּבֵית יְהוָה— בְּחַצְרוֹת, בֵּית אֱלֹהֵינוּ.

1 Hallelujah. {N}
Praise ye the name of the LORD; give praise, O ye servants of the LORD,

2 Ye that stand in the house of the LORD, in the courts of the house of our God.

ג הַלְלוּ-יָהּ, כִּי-טוֹב יְהוָה; זַמְּרוּ לִשְׁמוֹ, כִּי נָעִים.	3 Praise ye the LORD, for the LORD is good; sing praises unto His name, for it is pleasant.
ד כִּי-יַעֲקֹב, בָּחַר לוֹ יָהּ; יִשְׂרָאֵל, לִסְגֻלָּתוֹ.	4 For the LORD hath chosen Jacob unto Himself, and Israel for His own treasure.
ה כִּי אֲנִי יָדַעְתִּי, כִּי-גָדוֹל יְהוָה; וַאֲדֹנֵינוּ, מִכָּל-אֱלֹהִים.	5 For I know that the LORD is great, and that our Lord is above all gods.
ו כֹּל אֲשֶׁר-חָפֵץ יְהוָה, עָשָׂה: בַּשָּׁמַיִם וּבָאָרֶץ— בַּיַּמִּים, וְכָל-תְּהֹמוֹת.	6 Whatsoever the LORD pleased, that hath He done, {N} in heavens and in earth, in the seas and in all deeps;
ז מַעֲלֶה נְשִׂאִים, מִקְצֵה הָאָרֶץ: בְּרָקִים לַמָּטָר עָשָׂה; מוֹצֵא-רוּחַ, מֵאוֹצְרוֹתָיו.	7 Who causeth the vapours to ascend from the ends of the earth; {N} He maketh lightnings for the rain; He bringeth forth the wind out of His treasuries.
ח שֶׁהִכָּה, בְּכוֹרֵי מִצְרָיִם— מֵאָדָם, עַד-בְּהֵמָה.	8 Who smote the first-born of Egypt, both of man and beast.
ט שָׁלַח, אוֹתֹת וּמֹפְתִים—בְּתוֹכֵכִי מִצְרָיִם: בְּפַרְעֹה, וּבְכָל-עֲבָדָיו.	9 He sent signs and wonders into the midst of thee, O Egypt, upon Pharaoh, and upon all his servants.
י שֶׁהִכָּה, גּוֹיִם רַבִּים; וְהָרַג, מְלָכִים עֲצוּמִים.	10 Who smote many nations, and slew mighty kings:
יא לְסִיחוֹן, מֶלֶךְ הָאֱמֹרִי, וּלְעוֹג, מֶלֶךְ הַבָּשָׁן; וּלְכֹל, מַמְלְכוֹת כְּנָעַן.	11 Sihon king of the Amorites, and Og king of Bashan, and all the kingdoms of Canaan;
יב וְנָתַן אַרְצָם נַחֲלָה— נַחֲלָה, לְיִשְׂרָאֵל עַמּוֹ.	12 And gave their land for a heritage, a heritage unto Israel His people.
יג יְהוָה, שִׁמְךָ לְעוֹלָם; יְהוָה, זִכְרְךָ לְדֹר-וָדֹר.	13 O LORD, Thy name endureth for ever; thy memorial, O LORD, throughout all generations.
יד כִּי-יָדִין יְהוָה עַמּוֹ; וְעַל-עֲבָדָיו, יִתְנֶחָם.	14 For the LORD will judge His people, and repent Himself for His servants.

טו עֲצַבֵּי הַגּוֹיִם, כֶּסֶף וְזָהָב;   מַעֲשֵׂה, יְדֵי אָדָם.

טז פֶּה-לָהֶם, וְלֹא יְדַבֵּרוּ;   עֵינַיִם לָהֶם, וְלֹא יִרְאוּ.

יז אָזְנַיִם לָהֶם, וְלֹא יַאֲזִינוּ;   אַף, אֵין-יֶשׁ-רוּחַ בְּפִיהֶם.

יח כְּמוֹהֶם, יִהְיוּ עֹשֵׂיהֶם—   כֹּל אֲשֶׁר-בֹּטֵחַ בָּהֶם.

יט בֵּית יִשְׂרָאֵל, בָּרְכוּ אֶת-יְהוָה;   בֵּית אַהֲרֹן, בָּרְכוּ אֶת-יְהוָה.

כ בֵּית הַלֵּוִי, בָּרְכוּ אֶת-יְהוָה;   יִרְאֵי יְהוָה, בָּרְכוּ אֶת-יְהוָה.

כא בָּרוּךְ יְהוָה, מִצִּיּוֹן—   שֹׁכֵן יְרוּשָׁלִָם: הַלְלוּ-יָהּ.

15 The idols of the nations are silver and gold, the work of men's hands.

16 They have mouths, but they speak not; eyes have they, but they see not;

17 They have ears, but they hear not; neither is there any breath in their mouths.

18 They that make them shall be like unto them; yea, every one that trusteth in them.

19 O house of Israel, bless ye the LORD; O house of Aaron, bless ye the LORD;

20 O house of Levi, bless ye the LORD; ye that fear the LORD, bless ye the LORD.

21 Blessed be the LORD out of Zion, who dwelleth at Jerusalem. Hallelujah. {P}

Chapter 136

א הוֹדוּ לַיהוָה כִּי-טוֹב: כִּי לְעוֹלָם חַסְדּוֹ.

ב הוֹדוּ, לֵאלֹהֵי הָאֱלֹהִים: כִּי לְעוֹלָם חַסְדּוֹ.

ג הוֹדוּ, לַאֲדֹנֵי הָאֲדֹנִים: כִּי לְעוֹלָם חַסְדּוֹ.

ד לְעֹשֵׂה נִפְלָאוֹת גְּדֹלוֹת לְבַדּוֹ:   כִּי לְעוֹלָם חַסְדּוֹ.

ה לְעֹשֵׂה הַשָּׁמַיִם, בִּתְבוּנָה: כִּי לְעוֹלָם חַסְדּוֹ.

ו לְרֹקַע הָאָרֶץ, עַל-הַמָּיִם: כִּי

1 O give thanks unto the LORD, for He is good, for His mercy endureth for ever.

2 O give thanks unto the God of gods, for His mercy endureth for ever.

3 O give thanks unto the Lord of lords, for His mercy endureth for ever.

4 To Him who alone doeth great wonders, for His mercy endureth for ever.

5 To Him that by understanding made the heavens, for His mercy endureth for ever.

6 To Him that spread forth the earth above

the waters, for His mercy endureth for ever. לְעוֹלָם חַסְדּוֹ.

7 To Him that made great lights, for His mercy endureth for ever; **ז** לְעֹשֵׂה, אוֹרִים גְּדֹלִים: כִּי לְעוֹלָם חַסְדּוֹ.

8 The sun to rule by day, for His mercy endureth for ever; **ח** אֶת-הַשֶּׁמֶשׁ, לְמֶמְשֶׁלֶת בַּיּוֹם: כִּי לְעוֹלָם חַסְדּוֹ.

9 The moon and stars to rule by night, for His mercy endureth for ever. **ט** אֶת-הַיָּרֵחַ וְכוֹכָבִים, לְמֶמְשְׁלוֹת בַּלָּיְלָה: כִּי לְעוֹלָם חַסְדּוֹ.

10 To Him that smote Egypt in their first-born, for His mercy endureth for ever; **י** לְמַכֵּה מִצְרַיִם, בִּבְכוֹרֵיהֶם: כִּי לְעוֹלָם חַסְדּוֹ.

11 And brought out Israel from among them, for His mercy endureth for ever; **יא** וַיּוֹצֵא יִשְׂרָאֵל, מִתּוֹכָם: כִּי לְעוֹלָם חַסְדּוֹ.

12 With a strong hand, and with an outstretched arm, for His mercy endureth for ever. **יב** בְּיָד חֲזָקָה, וּבִזְרוֹעַ נְטוּיָה: כִּי לְעוֹלָם חַסְדּוֹ.

13 To Him who divided the Red Sea in sunder, for His mercy endureth for ever; **יג** לְגֹזֵר יַם-סוּף, לִגְזָרִים: כִּי לְעוֹלָם חַסְדּוֹ.

14 And made Israel to pass through the midst of it, for His mercy endureth for ever; **יד** וְהֶעֱבִיר יִשְׂרָאֵל בְּתוֹכוֹ: כִּי לְעוֹלָם חַסְדּוֹ.

15 But overthrew Pharaoh and his host in the Red Sea, for His mercy endureth for ever. **טו** וְנִעֵר פַּרְעֹה וְחֵילוֹ בְיַם-סוּף: כִּי לְעוֹלָם חַסְדּוֹ.

16 To Him that led His people through the wilderness, for His mercy endureth for ever. **טז** לְמוֹלִיךְ עַמּוֹ, בַּמִּדְבָּר: כִּי לְעוֹלָם חַסְדּוֹ.

17 To Him that smote great kings; for His mercy endureth for ever; **יז** לְמַכֵּה, מְלָכִים גְּדֹלִים: כִּי לְעוֹלָם חַסְדּוֹ.

18 And slew mighty kings, for His mercy endureth for ever. **יח** וַיַּהֲרֹג, מְלָכִים אַדִּירִים: כִּי לְעוֹלָם חַסְדּוֹ.

19 Sihon king of the Amorites, for His mercy endureth for ever; **יט** לְסִיחוֹן, מֶלֶךְ הָאֱמֹרִי: כִּי לְעוֹלָם חַסְדּוֹ.

כ וּלְעוֹג, מֶלֶךְ הַבָּשָׁן: כִּי לְעוֹלָם חַסְדּוֹ.	20 And Og king of Bashan, for His mercy endureth for ever;
כא וְנָתַן אַרְצָם לְנַחֲלָה: כִּי לְעוֹלָם חַסְדּוֹ.	21 And gave their land for a heritage, for His mercy endureth for ever;
כב נַחֲלָה, לְיִשְׂרָאֵל עַבְדּוֹ: כִּי לְעוֹלָם חַסְדּוֹ.	22 Even a heritage unto Israel His servant, for His mercy endureth for ever.
כג שֶׁבְּשִׁפְלֵנוּ, זָכַר לָנוּ: כִּי לְעוֹלָם חַסְדּוֹ.	23 Who remembered us in our low estate, for His mercy endureth for ever;
כד וַיִּפְרְקֵנוּ מִצָּרֵינוּ: כִּי לְעוֹלָם חַסְדּוֹ.	24 And hath delivered us from our adversaries, for His mercy endureth for ever.
כה נֹתֵן לֶחֶם, לְכָל-בָּשָׂר: כִּי לְעוֹלָם חַסְדּוֹ.	25 Who giveth food to all flesh, for His mercy endureth for ever.
כו הוֹדוּ, לְאֵל הַשָּׁמָיִם: כִּי לְעוֹלָם חַסְדּוֹ.	26 O give thanks unto the God of heavens, for His mercy endureth for ever. {P}

Chapter 137

א עַל נַהֲרוֹת, בָּבֶל–שָׁם יָשַׁבְנוּ, גַּם-בָּכִינוּ: בְּזָכְרֵנוּ, אֶת-צִיּוֹן.	1 By the rivers of Babylon, there we sat down, yea, we wept, when we remembered Zion.
ב עַל-עֲרָבִים בְּתוֹכָהּ– תָּלִינוּ, כִּנֹּרוֹתֵינוּ.	2 Upon the willows in the midst thereof we hanged up our harps.
ג כִּי שָׁם שְׁאֵלוּנוּ שׁוֹבֵינוּ, דִּבְרֵי-שִׁיר–וְתוֹלָלֵינוּ שִׂמְחָה: שִׁירוּ לָנוּ, מִשִּׁיר צִיּוֹן.	3 For there they that led us captive asked of us words of song, and our tormentors asked of us mirth: {N} 'sing us one of the songs of Zion.'
ד אֵיךְ–נָשִׁיר אֶת-שִׁיר-יְהוָה: עַל, אַדְמַת נֵכָר.	4 How shall we sing the LORD'S song in a foreign land?
ה אִם-אֶשְׁכָּחֵךְ יְרוּשָׁלִָם– תִּשְׁכַּח יְמִינִי.	5 If I forget thee, O Jerusalem, let my right hand forget her cunning.

ו תִּדְבַּק-לְשׁוֹנִי, לְחִכִּי— אִם-לֹא אֶזְכְּרֵכִי: אִם-לֹא אַעֲלֶה, אֶת-יְרוּשָׁלִַם— עַל, רֹאשׁ שִׂמְחָתִי.	6 Let my tongue cleave to the roof of my mouth, if I remember thee not; {N} if I set not Jerusalem above my chiefest joy.
ז זְכֹר יְהוָה, לִבְנֵי אֱדוֹם— אֵת, יוֹם יְרוּשָׁלִָם: הָאֹמְרִים, עָרוּ עָרוּ— עַד, הַיְסוֹד בָּהּ.	7 Remember, O LORD, against the children of Edom the day of Jerusalem; {N} who said: 'Rase it, rase it, even to the foundation thereof.'
ח בַּת-בָּבֶל, הַשְּׁדוּדָה: אַשְׁרֵי שֶׁיְשַׁלֶּם-לָךְ— אֶת-גְּמוּלֵךְ, שֶׁגָּמַלְתְּ לָנוּ.	8 O daughter of Babylon, that art to be destroyed; {N} happy shall he be, that repayeth thee as thou hast served us.
ט אַשְׁרֵי, שֶׁיֹּאחֵז וְנִפֵּץ אֶת-עֹלָלַיִךְ— אֶל-הַסָּלַע.	9 Happy shall he be, that taketh and dasheth thy little ones against the rock. {P}

Chapter 138

א לְדָוִד: אוֹדְךָ בְכָל-לִבִּי; נֶגֶד אֱלֹהִים אֲזַמְּרֶךָּ.	1 [A Psalm] of David. I will give Thee thanks with my whole heart, in the presence of the mighty will I sing praises unto Thee.
ב אֶשְׁתַּחֲוֶה אֶל-הֵיכַל קָדְשְׁךָ, וְאוֹדֶה אֶת-שְׁמֶךָ— עַל-חַסְדְּךָ וְעַל-אֲמִתֶּךָ: כִּי-הִגְדַּלְתָּ עַל-כָּל-שִׁמְךָ, אִמְרָתֶךָ.	2 I will bow down toward Thy holy temple, and give thanks unto Thy name {N} for Thy mercy and for Thy truth; {N} for Thou hast magnified Thy word above all Thy name.
ג בְּיוֹם קָרָאתִי, וַתַּעֲנֵנִי; תַּרְהִבֵנִי בְנַפְשִׁי עֹז.	3 In the day that I called, Thou didst answer me; Thou didst encourage me in my soul with strength.
ד יוֹדוּךָ יְהוָה, כָּל-מַלְכֵי-אָרֶץ: כִּי שָׁמְעוּ, אִמְרֵי-פִיךָ.	4 All the kings of the earth shall give Thee thanks, O LORD, for they have heard the words of Thy mouth.
ה וְיָשִׁירוּ, בְּדַרְכֵי יְהוָה: כִּי-גָדוֹל, כְּבוֹד יְהוָה.	5 Yea, they shall sing of the ways of the LORD; for great is the glory of the LORD.

ו כִּי-רָם יְהוָה, וְשָׁפָל יִרְאֶה; וְגָבֹהַּ, מִמֶּרְחָק יְיֵדָע.	6 For though the LORD be high, yet regardeth He the lowly, and the haughty He knoweth from afar.
ז אִם-אֵלֵךְ, בְּקֶרֶב צָרָה— תְּחַיֵּנִי: עַל אַף אֹיְבַי, תִּשְׁלַח יָדֶךָ; וְתוֹשִׁיעֵנִי יְמִינֶךָ.	7 Though I walk in the midst of trouble, Thou quickenest me; {N} Thou stretchest forth Thy hand against the wrath of mine enemies, and Thy right hand doth save me.
ח יְהוָה, יִגְמֹר בַּעֲדִי: יְהוָה, חַסְדְּךָ לְעוֹלָם; מַעֲשֵׂי יָדֶיךָ אַל-תֶּרֶף.	8 The LORD will accomplish that which concerneth me; Thy mercy, O LORD, endureth for ever; forsake not the work of Thine own hands. {P}

Chapter 139

א לַמְנַצֵּחַ, לְדָוִד מִזְמוֹר: יְהוָה חֲקַרְתַּנִי, וַתֵּדָע.	1 For the Leader. A Psalm of David. {N} O LORD, Thou hast searched me, and known me.
ב אַתָּה יָדַעְתָּ, שִׁבְתִּי וְקוּמִי; בַּנְתָּה לְרֵעִי, מֵרָחוֹק.	2 Thou knowest my downsitting and mine uprising, Thou understandest my thought afar off.
ג אָרְחִי וְרִבְעִי זֵרִיתָ; וְכָל-דְּרָכַי הִסְכַּנְתָּה.	3 Thou measurest my going about and my lying down, and art acquainted with all my ways.
ד כִּי אֵין מִלָּה, בִּלְשׁוֹנִי; הֵן יְהוָה, יָדַעְתָּ כֻלָּהּ.	4 For there is not a word in my tongue, but, lo, O LORD, Thou knowest it altogether.
ה אָחוֹר וָקֶדֶם צַרְתָּנִי; וַתָּשֶׁת עָלַי כַּפֶּכָה.	5 Thou hast hemmed me in behind and before, and laid Thy hand upon me.
ו פלאיה (פְּלִיאָה) דַעַת מִמֶּנִּי; נִשְׂגְּבָה, לֹא-אוּכַל לָהּ.	6 Such knowledge is too wonderful for me; too high, I cannot attain unto it.
ז אָנָה, אֵלֵךְ מֵרוּחֶךָ; וְאָנָה, מִפָּנֶיךָ אֶבְרָח.	7 Whither shall I go from Thy spirit? or whither shall I flee from Thy presence?
ח אִם אֶסַּק שָׁמַיִם, שָׁם	8 If I ascend up into heavens, Thou art there; if I make my bed in the nether-world,

אַתָּה; וְאַצִּיעָה שְּׁאוֹל הִנֶּךָּ.	behold, Thou art there.
ט אֶשָּׂא כַנְפֵי-שָׁחַר; אֶשְׁכְּנָה, בְּאַחֲרִית יָם.	9 If I take the wings of the morning, and dwell in the uttermost parts of the sea;
י גַּם-שָׁם, יָדְךָ תַנְחֵנִי; וְתֹאחֲזֵנִי יְמִינֶךָ.	10 Even there would Thy hand lead me, and Thy right hand would hold me.
יא וָאֹמַר, אַךְ-חֹשֶׁךְ יְשׁוּפֵנִי; וְלַיְלָה, אוֹר בַּעֲדֵנִי.	11 And if I say: 'surely the darkness shall envelop me, and the light about me shall be night';
יב גַּם-חֹשֶׁךְ, לֹא-יַחְשִׁיךְ מִמֶּךָּ: וְלַיְלָה, כַּיּוֹם יָאִיר— כַּחֲשֵׁיכָה, כָּאוֹרָה.	12 Even the darkness is not too dark for Thee, {N} but the night shineth as the day; the darkness is even as the light.
יג כִּי-אַתָּה, קָנִיתָ כִלְיֹתָי; תְּסֻכֵּנִי, בְּבֶטֶן אִמִּי.	13 For Thou hast made my reins; Thou hast knit me together in my mother's womb.
יד אוֹדְךָ— עַל כִּי נוֹרָאוֹת, נִפְלֵיתִי: נִפְלָאִים מַעֲשֶׂיךָ; וְנַפְשִׁי, יֹדַעַת מְאֹד.	14 I will give thanks unto Thee, for I am fearfully and wonderfully made; {N} wonderful are Thy works; and that my soul knoweth right well.
טו לֹא-נִכְחַד עָצְמִי, מִמֶּךָּ: אֲשֶׁר-עֻשֵּׂיתִי בַסֵּתֶר; רֻקַּמְתִּי, בְּתַחְתִּיּוֹת אָרֶץ.	15 My frame was not hidden from Thee, {N} when I was made in secret, and curiously wrought in the lowest parts of the earth.
טז גָּלְמִי, רָאוּ עֵינֶיךָ, וְעַל-סִפְרְךָ, כֻּלָּם יִכָּתֵבוּ: יָמִים יֻצָּרוּ; ולא (וְלוֹ) אֶחָד בָּהֶם.	16 Thine eyes did see mine unformed substance, and in Thy book they were all written– {N} even the days that were fashioned, when as yet there was none of them.
יז וְלִי—מַה-יָּקְרוּ רֵעֶיךָ אֵל; מֶה עָצְמוּ, רָאשֵׁיהֶם.	17 How weighty also are Thy thoughts unto me, O God! How great is the sum of them!
יח אֶסְפְּרֵם, מֵחוֹל יִרְבּוּן; הֱקִיצֹתִי, וְעוֹדִי עִמָּךְ.	18 If I would count them, they are more in number than the sand; were I to come to the end of them, I would still be with Thee.

יט אִם-תִּקְטֹל אֱלוֹהַּ רָשָׁע; וְאַנְשֵׁי דָמִים, סוּרוּ מֶנִּי.	19 If Thou but wouldest slay the wicked, O God–depart from me therefore, ye men of blood;
כ אֲשֶׁר יֹמְרוּךָ, לִמְזִמָּה; נָשׂוּא לַשָּׁוְא עָרֶיךָ.	20 Who utter Thy name with wicked thought, they take it for falsehood, even Thine enemies–
כא הֲלוֹא-מְשַׂנְאֶיךָ יְהוָה אֶשְׂנָא; וּבִתְקוֹמְמֶיךָ, אֶתְקוֹטָט.	21 Do not I hate them, O LORD, that hate Thee? And do not I strive with those that rise up against Thee?
כב תַּכְלִית שִׂנְאָה שְׂנֵאתִים; לְאוֹיְבִים, הָיוּ לִי.	22 I hate them with utmost hatred; I count them mine enemies.
כג חָקְרֵנִי אֵל, וְדַע לְבָבִי; בְּחָנֵנִי, וְדַע שַׂרְעַפָּי.	23 Search me, O God, and know my heart, try me, and know my thoughts;
כד וּרְאֵה, אִם-דֶּרֶךְ-עֹצֶב בִּי; וּנְחֵנִי, בְּדֶרֶךְ עוֹלָם.	24 And see if there be any way in me that is grievous, and lead me in the way everlasting. {P}

Chapter 140

א לַמְנַצֵּחַ, מִזְמוֹר לְדָוִד.	1 For the Leader. A Psalm of David.
ב חַלְּצֵנִי יְהוָה, מֵאָדָם רָע; מֵאִישׁ חֲמָסִים תִּנְצְרֵנִי.	2 Deliver me, O LORD, from the evil man; preserve me from the violent man;
ג אֲשֶׁר חָשְׁבוּ רָעוֹת בְּלֵב; כָּל-יוֹם, יָגוּרוּ מִלְחָמוֹת.	3 Who devise evil things in their heart; every day do they stir up wars.
ד שָׁנְנוּ לְשׁוֹנָם, כְּמוֹ-נָחָשׁ: חֲמַת עַכְשׁוּב–תַּחַת שְׂפָתֵימוֹ סֶלָה.	4 They have sharpened their tongue like a serpent; vipers' venom is under their lips. Selah
ה שָׁמְרֵנִי יְהוָה, מִידֵי רָשָׁע– מֵאִישׁ חֲמָסִים תִּנְצְרֵנִי: אֲשֶׁר חָשְׁבוּ, לִדְחוֹת פְּעָמָי.	5 Keep me, O LORD, from the hands of the wicked; preserve me from the violent man; {N} who have purposed to make my steps slip.
ו טָמְנוּ גֵאִים, פַּח לִי– וַחֲבָלִים, פָּרְשׂוּ רֶשֶׁת לְיַד-מַעְגָּל;	6 The proud have hid a snare for me, and cords; they have spread a net by the

wayside; {N} they have set gins for me. Selah	מֹקְשִׁים שָׁתוּ־לִי סֶלָה.
7 I have said unto the LORD: 'Thou art my God'; give ear, O LORD, unto the voice of my supplications.	ז אָמַרְתִּי לַיהוָה, אֵלִי אָתָּה; הַאֲזִינָה יְהוָה, קוֹל תַּחֲנוּנָי.
8 O GOD the Lord, the strength of my salvation, who hast screened my head in the day of battle,	ח יְהוִה אֲדֹנָי, עֹז יְשׁוּעָתִי; סַכֹּתָה לְרֹאשִׁי, בְּיוֹם נָשֶׁק.
9 Grant not, O LORD, the desires of the wicked; further not his evil device, so that they exalt themselves. Selah	ט אַל־תִּתֵּן יְהוָה, מַאֲוַיֵּי רָשָׁע; זְמָמוֹ אַל־תָּפֵק, יָרוּמוּ סֶלָה.
10 As for the head of those that compass me about, let the mischief of their own lips cover them.	י רֹאשׁ מְסִבָּי— עֲמַל שְׂפָתֵימוֹ יכסומו (יְכַסֵּימוֹ).
11 Let burning coals fall upon them; let them be cast into the fire, into deep pits, that they rise not up again.	יא ימיטו (יִמּוֹטוּ) עֲלֵיהֶם, גֶּחָלִים: בָּאֵשׁ יַפִּלֵם; בְּמַהֲמֹרוֹת, בַּל־יָקוּמוּ.
12 A slanderer shall not be established in the earth; the violent and evil man shall be hunted with thrust upon thrust.	יב אִישׁ לָשׁוֹן, בַּל־יִכּוֹן בָּאָרֶץ: אִישׁ־חָמָס רָע—יְצוּדֶנּוּ, לְמַדְחֵפֹת.
13 I know that the LORD will maintain the cause of the poor, and the right of the needy.	יג ידעת (יָדַעְתִּי)—כִּי־יַעֲשֶׂה יְהוָה, דִּין עָנִי: מִשְׁפַּט, אֶבְיֹנִים.
14 Surely the righteous shall give thanks unto Thy name; the upright shall dwell in Thy presence. {P}	יד אַךְ צַדִּיקִים, יוֹדוּ לִשְׁמֶךָ; יֵשְׁבוּ יְשָׁרִים, אֶת־פָּנֶיךָ.

Chapter 141

1 A Psalm of David. {N} LORD, I have called Thee; make haste unto me; give ear unto my voice, when I call unto Thee.	א מִזְמוֹר, לְדָוִד: יְהוָה קְרָאתִיךָ, חוּשָׁה לִי; הַאֲזִינָה קוֹלִי, בְּקָרְאִי־לָךְ.
2 Let my prayer be set forth as incense	ב תִּכּוֹן תְּפִלָּתִי קְטֹרֶת

before Thee, the lifting up of my hands as the evening sacrifice.

ג שִׁיתָה יהוה, שָׁמְרָה לְפִי; נִצְרָה, עַל-דַּל שְׂפָתָי.

3 Set a guard, O LORD, to my mouth; keep watch at the door of my lips.

ד אַל-תַּט-לִבִּי לְדָבָר רָע, לְהִתְעוֹלֵל עֲלִלוֹת בְּרֶשַׁע—אֶת-אִישִׁים פֹּעֲלֵי-אָוֶן; וּבַל-אֶלְחַם, בְּמַנְעַמֵּיהֶם.

4 Incline not my heart to any evil thing, {N}
to be occupied in deeds of wickedness {N}
with men that work iniquity; {N}
and let me not eat of their dainties.

ה יֶהֶלְמֵנִי צַדִּיק חֶסֶד, וְיוֹכִיחֵנִי—שֶׁמֶן רֹאשׁ, אַל-יָנִי רֹאשִׁי: כִּי-עוֹד וּתְפִלָּתִי, בְּרָעוֹתֵיהֶם.

5 Let the righteous smite me in kindness, and correct me; {N}
oil so choice let not my head refuse; {N}
for still is my prayer because of their wickedness.

ו נִשְׁמְטוּ בִידֵי-סֶלַע, שֹׁפְטֵיהֶם; וְשָׁמְעוּ אֲמָרַי, כִּי נָעֵמוּ.

6 Their judges are thrown down by the sides of the rock; and they shall hear my words, that they are sweet.

ז כְּמוֹ פֹלֵחַ וּבֹקֵעַ בָּאָרֶץ— נִפְזְרוּ עֲצָמֵינוּ, לְפִי שְׁאוֹל.

7 As when one cleaveth and breaketh up the earth, our bones are scattered at the grave's mouth.

ח כִּי אֵלֶיךָ, יהוה אֲדֹנָי עֵינָי; בְּכָה חָסִיתִי, אַל-תְּעַר נַפְשִׁי.

8 For mine eyes are unto Thee, O GOD the Lord; in Thee have I taken refuge, O pour not out my soul.

ט שָׁמְרֵנִי—מִידֵי פַח, יָקְשׁוּ לִי; וּמֹקְשׁוֹת, פֹּעֲלֵי אָוֶן.

9 Keep me from the snare which they have laid for me, and from the gins of the workers of iniquity.

י יִפְּלוּ בְמַכְמֹרָיו רְשָׁעִים; יַחַד אָנֹכִי, עַד-אֶעֱבוֹר.

10 Let the wicked fall into their own nets, whilst I withal escape. {P}

Chapter 142

א מַשְׂכִּיל לְדָוִד; בִּהְיוֹתוֹ בַמְּעָרָה תְפִלָּה.

1 Maschil of David, {N}
when he was in the cave; a Prayer.

ב קוֹלִי, אֶל-יהוה אֶזְעָק; קוֹלִי,

2 With my voice I cry unto the LORD; with

my voice I make supplication unto the LORD. אֶל-יְהוָה אֶתְחַנָּן.

3 I pour out my complaint before Him, I declare before Him my trouble; ג אֶשְׁפֹּךְ לְפָנָיו שִׂיחִי; צָרָתִי, לְפָנָיו אַגִּיד.

4 When my spirit fainteth within me–Thou knowest my path– {N}
in the way wherein I walk have they hidden a snare for me.
ד בְּהִתְעַטֵּף עָלַי, רוּחִי— וְאַתָּה, יָדַעְתָּ נְתִיבָתִי:
בְּאֹרַח-זוּ אֲהַלֵּךְ— טָמְנוּ פַח לִי.

5 Look on my right hand, and see, for there is no man that knoweth me; {N}
I have no way to flee; no man careth for my soul.
ה הַבֵּיט יָמִין, וּרְאֵה— וְאֵין-לִי מַכִּיר:
אָבַד מָנוֹס מִמֶּנִּי; אֵין דּוֹרֵשׁ לְנַפְשִׁי.

6 I have cried unto Thee, O LORD; {N}
I have said: 'Thou art my refuge, my portion in the land of the living.'
ו זָעַקְתִּי אֵלֶיךָ, יְהוָה:
אָמַרְתִּי, אַתָּה מַחְסִי; חֶלְקִי, בְּאֶרֶץ הַחַיִּים.

7 Attend unto my cry; for I am brought very low; {N}
deliver me from my persecutors; for they are too strong for me.
ז הַקְשִׁיבָה, אֶל-רִנָּתִי— כִּי-דַלּוֹתִי מְאֹד:
הַצִּילֵנִי מֵרֹדְפַי— כִּי אָמְצוּ מִמֶּנִּי.

8 Bring my soul out of prison, that I may give thanks unto Thy name; {N}
the righteous shall crown themselves because of me; for Thou wilt deal bountifully with me. {P}
ח הוֹצִיאָה מִמַּסְגֵּר, נַפְשִׁי— לְהוֹדוֹת אֶת-שְׁמֶךָ:
בִּי, יַכְתִּרוּ צַדִּיקִים— כִּי תִגְמֹל עָלָי.

Chapter 143

1 A Psalm of David. {N}
O LORD, hear my prayer, give ear to my supplications; {N}
in Thy faithfulness answer me, and in Thy righteousness.
א מִזְמוֹר, לְדָוִד:
יְהוָה, שְׁמַע תְּפִלָּתִי— הַאֲזִינָה אֶל-תַּחֲנוּנַי;
בֶּאֱמֻנָתְךָ עֲנֵנִי, בְּצִדְקָתֶךָ.

2 And enter not into judgment with Thy servant; {N}
for in Thy sight shall no man living be
ב וְאַל-תָּבוֹא בְמִשְׁפָּט, אֶת-עַבְדֶּךָ:
כִּי לֹא-יִצְדַּק לְפָנֶיךָ כָל-חָי.

justified.

3 For the enemy hath persecuted my soul; he hath crushed my life down to the ground; {N}
he hath made me to dwell in darkness, as those that have been long dead.

ג כִּי רָדַף אוֹיֵב, נַפְשִׁי— דִּכָּא לָאָרֶץ, חַיָּתִי;
הוֹשִׁיבַנִי בְמַחֲשַׁכִּים, כְּמֵתֵי עוֹלָם.

4 And my spirit fainteth within me; my heart within me is appalled.

ד וַתִּתְעַטֵּף עָלַי רוּחִי; בְּתוֹכִי, יִשְׁתּוֹמֵם לִבִּי.

5 I remember the days of old; I meditate on all Thy doing; {N}
I muse on the work of Thy hands.

ה זָכַרְתִּי יָמִים, מִקֶּדֶם— הָגִיתִי בְכָל-פָּעֳלֶךָ;
בְּמַעֲשֵׂה יָדֶיךָ אֲשׂוֹחֵחַ.

6 I spread forth my hands unto Thee; my soul [thirsteth] after Thee, as a weary land. Selah

ו פֵּרַשְׂתִּי יָדַי אֵלֶיךָ; נַפְשִׁי, כְּאֶרֶץ-עֲיֵפָה לְךָ סֶלָה.

7 Answer me speedily, O LORD, my spirit faileth; {N}
hide not Thy face from me; lest I become like them that go down into the pit.

ז מַהֵר עֲנֵנִי, יהוה— כָּלְתָה רוּחִי:
אַל-תַּסְתֵּר פָּנֶיךָ מִמֶּנִּי; וְנִמְשַׁלְתִּי, עִם-יֹרְדֵי בוֹר.

8 Cause me to hear Thy lovingkindness in the morning, for in Thee do I trust; {N}
cause me to know the way wherein I should walk, for unto Thee have I lifted up my soul.

ח הַשְׁמִיעֵנִי בַבֹּקֶר, חַסְדֶּךָ— כִּי-בְךָ בָטָחְתִּי:
הוֹדִיעֵנִי, דֶּרֶךְ-זוּ אֵלֵךְ— כִּי-אֵלֶיךָ, נָשָׂאתִי נַפְשִׁי.

9 Deliver me from mine enemies, O LORD; with Thee have I hidden myself.

ט הַצִּילֵנִי מֵאֹיְבַי יהוה— אֵלֶיךָ כִסִּתִי.

10 Teach me to do Thy will, for Thou art my God; {N}
let Thy good spirit lead me in an even land.

י לַמְּדֵנִי, לַעֲשׂוֹת רְצוֹנֶךָ— כִּי-אַתָּה אֱלוֹהָי:
רוּחֲךָ טוֹבָה; תַּנְחֵנִי, בְּאֶרֶץ מִישׁוֹר.

11 For Thy name's sake, O LORD, quicken me; in Thy righteousness bring my soul out of trouble.

יא לְמַעַן-שִׁמְךָ יהוה תְּחַיֵּנִי; בְּצִדְקָתְךָ, תּוֹצִיא מִצָּרָה נַפְשִׁי.

12 And in Thy mercy cut off mine enemies, and destroy all them that harass my soul; for I am Thy servant. {P}

יב וּבְחַסְדְּךָ, תַּצְמִית אֹיְבָי: וְהַאֲבַדְתָּ, כָּל-צֹרְרֵי נַפְשִׁי— כִּי, אֲנִי עַבְדֶּךָ.

Chapter 144

1 [A Psalm] of David. Blessed be the LORD my Rock, who traineth my hands for war, {N}
and my fingers for battle;

א לְדָוִד: בָּרוּךְ יְהוָה, צוּרִי— הַמְלַמֵּד יָדַי לַקְרָב; אֶצְבְּעוֹתַי, לַמִּלְחָמָה.

2 My lovingkindness, and my fortress, my high tower, and my deliverer; {N}
my shield, and He in whom I take refuge; who subdueth my people under me.

ב חַסְדִּי וּמְצוּדָתִי, מִשְׂגַּבִּי וּמְפַלְטִי-לִי: מָגִנִּי, וּבוֹ חָסִיתִי; הָרוֹדֵד עַמִּי תַחְתָּי.

3 LORD, what is man, that Thou takest knowledge of him? or the son of man, that Thou makest account of him?

ג יְהוָה—מָה-אָדָם, וַתֵּדָעֵהוּ: בֶּן-אֱנוֹשׁ, וַתְּחַשְּׁבֵהוּ.

4 Man is like unto a breath; his days are as a shadow that passeth away.

ד אָדָם, לַהֶבֶל דָּמָה; יָמָיו, כְּצֵל עוֹבֵר.

5 O LORD, bow Thy heavens, and come down; touch the mountains, that they may smoke.

ה יְהוָה, הַט-שָׁמֶיךָ וְתֵרֵד; גַּע בֶּהָרִים וְיֶעֱשָׁנוּ.

6 Cast forth lightning, and scatter them; send out Thine arrows, and discomfit them.

ו בְּרוֹק בָּרָק, וּתְפִיצֵם; שְׁלַח חִצֶּיךָ, וּתְהֻמֵּם.

7 Stretch forth Thy hands from on high; rescue me, and deliver me out of many waters, out of the hand of strangers;

ז שְׁלַח יָדֶיךָ, מִמָּרוֹם: פְּצֵנִי וְהַצִּילֵנִי, מִמַּיִם רַבִּים; מִיַּד, בְּנֵי נֵכָר.

8 Whose mouth speaketh falsehood, and their right hand is a right hand of lying.

ח אֲשֶׁר פִּיהֶם, דִּבֶּר-שָׁוְא; וִימִינָם, יְמִין שָׁקֶר.

9 O God, I will sing a new song unto Thee, upon a psaltery of ten strings will I sing praises unto Thee;

ט אֱלֹהִים—שִׁיר חָדָשׁ, אָשִׁירָה לָּךְ; בְּנֵבֶל עָשׂוֹר, אֲזַמְּרָה-לָּךְ.

10 Who givest salvation unto kings, who rescuest David Thy servant from the hurtful sword.

י הַנּוֹתֵן תְּשׁוּעָה, לַמְּלָכִים: הַפּוֹצֶה, אֶת-דָּוִד עַבְדּוֹ—מֵחֶרֶב רָעָה.

11 Rescue me, and deliver me out of the hand of strangers, {N}
whose mouth speaketh falsehood, and their right hand is a right hand of lying.

יא פְּצֵנִי וְהַצִּילֵנִי, מִיַּד בְּנֵי-נֵכָר: אֲשֶׁר פִּיהֶם, דִּבֶּר-שָׁוְא; וִימִינָם, יְמִין שָׁקֶר.

12 We whose sons are as plants grown up in their youth; {N}
whose daughters are as corner-pillars carved after the fashion of a palace;

יב אֲשֶׁר בָּנֵינוּ, כִּנְטִעִים—מְגֻדָּלִים בִּנְעוּרֵיהֶם: בְּנוֹתֵינוּ כְזָוִיֹּת—מְחֻטָּבוֹת, תַּבְנִית הֵיכָל.

13 Whose garners are full, affording all manner of store; {N}
whose sheep increase by thousands and ten thousands in our fields;

יג מְזָוֵינוּ מְלֵאִים—מְפִיקִים מִזַּן, אֶל-זַן: צֹאונֵנוּ מַאֲלִיפוֹת, מְרֻבָּבוֹת—בְּחוּצוֹתֵינוּ.

14 Whose oxen are well laden; with no breach, and no going forth, and no outcry in our broad places;

יד אַלּוּפֵינוּ, מְסֻבָּלִים: אֵין-פֶּרֶץ, וְאֵין יוֹצֵאת; וְאֵין צְוָחָה, בִּרְחֹבֹתֵינוּ.

15 Happy is the people that is in such a case. Yea, happy is the people whose God is the LORD. {P}

טו אַשְׁרֵי הָעָם, שֶׁכָּכָה לּוֹ: אַשְׁרֵי הָעָם, שֱׁיהוָה אֱלֹהָיו.

Chapter 145

1 [A Psalm of] praise; of David. {N}
I will extol Thee, my God, O King; and I will bless Thy name for ever and ever.

א תְּהִלָּה, לְדָוִד: אֲרוֹמִמְךָ אֱלוֹהַי הַמֶּלֶךְ; וַאֲבָרְכָה שִׁמְךָ, לְעוֹלָם וָעֶד.

2 Every day will I bless Thee; and I will praise Thy name for ever and ever.

ב בְּכָל-יוֹם אֲבָרְכֶךָּ; וַאֲהַלְלָה שִׁמְךָ, לְעוֹלָם וָעֶד.

3 Great is the LORD, and highly to be praised; and His greatness is unsearchable.

ג גָּדוֹל יְהוָה וּמְהֻלָּל מְאֹד; וְלִגְדֻלָּתוֹ, אֵין חֵקֶר.

ד דּוֹר לְדוֹר, יְשַׁבַּח מַעֲשֶׂיךָ; וּגְבוּרֹתֶיךָ יַגִּידוּ.	4 One generation shall laud Thy works to another, and shall declare Thy mighty acts.
ה הֲדַר, כְּבוֹד הוֹדֶךָ— וְדִבְרֵי נִפְלְאֹתֶיךָ אָשִׂיחָה.	5 The glorious splendour of Thy majesty, and Thy wondrous works, will I rehearse.
ו וֶעֱזוּז נוֹרְאֹתֶיךָ יֹאמֵרוּ; וּגְדֻלּוֹתֶיךָ (וּגְדֻלָּתְךָ) אֲסַפְּרֶנָּה.	6 And men shall speak of the might of Thy tremendous acts; and I will tell of Thy greatness.
ז זֵכֶר רַב-טוּבְךָ יַבִּיעוּ; וְצִדְקָתְךָ יְרַנֵּנוּ.	7 They shall utter the fame of Thy great goodness, and shall sing of Thy righteousness.
ח חַנּוּן וְרַחוּם יְהוָה, אֶרֶךְ אַפַּיִם, וּגְדָל-חָסֶד.	8 The LORD is gracious, and full of compassion; slow to anger, and of great mercy.
ט טוֹב-יְהוָה לַכֹּל; וְרַחֲמָיו, עַל-כָּל-מַעֲשָׂיו.	9 The LORD is good to all; and His tender mercies are over all His works.
י יוֹדוּךָ יְהוָה, כָּל-מַעֲשֶׂיךָ; וַחֲסִידֶיךָ, יְבָרְכוּכָה.	10 All Thy works shall praise Thee, O LORD; and Thy saints shall bless Thee.
יא כְּבוֹד מַלְכוּתְךָ יֹאמֵרוּ; וּגְבוּרָתְךָ יְדַבֵּרוּ.	11 They shall speak of the glory of Thy kingdom, and talk of Thy might;
יב לְהוֹדִיעַ, לִבְנֵי הָאָדָם— גְּבוּרֹתָיו; וּכְבוֹד, הֲדַר מַלְכוּתוֹ.	12 To make known to the sons of men His mighty acts, and the glory of the majesty of His kingdom.
יג מַלְכוּתְךָ, מַלְכוּת כָּל-עֹלָמִים; וּמֶמְשַׁלְתְּךָ, בְּכָל-דּוֹר וָדֹר.	13 Thy kingdom is a kingdom for all ages, and Thy dominion endureth throughout all generations.
יד סוֹמֵךְ יְהוָה, לְכָל-הַנֹּפְלִים; וְזוֹקֵף, לְכָל-הַכְּפוּפִים.	14 The LORD upholdeth all that fall, and raiseth up all those that are bowed down.
טו עֵינֵי-כֹל, אֵלֶיךָ יְשַׂבֵּרוּ; וְאַתָּה נוֹתֵן-לָהֶם אֶת-אָכְלָם בְּעִתּוֹ.	15 The eyes of all wait for Thee, and Thou givest them their food in due season.
טז פּוֹתֵחַ אֶת-יָדֶךָ; וּמַשְׂבִּיעַ לְכָל-	16 Thou openest Thy hand, and satisfiest

every living thing with favour.

17 The LORD is righteous in all His ways, and gracious in all His works.

יז צַדִּיק יְהוָה, בְּכָל-דְּרָכָיו; וְחָסִיד, בְּכָל-מַעֲשָׂיו.

18 The LORD is nigh unto all them that call upon Him, to all that call upon Him in truth.

יח קָרוֹב יְהוָה, לְכָל-קֹרְאָיו— לְכֹל אֲשֶׁר יִקְרָאֻהוּ בֶאֱמֶת.

19 He will fulfil the desire of them that fear Him; He also will hear their cry, and will save them.

יט רְצוֹן-יְרֵאָיו יַעֲשֶׂה; וְאֶת-שַׁוְעָתָם יִשְׁמַע, וְיוֹשִׁיעֵם.

20 The LORD preserveth all them that love Him; but all the wicked will He destroy.

כ שׁוֹמֵר יְהוָה, אֶת-כָּל-אֹהֲבָיו; וְאֵת כָּל-הָרְשָׁעִים יַשְׁמִיד.

21 My mouth shall speak the praise of the LORD; and let all flesh bless His holy name for ever and ever. {P}

כא תְּהִלַּת יְהוָה, יְדַבֶּר-פִּי: וִיבָרֵךְ כָּל-בָּשָׂר, שֵׁם קָדְשׁוֹ—לְעוֹלָם וָעֶד.

Chapter 146

1 Hallelujah. {N}
Praise the LORD, O my soul.

א הַלְלוּ-יָהּ:
הַלְלִי נַפְשִׁי, אֶת-יְהוָה.

2 I will praise the LORD while I live; I will sing praises unto my God while I have my being.

ב אֲהַלְלָה יְהוָה בְּחַיָּי; אֲזַמְּרָה לֵאלֹהַי בְּעוֹדִי.

3 Put not your trust in princes, nor in the son of man, in whom there is no help.

ג אַל-תִּבְטְחוּ בִנְדִיבִים— בְּבֶן-אָדָם, שֶׁאֵין לוֹ תְשׁוּעָה.

4 His breath goeth forth, he returneth to his dust; in that very day his thoughts perish.

ד תֵּצֵא רוּחוֹ, יָשֻׁב לְאַדְמָתוֹ; בַּיּוֹם הַהוּא, אָבְדוּ עֶשְׁתֹּנֹתָיו.

5 Happy is he whose help is the God of Jacob, whose hope is in the LORD his God,

ה אַשְׁרֵי—שֶׁאֵל יַעֲקֹב בְּעֶזְרוֹ: שִׂבְרוֹ, עַל-יְהוָה אֱלֹהָיו.

6 Who made heavens and earth, the sea, and all that in them is; {N}
who keepeth truth for ever;

ו עֹשֶׂה, שָׁמַיִם וָאָרֶץ— אֶת-הַיָּם וְאֶת-כָּל-אֲשֶׁר-בָּם;
הַשֹּׁמֵר אֱמֶת לְעוֹלָם.

7 Who executeth justice for the oppressed; who giveth bread to the hungry. The LORD looseth the prisoners;

ז עֹשֶׂה מִשְׁפָּט, לָעֲשׁוּקִים–נֹתֵן לֶחֶם, לָרְעֵבִים;   יְהוָה, מַתִּיר אֲסוּרִים.

8 The LORD openeth the eyes of the blind; the LORD raiseth up them that are bowed down; the LORD loveth the righteous;

ח יְהוָה, פֹּקֵחַ עִוְרִים–יְהוָה, זֹקֵף כְּפוּפִים;   יְהוָה, אֹהֵב צַדִּיקִים.

9 The LORD preserveth the strangers; He upholdeth the fatherless and the widow; but the way of the wicked He maketh crooked.

ט יְהוָה, שֹׁמֵר אֶת-גֵּרִים–יָתוֹם וְאַלְמָנָה יְעוֹדֵד;   וְדֶרֶךְ רְשָׁעִים יְעַוֵּת.

10 The LORD will reign for ever, Thy God, O Zion, unto all generations. {N} Hallelujah.

י יִמְלֹךְ יְהוָה, לְעוֹלָם–   אֱלֹהַיִךְ צִיּוֹן, לְדֹר וָדֹר:
הַלְלוּ-יָהּ.

Chapter 147

1 Hallelujah; {N}
for it is good to sing praises unto our God; for it is pleasant, and praise is comely.

א הַלְלוּ-יָהּ:
כִּי-טוֹב, זַמְּרָה אֱלֹהֵינוּ–   כִּי-נָעִים, נָאוָה תְהִלָּה.

2 The LORD doth build up Jerusalem, He gathereth together the dispersed of Israel;

ב בּוֹנֵה יְרוּשָׁלִַם יְהוָה;   נִדְחֵי יִשְׂרָאֵל יְכַנֵּס.

3 Who healeth the broken in heart, and bindeth up their wounds.

ג הָרֹפֵא, לִשְׁבוּרֵי לֵב;   וּמְחַבֵּשׁ, לְעַצְּבוֹתָם.

4 He counteth the number of the stars; He giveth them all their names.

ד מוֹנֶה מִסְפָּר, לַכּוֹכָבִים;   לְכֻלָּם, שֵׁמוֹת יִקְרָא.

5 Great is our Lord, and mighty in power; His understanding is infinite.

ה גָּדוֹל אֲדוֹנֵינוּ וְרַב-כֹּחַ;   לִתְבוּנָתוֹ, אֵין מִסְפָּר.

6 The LORD upholdeth the humble; He bringeth the wicked down to the ground.

ו מְעוֹדֵד עֲנָוִים יְהוָה;   מַשְׁפִּיל רְשָׁעִים עֲדֵי-אָרֶץ.

7 Sing unto the LORD with thanksgiving, sing praises upon the harp unto our God;

ז עֱנוּ לַיהוָה בְּתוֹדָה;   זַמְּרוּ לֵאלֹהֵינוּ בְכִנּוֹר.

8 Who covereth the heavens with clouds,

ח הַמְכַסֶּה שָׁמַיִם, בְּעָבִים–   הַמֵּכִין

לָאָרֶץ מָטָר; הַמַּצְמִיחַ הָרִים חָצִיר.	who prepareth rain for the earth, {N} who maketh the mountains to spring with grass.
ט נוֹתֵן לִבְהֵמָה לַחְמָהּ; לִבְנֵי עֹרֵב, אֲשֶׁר יִקְרָאוּ.	**9** He giveth to the beast his food, and to the young ravens which cry.
י לֹא בִגְבוּרַת הַסּוּס יֶחְפָּץ; לֹא-בְשׁוֹקֵי הָאִישׁ יִרְצֶה.	**10** He delighteth not in the strength of the horse; He taketh no pleasure in the legs of a man.
יא רוֹצֶה יְהוָה, אֶת-יְרֵאָיו— אֶת-הַמְיַחֲלִים לְחַסְדּוֹ.	**11** The LORD taketh pleasure in them that fear Him, in those that wait for His mercy.
יב שַׁבְּחִי יְרוּשָׁלִַם, אֶת-יְהוָה; הַלְלִי אֱלֹהַיִךְ צִיּוֹן.	**12** Glorify the LORD, O Jerusalem; praise thy God, O Zion.
יג כִּי-חִזַּק, בְּרִיחֵי שְׁעָרָיִךְ; בֵּרַךְ בָּנַיִךְ בְּקִרְבֵּךְ.	**13** For He hath made strong the bars of thy gates; He hath blessed thy children within thee.
יד הַשָּׂם-גְּבוּלֵךְ שָׁלוֹם; חֵלֶב חִטִּים, יַשְׂבִּיעֵךְ.	**14** He maketh thy borders peace; He giveth thee in plenty the fat of wheat.
טו הַשֹּׁלֵחַ אִמְרָתוֹ אָרֶץ; עַד-מְהֵרָה, יָרוּץ דְּבָרוֹ.	**15** He sendeth out His commandment upon earth; His word runneth very swiftly.
טז הַנֹּתֵן שֶׁלֶג כַּצָּמֶר; כְּפוֹר, כָּאֵפֶר יְפַזֵּר.	**16** He giveth snow like wool; He scattereth the hoar-frost like ashes.
יז מַשְׁלִיךְ קַרְחוֹ כְפִתִּים; לִפְנֵי קָרָתוֹ, מִי יַעֲמֹד.	**17** He casteth forth His ice like crumbs; who can stand before His cold?
יח יִשְׁלַח דְּבָרוֹ וְיַמְסֵם; יַשֵּׁב רוּחוֹ, יִזְּלוּ-מָיִם.	**18** He sendeth forth His word, and melteth them; He causeth His wind to blow, and the waters flow.
יט מַגִּיד דְּבָרָו לְיַעֲקֹב; חֻקָּיו וּמִשְׁפָּטָיו, לְיִשְׂרָאֵל.	**19** He declareth His word unto Jacob, His statutes and His ordinances unto Israel.
כ לֹא עָשָׂה כֵן, לְכָל-גּוֹי— וּמִשְׁפָּטִים בַּל-יְדָעוּם:	**20** He hath not dealt so with any nation; and as for His ordinances, they have not

known them. {N}
Hallelujah.

הַלְלוּ-יָהּ.

Chapter 148

1 Hallelujah. {N}
Praise ye the LORD from the heavens; praise Him in the heights.

א הַלְלוּ-יָהּ:
הַלְלוּ אֶת-יְהוָה, מִן-הַשָּׁמַיִם; הַלְלוּהוּ, בַּמְּרוֹמִים.

2 Praise ye Him, all His angels; praise ye Him, all His hosts.

ב הַלְלוּהוּ כָל-מַלְאָכָיו; הַלְלוּהוּ, כָּל-צְבָאָו.

3 Praise ye Him, sun and moon; praise Him, all ye stars of light.

ג הַלְלוּהוּ, שֶׁמֶשׁ וְיָרֵחַ; הַלְלוּהוּ, כָּל-כּוֹכְבֵי אוֹר.

4 Praise Him, ye heavens of heavens, and ye waters that are above the heavens.

ד הַלְלוּהוּ, שְׁמֵי הַשָּׁמָיִם; וְהַמַּיִם, אֲשֶׁר מֵעַל הַשָּׁמָיִם.

5 Let them praise the name of the LORD; for He commanded, and they were created.

ה יְהַלְלוּ, אֶת-שֵׁם יְהוָה: כִּי הוּא צִוָּה וְנִבְרָאוּ.

6 He hath also established them for ever and ever; He hath made a decree which shall not be transgressed.

ו וַיַּעֲמִידֵם לָעַד לְעוֹלָם; חָק-נָתַן, וְלֹא יַעֲבוֹר.

7 Praise the LORD from the earth, ye sea-monsters, and all deeps;

ז הַלְלוּ אֶת-יְהוָה, מִן-הָאָרֶץ-- תַּנִּינִים, וְכָל-תְּהֹמוֹת.

8 Fire and hail, snow and vapour, stormy wind, fulfilling His word;

ח אֵשׁ וּבָרָד, שֶׁלֶג וְקִיטוֹר; רוּחַ סְעָרָה, עֹשָׂה דְבָרוֹ.

9 Mountains and all hills, fruitful trees and all cedars;

ט הֶהָרִים וְכָל-גְּבָעוֹת; עֵץ פְּרִי, וְכָל-אֲרָזִים.

10 Beasts and all cattle, creeping things and winged fowl;

י הַחַיָּה וְכָל-בְּהֵמָה; רֶמֶשׂ, וְצִפּוֹר כָּנָף.

11 Kings of the earth and all peoples, princes and all judges of the earth;

יא מַלְכֵי-אֶרֶץ, וְכָל-לְאֻמִּים; שָׂרִים, וְכָל-שֹׁפְטֵי אָרֶץ.

12 Both young men and maidens, old men

יב בַּחוּרִים וְגַם-בְּתוּלוֹת; זְקֵנִים,

עִם-נְעָרִים. and children;

יג יְהַלְלוּ, אֶת-שֵׁם יהוה—   כִּי-נִשְׂגָּב שְׁמוֹ לְבַדּוֹ:
הוֹדוֹ,   עַל-אֶרֶץ וְשָׁמָיִם.

13 Let them praise the name of the LORD, for His name alone is exalted; {N}
His glory is above the earth and heavens.

יד וַיָּרֶם קֶרֶן לְעַמּוֹ,   תְּהִלָּה לְכָל-חֲסִידָיו—
לִבְנֵי יִשְׂרָאֵל,   עַם קְרֹבוֹ:
הַלְלוּ-יָהּ.

14 And He hath lifted up a horn for His people, a praise for all His saints, {N}
even for the children of Israel, a people near unto Him. {N}
Hallelujah.

Chapter 149

א הַלְלוּ-יָהּ:
שִׁירוּ לַיהוה, שִׁיר חָדָשׁ;   תְּהִלָּתוֹ, בִּקְהַל חֲסִידִים.

1 Hallelujah. {N}
Sing unto the LORD a new song, and His praise in the assembly of the saints.

ב יִשְׂמַח יִשְׂרָאֵל בְּעֹשָׂיו;   בְּנֵי-צִיּוֹן, יָגִילוּ בְמַלְכָּם.

2 Let Israel rejoice in his Maker; let the children of Zion be joyful in their King.

ג יְהַלְלוּ שְׁמוֹ בְמָחוֹל;   בְּתֹף וְכִנּוֹר, יְזַמְּרוּ-לוֹ.

3 Let them praise His name in the dance; let them sing praises unto Him with the timbrel and harp.

ד כִּי-רוֹצֶה יהוה בְּעַמּוֹ;   יְפָאֵר עֲנָוִים, בִּישׁוּעָה.

4 For the LORD taketh pleasure in His people; He adorneth the humble with salvation.

ה יַעְלְזוּ חֲסִידִים בְּכָבוֹד;   יְרַנְּנוּ, עַל-מִשְׁכְּבוֹתָם.

5 Let the saints exult in glory; let them sing for joy upon their beds.

ו רוֹמְמוֹת אֵל, בִּגְרוֹנָם;   וְחֶרֶב פִּיפִיּוֹת בְּיָדָם.

6 Let the high praises of God be in their mouth, and a two-edged sword in their hand;

ז לַעֲשׂוֹת נְקָמָה, בַּגּוֹיִם;   תּוֹכֵחֹת, בַּלְאֻמִּים.

7 To execute vengeance upon the nations, and chastisements upon the peoples;

ח לֶאְסֹר מַלְכֵיהֶם בְּזִקִּים;   וְנִכְבְּדֵיהֶם, בְּכַבְלֵי בַרְזֶל.

8 To bind their kings with chains, and their nobles with fetters of iron;

9 To execute upon them the judgment written; He is the glory of all His saints. {N} Hallelujah. ט לַעֲשׂוֹת בָּהֶם, מִשְׁפָּט כָּתוּב— הָדָר הוּא, לְכָל-חֲסִידָיו: הַלְלוּ-יָהּ.

Chapter 150

1 Hallelujah. {N} Praise God in His sanctuary; praise Him in the firmament of His power. א הַלְלוּ-יָהּ: הַלְלוּ-אֵל בְּקָדְשׁוֹ; הַלְלוּהוּ, בִּרְקִיעַ עֻזּוֹ.

2 Praise Him for His mighty acts; praise Him according to His abundant greatness. ב הַלְלוּהוּ בִגְבוּרֹתָיו; הַלְלוּהוּ, כְּרֹב גֻּדְלוֹ.

3 Praise Him with the blast of the horn; praise Him with the psaltery and harp. ג הַלְלוּהוּ, בְּתֵקַע שׁוֹפָר; הַלְלוּהוּ, בְּנֵבֶל וְכִנּוֹר.

4 Praise Him with the timbrel and dance; praise Him with stringed instruments and the pipe. ד הַלְלוּהוּ, בְתֹף וּמָחוֹל; הַלְלוּהוּ, בְּמִנִּים וְעֻגָב.

5 Praise Him with the loud-sounding cymbals; praise Him with the clanging cymbals. ה הַלְלוּהוּ בְצִלְצְלֵי-שָׁמַע; הַלְלוּהוּ, בְּצִלְצְלֵי תְרוּעָה.

6 Let every thing that hath breath praise the LORD. {S} Hallelujah. {P} ו כֹּל הַנְּשָׁמָה, תְּהַלֵּל יָהּ: הַלְלוּ-יָהּ.

www.ingramcontent.com/pod-product-compliance
Lightning Source LLC
Chambersburg PA
CBHW080334170426
43194CB00014B/2563